BFSU CULTURAL STUDIES IN PUBLIC DIPLOMACY

VOLUME II

北外公共外交文化论丛（第二辑）

中西融汇

张中载　吴子桐　主编

DIALOGUE AND COEXISTENCE
OF CULTURES

外语教学与研究出版社
北京

图书在版编目 (CIP) 数据

中西融汇 / 张中载，吴子桐主编. — 北京 ：外语教学与研究出版社，2013.4
　　（北外公共外交文化论丛. 第 2 辑 ）
　　ISBN 978-7-5135-3014-9

　　I. ①中… II. ①张… ②吴… III. ①国际文化关系－文集 IV. ① G115-53

中国版本图书馆 CIP 数据核字 (2013) 第 083243 号

出 版 人　蔡剑峰
责任编辑　李旭洁
封面设计　赵　欣
出版发行　外语教学与研究出版社
社　　址　北京市西三环北路 19 号（100089）
网　　址　http://www.fltrp.com
印　　刷　中国农业出版社印刷厂
开　　本　650×980　1/16
印　　张　23.5
版　　次　2013 年 5 月第 1 版 2013 年 5 月第 1 次印刷
书　　号　ISBN 978-7-5135-3014-9
定　　价　48.00 元

购书咨询: (010)88819929 电子邮箱: club@fltrp.com
如有印刷、装订质量问题，请与出版社联系
联系电话: (010)61207896 电子邮箱: zhijian@fltrp.com
制售盗版必究 举报查实奖励
版权保护办公室举报电话: (010)88817519
物料号：230140001

本书出版承蒙孟超先生资助，
谨此致谢！

序言

拓展公共外交的空间和功能

○ 韩 震

21世纪，全球化、信息化进程不断加深和扩大，资本、技术、人才、艺术、信息等要素活动空间不断得到解放，世界各个国家和地区之间的人民交流关系变得更加密切，我国外交工作的主体、对象及手段日趋多元，领域日益拓宽，内涵不断丰富。这既是机遇，也是挑战。中国过去的发展伴随着全球化的进程，中国未来的发展也与这一进程息息相关。在全球化的大背景下，如何提升我国的软实力，将理性、自信、包容、合作、负责、和平、发展的中国形象传递给世界，成为我们必须思考的问题。近年来，随着国际文化交流、大众媒体和新媒体的不断发展，普通民众主体性的不断凸显，作为一种新的外交形态，公共外交的观念也开始更加深入人心，公共外交的活动和研究也呈现出勃勃生机。这在本质上反映了世界人民对和平发展、对各个民族国家间的友好交流，以及对人与人之间的相互理解、相互信任的渴望和追求。

一

　　要谈公共外交，首先要理解"公共"。所谓"公共"（public）是近代社会的产物，它与封建社会帝王将相们的密室活动相反，公共的性质就在于公民之间开放的讨论和话题。外交属于主权国家之间的联络、交流、妥协和谈判过程。因此，公共外交是不同国籍的公民之间的活动，如果一个国家公民之间的交往，那是国民交往。国民的公共交往在一个国家的公共领域之内，而公共外交则在更广泛的国际间的公共领域之内。所以，公共外交是不同国家的人民之间进行的交往、沟通和相互理解的活动。公民活动是在公共领域内展开的，公共外交也是在公共领域展开的，只不过这个公共领域是国际间的。

　　"公共领域"（public sphere）一词的出现，与现代社会的组织方式发生转变有关。如果说汉娜·阿伦特在 20 世纪 50 年代提出了这一概念，那么我们可以认为在现实历史中的公共领域恐怕早在这之前就已经形成、发展了。对问题的研究往往是在现实问题得到比较充分暴露的情况下才能展开，因此，只有当相对于私人领域的公共空间真正成为现实的情况下，人们才能从学理层面加以梳理。如果说"公共领域"的热潮 1989 年才来到的话，那么真实的原因恐怕是"冷战"的结束使被意识形态对立遮蔽的这个问题显现出来。人们对德国著名哲学家哈贝马斯的著作《公共领域的结构转型》的阅读，只能是伴随社会历史转折的话语现象或表面原因。公民意识的提升和公民社会的形成与发展是公共领域的真实基础。

　　公共领域也不是一天形成的。我个人认为，公共领域在历史上肯定早就存在，但是其广度和深度有一个历史发展过程。就典型意义的公共领域而言，这应该是近几个世纪人类自由交往活动的产物。实际上，正如政治学家拉兹说的，"一般说来，所有的价值、权利和规范原则都是历史性的。"[①]"自由的理念本身就是一个历史的产物。它并不是一直存在的。"公共领域是与公民自由相联系的。自由是历史的产物，因而公共领域也就具有历史性。"自由理念的关键点，就在于它是历史性的。""政治自由和其他的政治理想是历史的产物。……这种理想存在于历史之中，它并不是从来就有的。"[②]理想的东西都是历史发展到一定程度的产物，其实现程度也随着历史的发展而发展。

首先，公共领域是现代（modern）社会的产物，具体说，现代社会的生产方式和生活方式为公共领域的形成提供了前提。公共领域不可能在自然经济或封建主义制度下形成，换言之，公共领域是市场经济的产物。在自然经济状态下，人们是遵循着自然季节的节律而生活的，由于生产力低下和手工劳动，经济单位往往是分散的家庭。在此种氛围下，人们往往崇尚或屈从于家长制，因为年龄本身就体现着随岁月增长的经验知识和道德权威。而在现代工业社会，许多人聚集在一起工作，这为公共领域的孕育创造了条件；而平等地进行等价交换，也为公共生活的平等交往提供了可能性。后工业社会或知识经济所创造的超权威的差异和自由的文化，进一步拓展了公共交往和话语交流的空间，从而推进了公共领域的扩大。

其次，公共领域是民主社会或人民有了自由、平等权利之后的产物，具体说，人们之间平等、自由的讨论是公共领域形成的条件。在封建制度下，私人性质的事务用不着在公共领域讨论，即使那些

---

① ［英］约瑟夫·拉兹：《政治中的自由：在自主性与传统之间》（第3卷），见李建华主编《伦理学与公共事务》，湖南人民出版社，2009年，第18页。

② ［英］约瑟夫·拉兹：《政治中的自由：在自主性与传统之间》（第3卷），见李建华主编《伦理学与公共事务》，湖南人民出版社，2009年，第8、18页。

非私人性质的事务，也无法在公共领域内讨论，如密室政治、国家外交活动，等等。封建制度下的国家事务，本质上不属于公共领域内讨论的话题，相反地，那时，人们明哲保身的做法是"莫谈国事"。在这个意义上，公共领域是具有平等权利的公民自由行使话语权的地方，在这个领域形成公共舆论和文化认同。

第三，现代通信手段以及媒体的力量（例如报纸、杂志、电台、电视、网络等媒介）是公共领域的重要载体。公共领域最初只能表现在沙龙、会议室、广场等地方，在这里人们可以面对面地交流，但是这种公共领域在尺度上是有限的，往往成为某些精英们操纵的领域；广播、报纸和电视扩大了公共领域，但是，其互动的可能性大受限制，在某种意义上仍然无法真正体现公共领域自由、平等对话的性质；而现今的网络、手机、博客、微博等新媒体则进一步推进了互动的空间，从而也拓展了公共领域。

可见，公共领域伴随着现代社会的发展进步而不断形成和拓展自己的空间。我认为，对这个问题的研究和探索本身也促使公共领域进一步得到拓展。公共领域有自己的功能：形成舆论，监督权力；达成共识，强化认同；话语交流，视野融合；讨论话题，文化创新……公共领域是一个富有创造力的领域，构建富强、民主、文明、和谐的社会，必须推进公共领域的拓展，形成公民自由表达话语的空间。"但是，无论我的看法多么地认同自由的历史性，它也绝不是相对主义的。我相信，自由的理念是以具有说服力的理由（cogent reason）为基础的，而这些理由是人们不得不承认的。"① 我不同意拉兹的这种观点，我认为自由的理念也好，其他价值观念也

---

① ［英］约瑟夫·拉兹：《政治中的自由：在自主性与传统之间》（第 3 卷），见李建华主编《伦理学与公共事务》，湖南人民出版社，2009 年，第 9 页。

好，其具有了说服力是基于人们的历史活动和社会实践促成的历史进步。正是基于人们的社会斗争，才可能出现拉兹所说的情况："通过转变为真实的历史存在物，自由就在传统中获得了自己的身份（identity）。"[①]正是通过人们的社会实践，人的自由才能转化为历史存在物，获得自己的法定权利。有了自由权利和自由自主的实践活动，才能形成和拓展真正的公共领域。

二

　　如果说一个国家内部的公共领域是整个国家版图内公民活动的空间，那么公共外交的舞台则是整个世界！如果说一个国家内部公民有平等、自由的话语权才能有真正的公共领域，那么不同国家公民之间的平等对话才能算得上是公共外交的范畴。

　　尽管公共外交活动早就有所拓展，如中日建交之前的民间往来，中美之间的"乒乓外交"，都可以纳入公共外交的范畴。但是，在冷战背景下，由于意识形态的隔绝、民间国际往来机会的缺乏和信息交流的不畅通，公共外交还不可能成为一种"现象"。公共外交的凸显是冷战之后经济全球化过程的产物之一，是美苏两个超级大国控制秩序轰然崩溃之后的结果。经济全球化带动了人员的全球流动，信息技术革命促进了不同国家之间人民的相互交流和对话，这种情境为不同国家的公民之间进行平等交往和对话创造了空间，也提供了话题。

　　公共外交是一种外交。而"外交政策的主要组成部分是不同国家的人与人之间的交流，而这些交流的成功与否很大程度地决定着

---

① 同上，第13页。

v

外交政策的成败"①。公共外交作为一种现象，既有以往外交范畴所具备的国际交往、相互理解和利益妥协的内容，也具备某些新的功能。

首先，公共外交拓展了外交的主体。以往外交往往是政治家的对外交往活动，而公共外交使这个交往进程拓展到不同国家的公民之间。这就有利于建立不同国家公民之间的相互理解，增加不同国民之间的相互尊重，而且在交往过程中不同国家的国民都有一个视野融合而扩展视野的可能性。国民性和世界视野结合所形成的新思维，有利于国际间问题的思考和解决。

其次，公共外交拓展了外交的领域和深度，使政治交往向经济生活交往、文化交往延展。外交行为建立在广大国民之间相互理解和尊重的基础上才可能获得更加坚实的成果。因此，"民间组织甚至普通百姓作为'中国故事'的讲述者无疑更加具有说服力甚至公信力"②。另外，人类往往以自己的文化范式作为优劣标准去评价其他文化，这就会产生误解甚者冲突。只有通过交往才能消除误解，增进理解。按照亚历山大·文特（Alexander Wendt）的说法，即"人类在共同体中的交往意味着，重复的互动能使互相依赖的结局改变成有效用的互相依赖"③。公共外交就为外交奠定了更广泛而深厚的生活和文化基础，有利于建立相互理解和相互尊重的关系，形成"各美其美，美人之美，美美与共，天下大同"的和谐世界新文化范式。

最后，公共外交也扩展了外交的途径和方法。尽管公共领域的

① ［德］马勒茨克：《跨文化交流》，潘亚玲译，北京大学出版社，2001年，第1页。
② 北京外国语大学公共外交研究中心：《中国公共外交研究报告（2011/2012）》，时事出版社，2012年，第213页。
③ 亚历山大·文特：《国际政治中认同和结构变化》，贝约瑟夫·拉彼德／弗里德里希·克拉托赫维尔主编《文化和认同：国际关系回归理论》，金烨译，浙江人民出版社，2003年，第84页。

外交使原本密室可以谈的事情变得有些尴尬，政治家们因此惧怕公众舆论而畏首畏脚，使外交妥协失去灵活性。但是，有的时候，公共外交也可以打破僵硬的政治运转机制，创造许多微妙的交流对话机会，从而为国际之间的外交活动创造气氛，打破僵局。例如，最近美国篮球运动员罗德曼访问朝鲜，就使原本难以接触的关系成为可以进行的进程。

在经济全球化、资源匮乏、环境恶化和安全问题日益凸显的情况下，公共外交可以扮演越来越重要的角色。党的十八大报告在原来"同舟共济，权责共担"理念的基础上，进一步提出"增进人类共同利益"，倡导"人类命运共同体意识"，这就给公共外交的发展提出了新的使命。这就要求我们不仅要自己团结起来，实现中华民族的伟大复兴，而且还要承担国际责任。在这个过程中，我们需要包容他者、理解他者、尊重他者，通过互动共同为对方承担起责任。共同的命运需要我们同舟共济，这就要求全人类都能够认识到在"风险共同体"（Risikogemeinschaft）①背景下必须相互尊重、相互理解，携手共克时艰，而达成这一点就需要扩大公共外交。

三

显然，公共外交的价值和意义值得大家期待。我国经济稳定发展、国际影响力不断提升，公共外交也不断发展。中国高举和平、发展、合作、共赢的旗帜，在外交思想领域勇于探索，积极创新，先后提出了构建和谐世界、始终不渝走和平发展道路、外交以民为本等重要思想。公共外交"尊重人民、依靠人民"的特色，也成为

---

① 哈贝马斯：《包容他者》，曹卫东译，上海人民出版社，2002 年，前言，第 1 页。

我国"以民为本"的外交传统的重要延伸。而党的十八大政治报告中也第一次明确提出"中国将扎实推进公共和人文外交",公共外交的发展要使我国"在政治上更有影响力、经济上更有竞争力、形象上更有亲和力、道义上更有感召力",中国公共外交迎来新的历史机遇,肩负新的时代使命,步入新的发展阶段。

在推进公共外交的进程中,北京外国语大学可以有所作为。作为中国共产党亲手创办的第一所外国语学校和"共和国外交官的摇篮",北外始终秉承延安精神,发扬"人民需要我们到哪里,我们就到哪里"的优良传统,充分利用语言优势和学科资源,在2010年率先成立了我国首家高校公共外交研究中心。中心成立两年来,将公共外交研究和实践有效结合,促进了公共外交教学科研的良性发展,每年还举办"公共外交论坛"以促进思想和理念的交流,也为公共外交实践提供了理论和智力支持。2011年,北外自主招生的公共外交硕士项目正式获得教育部批准设立。今年9月,第一批公共外交研究生就将在北外入学,从而为公共外交培养一批专门人才。我校还成为2012年底成立的"中国公共外交协会"的创始会员。北外也注重进一步挖掘学科资源,成立了中国文化"走出去"协同创新中心,并在中华文化海外传播数据库建设以及日本、英国、中东欧、加拿大等国际区域与国别问题研究方面取得创新和突破,以学术为力量,会世界友人。

北外是我国外交、翻译、经贸、新闻、法律、金融等涉外高素质人才的重要培养基地之一,其中走出了400多位大使,1000余名参赞。北外也因此成为中国拥有最广大外交官校友群体的高校。《北外公共外交文化论丛》第一辑《从这里走向世界》是北外建校70周年之际北外人对学校改革发展特色与成果的一次归纳,是北外公共外交研究中心发挥自身优势,整合社会资源,深入研究阐释重大理论和现实问题，服务我国公共外交发展战略的科研成果汇编。

第二辑《中西融汇》即将出版，这是在北外公共外交研究和实践的新的发展阶段，积极有效地开展公共外交，服务于早日建成小康社会的需要，是服务于提高中国国际影响力、亲和力和感召力的需要！这些成绩也增强了我们的道路自信、理论自信、制度自信，鼓舞我们继续挖掘自身语言优势，推动公共外交研究和实践不断发展，让北外更加有动力，积极参与国家人文外交事业，"让中国了解世界，让世界理解中国！"

让我们在探索基础上总结，在总结过程中创新，在创新中开辟新的探索和实践，为我国公共外交和对外人文交流事业的美好明天贡献更大的力量！

2013 年 3 月 3 日于北京外国语大学

出版说明

　　2011 年 9 月,《北外公共外交文化论丛》(第一辑)——《从这里走向世界》,作为向北京外国语大学 70 周年华诞的献礼出版了。北外 70 年的辉煌历程证明,北外无愧于"沟通中国与世界的桥梁"之美誉。在进入公共外交的新时代之后,北外在一如既往地在"把世界介绍给中国"的同时,又积极承担了"向世界介绍中国"的历史使命。北外学者从"中国与世界"的主题出发,发表了大量卓有见地的文章。《从这里走向世界》切实地反映了北外人从文化角度对公共外交的思考和践行。

　　时隔一年多时间,我们把北外学者关于这个主题全新的思考结集成册呈现给读者。这是《北外公共外交文化论丛》的第二辑,名为《中西融汇》。文集收录了北外学者发表在《中华读书报·国际文化专刊》等学术和大众媒体的文章,涵盖了政治、经济、历史、艺术、文学等各个领域。本书分为辨章学术、书人书事、逝水年华和他处生活等四章。全书以"中西融汇、文明共通"为主题,记录了北外 70 周年华诞以来北外学者"沟通中国与世界"的足迹。这是北外学者对中西融汇的思考,也是对公共外交理念身体力行的诠释。

编者谨识

2013 年 2 月

目录

辨章学术

书人书事

逝水年华

他处生活

辨章学术

从中国印看中华文化"走出去"

○ **文君　康晓**

　　由中国驻英国大使馆、中国美术馆和大英博物馆联合主办，由高等教育出版社、外语教学与研究出版社和中国国际贸易中心联合承办的李岚清同志篆刻书法艺术展日前在大英博物馆开幕。由高等教育出版社、外语教学与研究出版社和英国麦克米伦出版集团出版的《中国印——李岚清篆刻书法艺术作品集》（英文版）已于 2012 年 10 月 31 日在伦敦首发。展览分为中国篆刻、世界文化、当代中国和生活情怀四个部分，并配有大量题记、图片和短文，旨在让英国公众和社会各界更好地了解中国历史与文化，增进两国人民友好认知。这不能不引起我们对当前中华文化"走出去"和公共外交的深入思考。

　　第一，从文化"走出去"到文化"走进去"。文化是沟通心灵的纽带，可能不需要外表奢华的舞台，但一定要有心灵深处的回响与共鸣，这就需要文化从"走出去"发展到"走进去"，让别人对你的文化不仅是了解，更要有认同，真正做到触及共性、正视差异、消除误解。当代中华文化"走出去"的关键就是要让世界认同当代中国道路文化基因的普遍性，即中国虽然没有采用西方的制度，但同样追求自由、民主的普遍价值，只是在具体制度形式上更加符合中国的历史文化传统。比如，中华文化强调以人为本，这就与西方自文艺复兴始的人文主义之风大同小异，都注重人的价值和释放人的潜力。再比如，中华文化强调道德自律，提倡德治与法治并重。自古以来中国对官员的最高要求就是从道德层面拒绝低俗和腐败，以高度的人格修养和个人魅力为国家和人民鞠躬尽瘁死而后已，真正达到"圣人治国"的境界，这实际和西方以宗教自律配以法治颇具异曲同工之妙。再比如，中国今天的市场化改革其实是几千年来中国人市场智慧的结晶，因为一个早在宋代就诞生世界上第一张纸币的民族是不可能拒绝市场经济这种普遍价值的。这不仅体现在"中国制造"遍及全球，更体现在晋商、徽商等中国传统商人诚信天下的商魂中，伴随清脆的驼铃声回响在丝绸之路的落日余晖下，跨越漫漫戈壁，远播世界。

可见，中华文化要从"走出去"发展到"走进去"就是要努力寻求自身与世界的共性，让别人不仅知道你，更要认同你。当然，这里需要一个重要前提，那就是必须充分了解不同国家和地域的文化背景。在新兴国家群体性崛起的大背景下尤其如此。

第二，文化"走出去"要加强国人的内在文化修养。文化就是人化，一国国民的行为举止是该国文化最直接的体现，因此中华文化"走出去"必须加强中国人自身的文化修养，以个人为载体体现中华文化的人文精神。逐渐富裕起来的中国人必须加强自身文化修养，让中国人向世界展现财富梦的同时，也能塑造中华文化的心灵家园。

人文修养的提高以教育为基础，因此中华文化"走出去"必须在人才培养中注入更多传统文化内容，让学生在科技发展的新时代时刻保持中华文化的品格，既能接受西方社会的现代思维，又能用中国智慧为人处世，在文化的传承与创新中践行中华文化从"走出去"到"走进去"的使者作用。只有当每个中国人都具备了这些精神，当我们走出国门时才能真正将中华文化准确传递给世界，并获得他国认同，让别人在与中国人的实际接触中切身感受到中华民族以简约求和谐，以内省求进步，以自强求发展的哲学境界。

4

第三，文化"走出去"需要中国教育具有世界眼光。中国教育国际化与中华文化"走出去"相辅相成。通过教育提高国人修养的目的之一是要让富裕起来的中国人自信地走出国门。因此，中华文化"走出去"应当与中国教育国际化如影随形，在相互作用中彰显中华文化的魅力。改革开放三十多年来，中国教育国际化成绩显著，目前中国在外各类留学人员已达 168 万人，中国共接收外国留学生 169 万人次，目前有来自 190 个国家和地区的 24 万多留学生在中国求学。在巩固成果的同时，中国教育国际化应增加亚非拉国家的比重。比如，中非合作论坛是中非新型战略伙伴关系的重要平台，可以通过政府奖学金等方式增加非洲来华留学生的数量及类型，这样不仅可以让非洲年轻人更好了解当代中国的变化，更体现出中非关系从"授之以鱼"到"授之以渔"的重大转变，从而提升非洲国家人力资本数量和质量，展现中国通过自身发展推动世界发展的负责任大国形象。

李岚清同志篆刻书法艺术展赴英国展出，既是对中国文化的传播，更是重要的公共外交实践。当今中国文化不仅需要"走出去"，更需要"走进去"，争取更多人对中国道路文化基因的认同，这首先需要中国人自身文化修养的提升，并以广泛的地区国别研究和教育国际化为基础和载体，制定有针对性的传播方案，让中国文化元素真正走进国外普通公众的心里。

东方与西方：两种龙形象，两种文化

○ 沈大力

　　龙是个神异动物，象征东方奇趣，在寻求普遍的意象中常被误读。如同其他文明，作为一种修辞意象，龙在中国传统里自古有之。在欧洲，按基督教伦理，龙是绝对邪恶的化身，但也逐渐摆脱神学的桎梏，给文艺复兴的艺术家们以灵感。至于中国龙，它是欧洲龙的表亲，4000年前就已经出现，后经丝绸之路抵达意大利、法国、西班牙、葡萄牙、德国和荷兰，以其神奇玄奥滋润了洛可可艺术，成为漆器、铜雕和纺织品的艺术装饰。中国人始终将龙视为自己的祖先，今岁正一齐欢庆龙年。然而，在中西跨文化对话中，西方与中国之间往往成了"聋子对话"，尤其在地缘政治领域里，有时竟表现为一种亨廷顿式的"文明冲突"。

　　依据中国星象，世界现今进入龙年。在中国人眼里，龙年大吉，生于龙年的人前程无量。卢梭、圣女贞德、鲁热·德·利尔、热拉尔·德·纳尔华、阿波里奈尔、让·伽班，还有格瓦拉、高尔基、尼采、康德和弗洛伊德等伟人都生于龙年，出类拔萃者不胜枚举。前不久，法国过了"情人节"，基督教传说里，有圣乔治屠龙救美的轶事，其情节见于多幅欧洲宗教绘画。可依中国星象，龙喷火吐激情，常喻为一见钟情。火龙戏珠，让情侣终成眷属。与西方孽龙相反，中国龙乃是情侣益友。东西方的龙状态悬殊，实为文化差异所致，必须予以重视。在法国，当一个居民小区的住户对门房不满时，就会泄愤道："简直是一条恶龙！"在北京，颐和园由龙守门。天庭的护卫为"青龙"。各国风俗不同。

相传中国道教大哲学家老子200岁时住在一座深邃的山洞里。一天，中国道德先贤孔丘去造访他，回来对弟子们说他在深洞里看见了一条龙。后来，孔子自己对人寰失望，化为一只凤凰飞升上天，一去不返。中国大地上，只留下神龟顶祖碑。无独有偶，法国前总理雷蒙·巴尔也自诩为龟。他认为乌龟虽然爬得慢，但行动稳重。其实，神龟为龙生九子之一。在成型的不同阶段，龙呈现出不同面貌，分别为蛇、鲤鱼和龟。着实需要进行一番研究，才能破解龙族之谜。

中国许多民间故事里，龙族生活在人寰。唐朝时，有一则关于洞庭湖龙王娇女的传奇。龙女嫁了一个专横暴戾的龙婿，备受其夫虐待。一个名叫柳毅的年轻书生途经彼地，得悉龙女不幸，为其向龙王传书求救。美丽的龙女得以摆脱困境。为感谢勇敢的传书人，龙王将公主改嫁给他为妻。

中国龙富于人情，绝非如希腊罗马神话中的毒龙那般无道可怖。由此，华夏产生了龙文化，龙文化也传播到日本、朝鲜和越南等受儒家文化影响的邻国。

2009年5月，巴黎《阿拉丁》杂志公布了一套龙的照片，其中有两只脱壳而生的小龙宝宝。确实，人说中国古代龙是卵生，几经蜕变才最后成了"应龙"，其间历时3000年。按中国神话，最早以《易经》占卜的伏羲生于一个群龙聚首的沼泽。这个中国人的祖先貌似一条蟠龙。中国人的另一位祖先大禹就是依靠龙来治服洪水的。天龙育有九子，传种为中华民族。

龙生九子，各司其职。长子酷爱音乐，形象雕在中国传统乐器上，称之为"龙头琴"；次子常为剑柄之饰，鼓舞从戎武士；第三子警惕性高，与凤凰、狮子、天马和海马等十种神兽，鱼贯踞于北京紫禁城太和殿顶角，据说只有该殿能享有此等特殊装饰；第四子的神像见于叩门环和钟壁上；第五子貌如雄狮，常饰香炉和宅邸大门，与西方十二星相中的狮子座相当；第六子呈龟相，为龙族里的赫丘利，曾助大禹治水，也是一位寿星；第七子能辨善恶，用角明察罪犯，但形状似虎，见于衙门和监牢；第八子司文学，装潢于石碑两侧；最小的第九子像鱼，按佛教教规卧在雨神的座底下，或高踞屋顶抵御火灾。瞧！这就是龙生九子，反映中国传统社会依照宇宙规律治理的宏观。

中华民族以能当龙的传人而自豪。龙的象征性极为重要，其造型美为所有华夏子孙所认同，无可辩驳。中国龙由数种动物图腾融合，诸形纷呈，又为鲜明个性表象，御时蚀而终古不衰，显现万象玄兆，深蕴魅人寓意，为肖像艺术提供了丰富多彩的花样。

龙上天入水，腾云驾雾，态势奋迅，飘逸浪漫，催人沉浸于诗意的梦境。它有阴阳交合的神力，均衡宇宙，无所不在，无所不能，因而以特有的曲线身段柔韧地活跃于赛龙舟和舞龙等民间庆典，用毅力与智慧保护人类，备受景仰。中国天子的龙袍皆绣九龙，寓示吉祥繁荣以及内智与精神的升华。

历史事实表明，中国的龙文化借精美刺绣织品从丝绸之路西渐，远播至欧洲。途中，它影响了中东的拜占庭，由彼到达意大利、德国、荷兰、西班牙和法国。在这一漫长的旅程里，龙失却了神话象征，而凸显出锦绣装饰价值。13 世纪末为马可·波罗时代，欧洲人痴迷东方主题，欧洲跟亚洲繁盛的贸易已无法满足这一需求。意大利丝绸制造商适应局面，在威尼斯采用龙象生产兰帕绸，仿效中国活泼自然的不对称图案。到 16 世纪，中国龙远游法国，飞腾至瓦鲁瓦宫廷的绣毯上。博韦织造厂的中国工艺品驰名遐迩。其他工场迎头赶上，纷纷接受中国龙象，推出更新颖、生气勃勃的装饰，突出的当数戈布兰织造厂生产的大型挂毯。由于法国和意大利织工的不懈劳作，中国主题产品一直风行到1730年，其中以龙象最奇异，用来点缀豪华的室内家具装饰，如卢昂彩陶作坊出产的瓷瓶和尚蒂伊作坊的彩盘。

龙为人潜意识驰想之产物，反映了一种对未知世界的恐惧。7世纪，挪威的威金人将龙体刻到船首或雪橇上，为自己助威，吓唬敌人。在欧洲，中国龙品格出众，影响深远，迄今仍显现在烟壶等民间艺术品表面。不过，希腊陶器上的龙形象更近似于蛇，具有相当复杂的象征，含英咀华，风姿或带隐喻，或旨在传教布道。

依据基督教教义，龙跟导致原罪的蛇同宗。在中世纪的宗教画里，它盘踞在智慧树上，诱惑亚当和夏娃。圣约翰《启示录》中，它是绝对恶的表象。撒旦恰以赤色火龙之形出现，七个龙头喻示七宗罪，十个龙角表明漠视摩西十诫。天使长圣米歇尔用长矛制服恶龙，将之踩踏于脚下。

在巴黎逗留期间，我闲暇时常携妻到塞纳河畔圣米歇尔广场散步。那儿的喷泉上竖立一组青铜雕塑《天使长圣米歇尔镇孽龙》。驻足这座雕像前，我联想起当今艰危的国际局势。在扯着"人道干预"大旗的西方"人权主义分子"眼中，天使长圣米歇尔喻示西方强梁，而龙即为中国。这些"人权主义分子"应是蛮有教养的，可竟然不知中国龙惠及全球，无视龙存在于各类文明之中，包涵各种不同寓意，不同人对之感受殊异。

龙的神力支配宇宙自然万象，从祥云瑞雨到海龙掀动飓风，无所不至，无坚不摧。在古埃及，帝龙代表阿彼托斯的永生神祇奥希利斯，此神祇年年让尼罗河水泛滥，浇灌两岸沃壤。在古希腊，每当谷神德墨忒尔让特里普托莱姆王子在世界各地撒播麦种时，总让播种者驾驭一辆双龙牵拉的宝车。威尔士传说里，克尔特人尊崇龙象，亚瑟王打的就是红龙旗。龙的形象穿越时空，从北欧异教徒的绘画，传至 11 世纪法国的"巴耶挂毯",叙述 1066 年诺曼底公爵纪尧姆征服英伦三岛的战绩。在哥伦布之前的美洲,阿兹特克大地女神长着双龙头,兼"吉祥"与"凶兆"两面,展示大自然祸福互依的辩证面貌。

即使在中国,人们也并非只敬奉独一的圣龙,而相信龙中有龙。对普通百姓说来,一方面有圣德仁龙,另一方面也有作孽的恶龙。民间传说里,人们往往还戏谑龙王。唐朝有"张羽煮海"的趣事。一位名叫张羽的俊俏年轻人跟龙王的公主相恋,要求龙王将女儿许给他为妻,遭到龙王顽固拒绝。年轻人并不屈服,从一女妖处讨得煮海秘方,即付诸行动,致使海龙王难耐海水沸腾,终于不得不将公主许配给他,成就了一对异类的美满姻缘。这个故事里表现出一种宽容,为孔子思想的特点。龙既非绝对善,亦非绝对恶。可见,宇宙中从没有绝对的楷模。大作家巴尔扎克曾断言:"世上一切都具双重性,是互为矛盾的。"

对比起来,中西两种文化或为同质异向。一是以人天合一为特征的中国文化,或曰"龙文化";另一是以犹太—基督教为核心的西方文化。现今有一种趋向,即要在全世界普及西方文化。吾侪觉得,不应该强迫东方人接受西方的价值观,东方人从不曾参与制定这些教条。尤其不应将西方的观念视为"普世价值",因为它们脱离了另一个世界的历史发展现实。何况,在一些西方国家里,出现了民主的异化。中国先贤老子阐明了宇宙的规律,指出:"道者反之动"。不慧确信,世上谁也不能违背此道。

近日,我读了帕斯卡·波尼法斯刚出版的一本书,名叫《善于赝造的法国知识分子》。这是一位法国作家对自己国内一些"教师爷"提出的尖锐批评。

在不同文明的跨文化对话中,需要的是承认对方,彼此尊重。法国著名电影导演克洛德·勒鲁什不久前说:"只要相互交谈起来,一切都会变得十分简单。"事实上，勒鲁什导演说得在理，历来人同此心。

这方面，也应该遵从历史约定俗成的现实。不久前，中国报界掀起过一场争论。有人提出在中国对外交流中，宜将西方语汇里采用的"dragon"一词改用汉语拼音"long"，以消除西方人对中国尊龙为偶像的反感情绪。细思量，这一想法缺乏根据，不甚符合语言"约定俗成"的规则。对不懂汉语的人，拼音"long"没有任何含义，且失去中国"龙"丰富的修辞学意象及奇异色彩，动辄得咎，不是一个可行的方案。

中文里有句成语叫"叶公好龙"，揶揄人类情感无常。故事说，从前有位姓叶的老书生，扬言自己好龙，家中门窗、大梁、屏风、家具和器皿物什，无处不见龙象。天龙风闻此事，对书生的赤诚惊喜不已，遂决定来拜访这位下界的崇拜者。于是，一个良辰吉日，龙与书生邂逅。孰料，叶公一见"龙颜"，吓得魂不附体，惊呼："妖怪来了！""是我呀，我就是你日夜萦怀的神龙啊！"天龙如此回答，它只刚刚在窗户露出鼻尖，长长的整条龙体还拖在屋子外面。叶公浑身发抖，慌乱应对道："我崇仰的是您的图像，不是有血有肉的真龙哪。行行好，您请回吧！"

这则哲理小故事表明，人忧于遐想，难面对现实。本性如此，自不必苛求。正是在这层意义上，我觉得龙是个稀有的优异文学修辞格，应该在人生哲学中有其位置。总之，中国龙是一种循环思维的造物，相当于西方十二星相里充当保护者的狮子座。神龙不受任何束缚，能带给所有人好运。

人类的好运，大约在于有朝一日能够一齐生活在一个"大同世界"里，那是孔子梦寐以求的各族民众团结一致的另一个宙宇，另一种秩序，一个男男女女都尽享平等、幸福生存的"他乡"。尽管遥远，但它总滋润着不畏途者的梦境，鼓舞人前行。

美国：营利交与市场　政府扶持公益

○ 孙有中

美国的文化产业不仅是国民经济最重要的支柱之一，而且为巩固其世界霸权提供了不可或缺的软实力支撑。美国政府区分了营利性文化产业与非营利性文化组织。前者交给市场，政府不控制也不分享其所有权，更不直接参与或干预其经营，这是政府有所不为的地方；后者因无法完全依靠自己的力量在市场经济的大潮里求生存、求发展，政府于是便通过税收政策或直接资助加以扶持，这是政府有所作为的地方。

法律手段维护公平公益

对于美国这个市场经济国家来说，政府调控文化市场的最重要、最有效的手段莫过于法律。通过立法和司法，政府确保文化企业之间公平竞争，优胜劣汰；同时，政府也通过法律手段确保文化企业在追求利益最大化的同时，不违背和损害公共利益。

为了打击盗版，维护文化产业领域的公平竞争，同时鼓励文化企业创新突破，不断开发新产品，占领信息时代世界知识产权的高地，美国政府在1976年《版权法》的基础上及时推出了一系列新的法规，如《版权保护期限延长法》、《数字千年版权法》、《防止数字化侵权及强化版权赔偿法》，等等。上述一系列法规的颁布为美国政府打击网络文化市场的盗版行为、规范该市场经营秩序提供了系统的法律保障，为相关产业挽回了数十亿乃至上百亿美元的损失。

美国政府还通过立法来有效维护公共利益。例如，随着网络的普及，网上充斥色情暴力内容，一时间成为美国公众普遍关注的社会问题。为此，美国国会相继通过了《未成年人在线保护法》、《未成年人互联网保护法》、《儿童隐私保护与父母授权法》。此外，国会还通过立法成立了未成年人网上保护法委员会，将公共教育与网络技术的最新发展相结合，加强对未成年人的保护。

为了保护隐私权，美国政府于 1974 年颁布了《隐私权法》，1986 年颁布了《联邦电子通信隐私权法》，1997 年通过了《全球电子商务发展框架》。

也许很多人以为美国是一个言论绝对自由的国度，实际上，美国政府颁布了不少限制言论自由的法规。为了保护少年儿童的健康成长，美国国会早在 1842 年通过的《关税法》中就包含了美国最早的一部联邦反猥亵法，禁止淫秽图片进入美国；1873 年通过的《康斯托克法》禁止邮寄传播淫秽材料；1842 至 1956 年期间共通过了 20 部反猥亵法；1996 年通过的《儿童色情保护法》禁止以任何形式传播儿童色情材料。另一方面，1917 年通过的《义务兵役法》规定对以言论、刊物诱导他人逃避兵役者将按照相关刑法条款处置。1940 年通过的《史密斯法》规定，编辑、出版、发表、散布、出售或公开展示任何鼓吹、劝导、教唆以武力、暴力摧毁、推翻美国政府、州政府或任何政府部门者都将被判处重刑或罚金。20 世纪 50 年代制定的《国内安全法》和《共产党控制法》也对出版自由进行了限制。

美国的经验表明，自由的大厦必须建立在法律的坚实地基之上。

税收优惠确保有效调控

如果说市场经济体系中的市场机制是"看不见的手",那么,政府的政策调控就是"看得见的手"。美国政府对文化产业的管理可以说是两手并用,后者集中体现在通过税收政策实现对文化产业的有效调控上。

为了鼓励知识的传播,美国联邦政府对出版物不征收商品销售税。对非营利性出版机构,联邦政府不仅不征税,还给予一定的资助。美国政府对出口图书免征增值税和营业税(先征后退),对进口图书也免征进口税。此外,美国实行出版物邮寄费用优惠政策,书刊邮寄费用比其他邮品优惠 30%。

为了鼓励企业和个人捐助以促进文化艺术的发展,美国政府在 20世纪 70 年代制定了著名的"501(c)(3)"条款,对非营利艺术团体与机构、艺术产业捐助者实行财产税和销售税的减免优惠,甚至在其寄发宣传广告等邮件时减免 60% 的邮资。在这一政策的推动下,大批慈善机构和基金会应运而生,公司、团体和个人也积极资助文化艺术事业。此外,美国地方及联邦政府还利用部分其他产业的销售税建立针对艺术产业发展的"信托基金"。

为了扶持知识产权业的发展,美国政府给予美国的软件企业"永久性研发税优惠"。如美国国内税收法第 41 款中规定的"研究与试验税优惠"部分,为美国公司在税收年的实际研究支出提供 20% 的税收减免。

为了抵制完全市场化媒体过于商业化的倾向,美国政府采取了直接推动公共广播发展的方式。1967 年,国会通过《公共广播法》,成立了一个非营利性的广播电视机构——公共广播公司。该公司负责推动全国公共广播事业的发展,分配联邦政府的拨款,协调各公共台之间的关系等事务。1969 年，公共广播公司设立了"公共广播网"，通过卫星向全国的公共台传送节目。1971 年，公共广播公司成立了负责全国公共广播电台之间业务联系的机构"全国公共广播电台"，它在全国各地都有附属电台，播出教育、文化类节目。公共广播电台、电视台不播广告，经费主要来自政府拨款；与此同时，公共广电媒体也接受企业和受众捐助、高等院校和社会团体的捐款、经办部门的经费等。公共电台和电视台播出一些教育和服务性节目、儿童节目、各种纪录片、严肃音乐等。科教节目如《发现》、《自然》，儿童节目如《芝麻街》等都获得很好的收视效果。

高雅艺术表演团体往往也很难在市场经济中完全自立。对于这些团体，美国政府也会予以资助，但资助额度往往只占其运营经费的5% 左右，其余部分靠企业与个人捐助以及市场票房收入。

设立行业协会实现自律

市场经济体制中的政府必须高度约束自己的行为，但社会管理和公共利益并不能完全交由市场来处理。于是，各类行业组织应运而生。这些组织一方面以中立的身份出面协调该行业内部企业之间的公平竞争关系，另一方面代表该行业整体协调与社会各界的关系，塑造该行业的整体形象。行业协会的最根本职责是实现行业自律。

例如，美国广告业设立了"广告委员会"，负责为公益事业免费制作广告。每年，各家报纸、杂志和大幅双面印刷品在这些公益广告上的投入约有 8 亿美元。约有 300 家非营利性组织要求加入广告委员会，广告委员会从中选择十几家推荐给广告公司，使它们有机会轮流提供广告制作服务。

该委员会的公益广告曾号召民众修复自由女神像，扫除文盲。成功的案例还包括：利用身穿护林员服装的熊的漫画形象号召防止森林火灾、以广告语"头脑的浪费是最大的浪费"为黑人联合大学筹款等。

美国有很多出版行业协会，如美国出版商协会、美国书商协会、美国大学出版联合会等。这些非营利的法人组织对出版业进行管理，发挥了维权、服务、沟通、公证和监督等作用。

语言的生存竞争和自然选择

○ 姚小平

　　无论对内对外，一种世界语言都应当有宽容的精神：对
自身内部的差异要宽容，不拒方言、不斥俚俗，不自命科学
正确，不借法令强立规范；对外来语词宜宽容，不怕混杂、
不畏浸染，摈弃保护主义心态，不以语言纯净而自得自喜；
对大陆以外的各种差异也应宽容，认可各种区域变体（如港
澳普通话、台湾普通话），而不必一味求同。

一

　　当我构思这篇文章，为它草拟题目的时候，在犹豫：要不要给生
存竞争和自然选择这两个原本属于生物学的术语打上引号。我决定跟
从生物学家，不加引号，因为读者将会看到，人类语言的确一直在为
生存而相互竞争，而自然选择是一种语言为维护自身利益采取的必要
途径。

　　1859 年深秋，达尔文发表《物种起源》，书中至少有两处拿语言
与生物作类比。一处在第一章，称一个生物品种犹如一种方言，让
人很难辨明来源；另一处在十四章，谈到对世界诸语言可以像对生
物一样加以分类。但更直接的说法，见于他的另一部书《人类的由

来》（1871），在第三章里他说，占优势的语言或方言会传播得更加广远，而居劣势的语言则会被取代，以至灭绝，如同物种一样，一旦消失就再也不会重现；甚至，在一种语言内部，词与词、规则与规则之间也在不断进行着生存竞争，"好些的、短些的、容易些的经常会占上风"，"某些为人喜爱的字词能够在生存竞争中存活或保全下来，这就是自然选择"。而且达尔文明白地说，他的这番议论引据其他学者，包括语言学家马克斯·穆勒。

19 世纪中叶科学传播之迅疾，远超今人的想象。不过一年，《物种起源》便有德文版，德国语言学家施莱歇尔读到译本后大为兴奋，随即撰写《达尔文理论和语言学》，于 1863 年出版。施莱歇尔称，在接触达尔文著作之前自己就用过"生存竞争"一词，形容语言之间的相互争斗。究竟是生物学家还是语言学家，最先在研究中使用了这个表达呢？这一点并不重要，重要的是，两门学科的研究者不约而同地想到了他们的对象不但是可类比的，而且很有可能是高度平行的。今天，这两门学科已经联姻，形成了一门新的分支——生物语言学。但这一分支对生存竞争、自然选择等种群演替的倾向已无兴趣，而是关心一种可遗传的语言能力，即人类独有的种属特征。另一方面，许多社会语言学家也不喜欢生存竞争、自然选择这类字眼，嫌其沾有社会达尔文主义的色彩。

施莱歇尔当年曾断言，生物演化论总体上适用于解释语言的变化发展：人类语言可比于有机体，逐渐生长、壮实、繁衍、老迈、衰败，最终走向死亡。迄今已知的语言，都经历过长达数万年的演化，其过程不以拥有者和使用者的意志为转移。除了总的进程，施莱歇尔还谈到语言与生物的其他相似：语言的词根，好似有机体的细胞，从历史的角度看，是发生的原始基质，从系统的角度看，则是最小的构造成分；语言的谱系分类，"语系、语族、语支、语言、方言"，同生物

学上的"属、种、亚种、变体"等很像，而且，语言与方言、方言与
土话之间就像种与亚种、亚种与变体之间那样，表现为逐渐过渡的关
系，并无截然分断的界线。

《物种起源》问世以来，语言学和生物学都有长足的进展，人类
的生态环境和世界的语言格局也都有显著的改变。时至今日，达尔
文理论是否仍适用于解释语言的变化和发展呢？再思这一问题，我
们不妨重读达尔文，并且从过去一个半世纪的语言盛衰史上找些实
例来分析。

二

语言不是有机体，对此达尔文和施莱歇尔都很清楚。有机体乃是
真实可触的生命物质，而语言则若虚若实，似隐似现，相当程度上是
一种精神的构体。借用索绪尔的表述，语言是一种社会心理现象，一
个存在于人们头脑中的相对稳固、均质同一的符号系统；语言是集
体的属物，而不私属于任何个人，言语——我们每天说的话，从他
人口中听到的话，写出的文字和读到的作品，这类异质而多变的东
西才属于个人。语言与言语的关系说起来很平常，却总让学者感到
困惑，每一本语言学概论都不得不花些篇幅来阐述。1959 年，我国
语言学界甚至爆发了一场大论辩，持续达五年，主题便是语言与言
语。在《普通语言学教程》（1916）中，索绪尔用式子"1+1+1+……
=1"来描述何为语言。试想，每个以汉语为母语的中国人都是"1"，
这个"1"多达十几亿，加起来得数还是"1"，即汉语。言语则不
同，你说的、我说的、他或她说的中国话，也用一个式子来描述，是
"1+1′+1″+1‴……"，结果是无穷的多而杂。现在时兴建设语料库，
而再庞大的语料库，也只能截取言语的极小一部分。

这些跟本文的话题有何关系呢？让我把上列式子简化一下，就显出了关系。请设想，某种语言行将消亡，只剩下最后一个会说的老人，这时我们的等式就是"1=1"，他的言语就代表着一种现存的语言。于是我们急着抢救，以为把他的话录下来，便成功地保存下了一种语言。然而，语言虽非有机体，其生存却依赖于有机体。我们的这位老人终将死亡，他的语言必将随他而灭绝。从录下的言语中，不难整理出一种语言的语音—词汇—语法系统，可那已是死语言，我们用纸笔录音把它保存起来，犹如用冰柜保藏尸身。以当今的科学水平，死人、死语都无法复活，比起达尔文和施莱歇尔，我们没有取得任何进步。

不过，生物学家比较有利，因为种子可以久藏，精液能够冷冻，利用 DNA 技术兴许还有可能复制古生物（科幻影片里就常这样描绘）。语言学家则很不利，无法想象有一天竟能复活拉丁语或西夏语。达尔文说得对：语言如同物种，一旦死亡就再无可能复活。此外，为抢救物种，譬如熊猫，可以建立生态保护区，在实验室里促成繁殖。但是，为拯救某种濒危的自然语言，我们能做些什么呢？实验是绝无可能的，且不会有任何用处。能遗传的是某种普遍的生物语言能力（目前仍不清楚，这种能力究竟包含哪些内容），而不是哪种自然语言。自然语言需要有一定的社会环境，通过模仿、练习、适应、调节等后天行为才能逐渐获得；即便已经获得，倘若年龄幼小，仍有可能丧失，改操另一种。那么，建立保护区呢？理论上是可行的，实际上很难推行，也不会有多少效果。以满语为例，据 2000 年的一项调查，黑龙江尚有几个村镇，少数七十岁以上的老人还能说这种突厥语。自然村虽不是保护区，也算有点接近。十余年过去，结果可以预料：作为一种自然语言，满语已后继无人，铁定要消亡。

三

　　为什么物种和语言会消亡呢？达尔文说，是因为生存竞争的缘故（此处及以下，引文都出自《物种起源》）："在同一池塘里的生物之间，不管生物种类怎样少，总有生存斗争。……各个物种必须与其他物种进行竞争。"语言基本上也是如此。在同一地区，不同的语言势必要接触，而接触的结果便是相互浸染。浸染有浅有深，程度不一，或者你更经常借用我，或者我更多地接受你；或者，还有一种可能：两种语言彼此妥协，融合之后生出一种变体，很难说谁被谁嫁接。譬若洋泾浜英语，它的词汇取自英语，而语法则是汉语的。过去的 long time no see（好久不见），现在的 good good study, day day up（好好学习，天天向上），都属于洋泾浜的语例。洋泾浜是俗称，学名叫皮钦语（Pidgin）。皮钦语是临时凑成的，但时间一长，用法固定下来，便有升级为克里奥尔语（Creole）的可能，成为某个社群下一代人的母语。这时，一种类似于新物种的新语种就形成了。

　　虽然洋泾浜英语早已不新鲜，我们倒还不必担心中国会出现克里奥尔语。达尔文继续说："在同一大陆上，'先行占据'对于阻止……物种混入大概有重要的作用"；"如果一个物种比其他物种占有优势，就会在很短的时间内部或局部地把后者排挤掉；但如果两者能同样好地适应它们的位置，那么大概都会保持各自的位置到几乎任何长的时间。"不错，英语的扩张欲极盛，渗透力极强，一如某些物种，分布范围极为广远，"我们永远不要忘记，分布广远不仅意味着能够越过障碍物，而且意味着具有一种更加重要的能力，即在遥远地区与异地同住者进行生存斗争并获得胜利。"但是，汉语在中国本土已然"先行占据"，生息繁衍了万年，操用人口基数庞大，且有悠久厚实的文化传统为盾，所以，英语来犯的势头再大，浸染汉语再深，也无法战胜汉语。在当前国人的语言生活中，英语还只是在扮演一个辅佐汉语的角色。未来英语也许会变得愈加重要，成为很多中国人的第二语言，像我们在香港所见的那样。即便如此，我相信英汉二语仍会各有合适的位置，能够安然共处。因为汉语也是一种极具竞争力的语言。

当然，反过来的事例也很多，"先行占据"的原则远非总是有效。美洲的印第安语、澳洲的毛利语，都是当地土生土长的语言，可还是难敌英语，有灭绝之虞。看来关键仍在于，语言本身要有竞争力。

四

于是我们要问：是什么原因使得有些语言格外具有竞争力？这样的语言，如英语和汉语，有没有一些共同的特征？从它们的演化过程中，能否观察到某些普遍的规律？

说到语言的竞争力，首先要区别古今。相比于今天，古代语言的生存和蕃衍更多地依赖于它所寄寓的有机体——具有亲缘关系的个人及其组成的群体。远古存在过许许多多氏族、部落、部族，每一个这样的族群都有自己的语言，而一个族群的灭绝也就意味着一种语言的消亡。可以想见，千万种语言曾经存活而又绝续，没有留下任何记录。直到中古，仍有一种语言及其文字因整个族群遭屠而突然毁亡的例子，如西夏语和西夏文。一方面，这样的事情终究越来越少，另一方面，直到近现代，一种语言的竞争力相当程度上仍取决于族群生存的实力，只是这样的实力不再只靠或不仅只凭军力、进犯、殖民，而是更多地仰仗经济、科学、文化、教育诸领域的优势。

英语是一个绝好的例子，两百年里我们目睹了它怎样走出帝国，迈向全球。上世纪初叶，当英语朝着世界语言的方向挺进时，孙中山颇不以为然，觉得它只是在地理分布上占优势，就使用人口而言还是汉语据上风："今日之英语号称流布最广"，然而"用之者不过二万万人，曾未及用中国文字者之半也"（《建国方略·以作文为证》）。今天我们会嫌他的说法不够确切，因为那时中国虽然号称有同胞四万万，文盲至少也得占去一半。不过这是小问题，我们知道他说的"用中国文字者"也即以汉语为母语者。看来他有些自诩，有一股子民族情绪，但他无意间道出了使一种语言具有竞争力的一个重要条件：操用人口众多。达尔文写道，一个生物种群能否存活、繁衍、昌盛，除了适宜的环境，具有自我调节和应变的能力以外，个体的数量还必须足够多，"在许多岛上，土著生物和外来的归化生物差不多数目相等，甚至已居少数；这是它们走向绝灭的第一阶段"。语言同样如此。当清朝入关，以数十万之军陷入上亿汉人之围，并且遣派旗人往各地驻防，形同自行分割的时候，满语便已走上衰亡之路，灭绝只是时间的问题了。

对于物种和语言的消亡，19 世纪的学人比今人更能坦然面对。达尔文写道："对于物种的绝灭，我们不必惊异"；"物种一般是先趋稀少，然后绝灭，就好像疾病是死亡的前驱一样。……较为不利的类型，其绝灭几乎不可避免。"平常我们见人得病，除非是暴病、癌症之类，一般不会大惊小怪。至于语言，当它被另一种语言浸染时，我们就会觉得它病了；当我们听到洋泾浜、中式英语、夹杂洋文的中国话、南腔北调的普通话、老外不分四声的汉语，等等，便以为语言病得不轻。但这些都不能算是疾病。什么才是足以致一种语言或方言于死地的病因呢？那就是在家里和日常生活中停止说母语或母言。在一个族群中，一旦这种现象大举发生，本族话的生命就受到了威胁。

其实，就汉语而言，最激烈的竞争不是发生在它跟英语之间，而是见于它的内部，见于各方言，尤其是普通话与方言之间。普通话也是一种方言，只不过被树为标准，更其通用罢了。达尔文的看法照样可以推及语言："在各方面彼此最相像的类型之间，竞争一般也最为剧烈。……如果一个新群的许多物种，由于突然的移入，或者由于异常迅速的发展，而占据了一个地区，那么，多数的旧物种就会以相应快的速度绝灭。"

五

这样看来，我们有理由担心普通话的强势发展会危及方言的存在。对于一个物种或一种语言，个体数量众多固然是有利条件，丰富的内部差别、多样的个体变异也是有利于生存繁衍的重要因素。这跟我们平常对物种和语言的期待正相反。生活中我们喜欢纯粹、划一、规范的东西，譬如宠物狗最好是纯种的，发音吐字最好是标准的。然而，达尔文警告我们："不曾在某种程度上发生变异和改进的任何类型，大概都易于绝灭"；"经过改进的新类型，是'变异'和'最适者生存'的产物。"假如所有的中国人都只会说普通话，都像播音员那样字正腔圆，汉语的前途就很可忧了。

这就是为什么一种语言对内需要维持足够的方言变体，对外则需要与其他语言接触，借此获取异族语言的成分，改进自身以适应时势和环境。只有不惧变异与混合、善于演进及适应的物种和语言，才有强大的生命力和竞争力。同属印欧语系，俄语、德语至今仍保持繁复的屈折形变，而英语已抛弃大部分屈折形式。英语词汇的混杂程度极高，真正属于本族语源的词只占其词汇总量的小部分，有英国学者因此称英语为"混成语"，能迅速演进以满足文化、交际的新需求。而"混成"（hybrid）这个词，生物学家本用它指杂交。此外，过去教育界追求标准英语、伦敦音，现在对何谓规范标准的英语，则倾向于作多元的理解：不但美、澳、加可与英国同席而坐，都是正宗的英语母国，而且，印度、菲律宾、新加坡、中国香港等把英语当作第二语言使用的地区，可以确立自己的发音标准和语用规范，不必处处唯英美用法为是。于是便有了新概念——世界诸英语（world Englishes），这意味着英美诸国的英语也只是当今世界英语（world English）的变体，其他地区的英语享有同等的规范权和发展权。退一步方能进十步，这种谦逊的态度实为一种聪明的策略，也是一种顺应自然选择的思维。丰富多样的变体变异，有利于英语在世界各地传播渗透。

那么汉语呢？汉语现在还不是世界语言，但它有走向世界的渴望。一种语言能否成为世界语言，受制于诸多历史条件和客观因素，并非操持者的意愿所能左右，也非学术机构所能导控，更非国家规划所能裁夺。但如果说，在一种语言成长为世界语言的过程中，主观因素尚能起到积极推动的作用，我以为首要的一点就是态度。无论对内对外，一种世界语言都应当有宽容的精神：对自身内部的差异要宽容，不拒方言、不斥俚俗，不自命科学正确，不借法令强立规范；对外来语词宜宽容，不怕混杂、不畏浸染，摈弃保护主义心态，不以语言纯净而自得自喜；对大陆以外的各种差异也应宽容，认可各种区域变体（如港澳普通话、台湾普通话），而不必一味求同。

没有哪项举措，比顺应语言的自然选择更为要紧。英语抛弃屈折形变，使词性趋活、形式趋简，是一种自然选择。日语吸收汉字，借用大量外来词，比任何语言都更能容忍混杂，也是一种自然选择。汉语保留方块字，显得很顽固，实则近代创制拼音，现代推广改进，也是在求变，同样属于自然选择，尽管看起来像有人工干预。达尔文指出："没有证据可以证明有任何必然发展的法则存在。……变异性只有在复杂的生活斗争中有利于各个个体的时候，才能被自然选择所利用。"英语、日语、汉语的上述变化，都有利于自身。这些语言，还有许许多多其他语言，将怎样发展？汉语能否成为世界语言？这类长远的问题，不如留给后人去考虑。

无论未来世界的语言格局会如何，我们都应坦然直面。

壬辰小满后，于京西上河村

洪堡与汉语

○ 姚小平

一、洪堡兄弟

说起洪堡，大家一定会问：你要讲哪个洪堡？因为有两个洪堡，是胞兄弟。哥哥威廉·冯·洪堡（Wilhelm von Humboldt，1767—1835，国内语言学界通译"洪堡特"）是政治家、外交家兼语言学家，弟弟亚历山大·冯·洪堡（Alexander von Humboldt，1769—1859）是自然地理学家、博物学家。

既然是亲兄弟，两人自有共通之点。孩提时代，他们就学于同一位家庭教师。青年时期，有一阵子他们一同生活在耶拿，共享两位大朋友的情谊，一位是席勒（1759—1805），另一位是歌德（1749—1832）。后世传记家形容四人的关系，歌德、席勒有如太阳和月亮，洪堡兄弟则像两颗小星星，终日围绕日月转行。洪堡兄弟出身贵族，家境优裕，母亲辞世后，两人分享了大宗的家产。

但兄弟俩毕竟是不同的个人，禀性、气质、趣尚都有别。哥哥自幼爱读古典作品，见希腊语、拉丁文不发憷；弟弟则爱往野外，喜欢捉昆虫、捡石头。母亲临终分配遗产，使威廉继承庄园地产，这座庄园今天还矗立在柏林近郊，作为洪堡家族的博物馆定期对游客开放；亚历山大则分得九万塔勒（旧时德国的一种银币），约值现在人民币一百万！这笔钱他全部投进了自己的科学考察，尤其是南美、古巴、墨西哥之旅。怎样分割家产，母亲当然有所考虑。哥哥善理财，否则家族庄园就不保，今天我们也就没有遗居可瞻了；弟弟好花费，当然是有很正当的理由，否则就不会有今天的洪堡基金会了。今人以他的姓氏命名基金会，不是因为他留下了钱，而恰恰是因为他及时花掉了钱。这一点至少能提醒我们，钱这个东西，要花了才值钱，不花是一钱不值的。

最后，哥哥早早就成了婚，养有一大家子；弟弟却从未娶妻，一世独身。哥哥最终成为大语言学家，弟弟最终成为著名自然科学家，两人对学术道路的这种不同选择，与婚姻有没有关系呢？我说不好，但我感觉有一些联系。一个语言学家，会很想有自己的孩子，那样他就能有机会观察幼儿怎样学说话，并且陶醉于教孩子学习一门新语言。对于自然科学家——我不是说今天的科学家，而是说洪堡时代的科学家——生养孩子却是一个很大的负担。特别是，如果你想往返美洲一趟，那时候需要好几年，能不能平安归来是毫无把握的事情，所以出发之前必须交代后事，立妥遗嘱。

二、翻译和研究

在此，我的关注点在威廉·洪堡身上。我开始认识洪堡，是在 20 世纪 80 年代中期。我用了五年时间通读他的大部分作品，包括书信，涉及历史、文化、伦理、哲学、文学、语言等各类话题；然后又花五年，把他的名著《论人类语言结构的差异及其对人类精神发展的影响》（1836）译成中文。这本书被美国语言学家布龙菲尔德推许为有史以来"第一部普通语言学的巨著"，两个世纪以来对语言学、人类学的发展影响绝大。也许各位会嫌这个书名拗口，那么就简简单单地叫它《论语言》（On Language），这是 1988 年剑桥出版社推出的英译本的名字。中译本的第一版发表于 1997 年，后来再版时，收入了商务印书馆的"汉译世界学术名著"系列。我还记得，90 年代末有一次参加歌德学院的聚会，我把中译本送了一册给一位德国教授。他翻了几页，仔细看过版权页，语气带着疑问："商务印书馆？为什么是商务印书馆？"看来他不知道，商务印书馆在中国现代的出版机构里是最早的一家，而且正是以出版译著闻名的。另外，我想他的怀疑也跟这样一点有关：洪堡是很难读的，更不用说翻译了。关于译事之难，洪堡本人就说过："一切翻译都只不过是想要解开一道无解的题目。"

在完成上述译著后，我开始研究洪堡的语言哲学，写了一本题为《洪堡特：人文研究和语言研究》的书。然后回过头来继续翻译，整理出他的 13 篇语言学论文，集为一册，取名《洪堡特语言哲学文集》，目前已列入我自己主编的"西方语言学名家译丛"。《文集》收有两篇专谈汉语的文章:《论汉语的语法结构》、《致阿贝尔·雷慕萨：论语法形式的通性以及汉语精神的特性》。此外，在《论语言》等其他著述中，洪堡也经常谈及汉语。

三、为什么洪堡要研究汉语？

洪堡酷爱希腊、拉丁语，后来又对梵语萌生兴趣，这些都属于印欧古典语言。他还分析比较过数十种其他语言。但专门写文探讨一种语言，并且与行家商榷，这在他的研究生涯中不多见。汉语是极突出的一例。为什么汉语会成为他高度重视的研究对象呢？在那时的欧洲，汉语还是一种稀奇、罕遇的语言，不像今天，世界各个角落都有老外能说。也许洪堡一生都没有碰到过中国人，不过他倒是有机会向通晓汉语的欧洲汉学家讨教。前面提到他的一篇文章《致阿贝尔·雷慕萨》，这位雷慕萨（1788—1832）就是当时法国最有名望的汉学教授，他的《汉文启蒙》（1822）是洪堡自学汉语的课本。

然而洪堡是语言学家，不是汉学家。什么是"语言学家"呢？这问题似乎太普通了，不值一答。但我这样问，是因为想到英语说的linguist跟中文说的"语言学家"未必总能对应。我们查英语词典，翻至 linguist 这一条，会看到有两个解释：通晓多种语言的人；研究语言学的人。而洪堡身为语言学家，把这两条释义都占了。19 世纪的语言学家与现代语言学家的区别之一是，今天我们不必亲自去学很多种语言，就能谈论人类语言的普遍性，因为先前的世纪已经为我们积攒起足够的知识和语料，可是在 19 世纪，人们对世界语言的了解还不够多，语言学家不得不亲自学习大量陌生的语言，亲手集取多种语言的资料。1806 年问世的《语言大全》，一时号称世界之最，搜集了500 种语言和方言的样品，这个数字还不到联合国教科文组织所估计的现存语言总数的十分之一。

在洪堡踏足语言研究的年代，语言学还处于草创阶段。现代语言学史家罗宾斯称赞道，在语言理论问题上，洪堡是"19 世纪最深刻、最富创见的思想家之一"。洪堡深知，这门新学科应当立足于经验材料，考察范围须广及所有已知的语言。他渴望把握每一种语言，哪怕只是从别人那里听到某处有某种新鲜的语言存在，他也会想尽办法觅得材料学一学。他当然清楚，这在任何个人都是一项不可能完成的事业，于是他制定了一项更为现实的研究计划，把目光集中在那些典型的语言上面。什么是典型的语言呢？就是在语法构造上最能代表某种类型的语言。

我们知道，在最早尝试对语言作类型划分的学者当中就有洪堡。他把世界语言分为三种类型：孤立，黏着，屈折。这种三分法从此流行开来，现在仍不无用处。譬如我们常说，汉语属孤立型，日语属黏着型，德语则是屈折型的语言。当我们这样说的时候，是把这种三分法看作一个以语言的结构特征为判别标准的分类模式，并且只是粗略划分、大致可行而已，跟人类语言的历史发展并无牵连。但在洪堡的时代，人们却还用这种三分法来解释语言的演化。好像一把尺子，本来横向摆放，用于分析平面的对象，比较各种语言有无形态变化以及变化的繁复程度，可是洪堡还把它竖了起来，当成一把衡量演变等级的梯子来使用。结果，三个类型就变成了三段阶梯：孤立语因为词形不变，就被视为最低的一层；屈折语词形多变，排在最上层；中间不上不下，隔着词形少变的黏着语。他进而又把汉语、梵语分置于这把梯子的两端，以为二者是各自类型的代表。

　　所以，在洪堡，了解汉语不但是出于兴趣，而且是一种必须，否则他的类型学体系就不能完整，孤立型语言就缺少一个典型的代表。可不可以用其他孤立语，例如缅甸语，来代替汉语呢？在《论语言》中，洪堡的确讨论过缅甸语。从结构上看，缅甸语或许也堪称典型，但从其他方面看就不如汉语典型了。洪堡反复强调汉语是孤立型的代表，似乎另有一番考虑。16、17世纪之交，当西洋传教士们来到中国，开始接触汉语，就纷纷向外界报道这种世界上最大、操用人口最多的语言。俗话说，"数量伙，胜算多。"（There is safety in numbers.）一种使用者的基数如此之大的语言，代表性就强得多，是不可能被语言学家洪堡放过的。实际上，早在他之前一两百年，欧洲的知识阶层就以在书房里摆放几件中国瓷器为雅好，以谈论汉语汉字为时尚了。在对中国语言文化情有所倾的精英当中，培根（1561—1626）、莱布尼茨（1646—1716）、伏尔泰（1694—1778）是颇有名的三位。但是，到了洪堡的时候，这股热潮已经消退。中国非但不再神秘，而且负面日益突显。这其中的政治因素、文化冲突等，在这里就略过不表了。

　　就洪堡的事例来说，情况更加复杂。18世纪末19世纪初，领先的学科之一生物学开始影响语言学，诱使很多人相信语言像自然物体一样生长和发展，必然要经历一个从低级阶段走向高级阶段、由简单形式进至复杂形式的演化过程。整个 19 世纪，似乎离开了"有机体"、"有机的整体"、"有机的生命"之类表达就无法谈论语言的属性。今天我们会觉得这类表达只不过是些譬喻，然而，在洪堡时代的许多语言学家眼里，一种语言就是一个有机体，而不是看起来像有机体。

四、洪堡何以会觉得有些语言优越于另一些？

洪堡关于汉语结构的多数看法，至今还能站住脚。例如他说：汉语虽然词形不变，因此无所谓形态学，但肯定有自己的句法；汉语语法的运作取决于两大要素，一是虚词，二是词序，此外语境也起相当的作用；汉语的语法很大程度上是隐含的，而非外显的。最后一点让我想起吕叔湘先生在《语文常谈》里打过的一个比方：印欧语言的语法形式像头发，都露在外面，汉语的语法规则却隐匿在头皮底下，一眼瞧不见。这就是为什么汉语语法不容易探究，即使有所发现，研究者也见解各异的一个缘故。语法方面的话题，自有语法学家过问，在此不必展开。我想大家对底下一个问题会更感兴趣。

较之同时代的人们，无论政治家、学问家还是普通人，洪堡身上更少民族主义的情调，而更多天下一家的理想。他经常说：各个民族生来平等，应该不带偏见地看待所有的文化和语言；再原始的生民，再野蛮的部族，其语言也跟现代文明语言一样值得看重。可就是这样一位歌德式的世界公民（Weltbürger，英文译称 a citizen of the world），却再三申论：作为表达思想的手段和推理论说的工具，有些语言不如另一些语言，孤立、黏着型的语言不及屈折型的语言。他还表白道，语言的优缺点跟文明程度、智力高下没有关系（因此，汉语不及欧语，但中国文化与西方文化不分轩轾），有些语言如印欧语系只是有幸攀上了人类语言发展的峰巅，而另一些语言却不够幸运，要么止步不前，要么如汉语，走上了歧路，都无法达到最合适、最完美的结构形式，即屈折形变。为什么他会这样想呢？为什么屈折型就是最好的，孤立型一定不如它？

我们会觉得，洪堡是印欧语言中心论者。是的，他是有印欧语言中心论之嫌。但反观我们自己，难道就能免受这种西学观念的影响吗？现在我们还经常听到身边有人说："汉语缺乏屈折变化。"汉语的词当然不发生屈折变化。"昨天他去了上海"，动词"去"不须变，而这句话用英语说，就得把动词 go 变成 went。可是，"没有"不等于"缺乏"。鸟儿有翅膀，人没有。人只是没有翅膀，而不能说缺乏翅膀。鸟儿失去了翅膀，才是缺乏。假如人长出翅膀，便属多余，是怪胎。"印欧语言中心论"是一个含糊的标签，贴在洪堡身上未必合适。

我以为，至少有两个原因，制约着洪堡的思维。一个主要的原因是科学，这一点刚才已讲过。19 世纪初，生物学的影响太过强烈，波及其他领域，令人难以趋避。科学固然是好东西，可是就像现在人们认识到的，它是一把双刃剑，总体上对生活有所裨益，一不留神则会戕害人类。当时的生物学理论，尤其是演化论，的确推动了语言思想的发展（抛弃语言神创说，接受自然发生论，就是一个显著的进步），不过有时却也扰乱了语言学的独立思维。当我们用演化论来解释语言现象时，须格外小心。毕竟，语言不是有机体，而是一种社会存在。此外，因受德意志精神哲学的濡染，洪堡的语言演化观又掺有理念说的成分：似乎所有的语言都理应朝着一个屈折形变的完美模式挺进，非如此不能体现语言作为思维工具的价值。

五、汉语自身的原因

另一个原因是语料本身。洪堡用于分析汉语的材料基本取自《四书》，这意味着，他所考察的对象是古汉语。大家想必了解，古汉语是一种高度简赅的语言。比之现代汉语，它的大多数词是单音节的，句子异常短小，虚词用得不多，词缀尤其少见；加以汉字是一个个分断的字符，加剧了单音节构造的印象，且显不出多少语法关系。这些特征总合起来，就把洪堡引向了一个结论：汉语是一种典型的孤立语。

关于古汉语是否属于孤立型，自洪堡以来学界有过不少讨论。现代有一种观点，认为远古汉语曾经拥有屈折形式，复音节词很多，后来逐渐演变，才成为孤立语。历史比较语言学能够为这种观点找到一些佐证。这是一方面。另一方面，眼见得汉语从上古期的以单音节词为主，变成近现代的以复音节词居多（把"建设中国特色的社会主义"这句话转写为"jiànshè zhōngguó tèsè de shèhuìzhǔyì"，就不难看出，五个词里有四个是复音节），我想这种转变至少能说明一点：汉语的词汇必须扩充，句子必须拓展，否则真会像洪堡预言的那样，难以顺应时势、适合推阐、满足科学思维的需要了。幸运的是，汉语并未止步于古典状态。通过与周边和远来的语言接触，汉语借取了大量词汇，包括语素、词缀；通过翻译文学、科学作品，汉语吸收了各类外语的表达，甚至某些句式；通过引进拉丁字母，汉语得以拼音化，不但注音更精确、查索更便捷，进入信息时代还多了一种输入的手段。

总之，今天我们所说所写的汉语，已非洪堡当年评析的汉语。时代大变，汉语也随之巨变。洪堡是否想到过，汉语有一天竟会变得如此厉害呢？

从《中国文学精论》聊起

——一个暑日下午的中西语文谈

○ 姚小平

一

8月中旬，一个周日的下午，桑禀华（Sabina Knight）和金凯筠（Karen S. Kingsbury）来访。两位都是美国教授，普通话都说得流利，都从事中国文学研究。按中国人的习惯，我们互称老师。金老师以翻译张爱玲成名，我与她是初次会面。跟桑老师相识也只年余。头年初冬，她偕男友来我家做客，吃过便饭后，就聊起书。我说，刚从亚马逊网上购得一本《科学哲学精论》（Samir Okasha. *Philosophy of Science: A Very Short Introduction*. OUP, 2002），写得不错。她接过话头说她的《中国文学精论》已交稿，属于牛津同一系列，届时一定送我。"精论"是我的译法，也许并不确当。"A short introduction"是简论，这不难译；"简"字前面再加一个程度副词，就不知道怎样译更好，姑且叫它"精论"。半年后，果然收到一册《中国文学精论》（*Chinese Literature: A Very Short Introduction*. OUP, 2012），的确分外精简：小32开，正文120页；前言也很洗练，短短几段话，不满3页。

中国文学史，一个如此宏阔的题目，写长写短都不容易。或许短写法更难，因为作品盈千累万，长写法能尽兴铺陈，短写法则要采精集粹，合度弃取。写史以读书为基础，而书读多了，印象杂沓，感念丛生，有时反倒难以下笔。况且读的越多，越不肯遗漏，想读的书永远多于读过的书，至少中国文学的情状是如此。评析一位作家，好比观览一方私家小园，品类不繁，可以列全，而写一部中国文学史，犹如来到一座百年植物园，古木新栽林林总总，无论如何也识不过来。这是桑禀华的切身感受，她入中国文学之门有年，读过的中文书不下千种。

薄薄一册《中国文学精论》，哲学的味道颇浓，这使它有别于通常的中国文学史著作。我们读第一章，会觉得这本书是要谈中国哲学的发生或知识的形成。这种哲学基调与著者的教育背景不无关系（桑禀华告诉我，她是学哲学出身），但主要还是因为文学与哲学同出一源，并且曾经一道生长。我喜欢书中那些赅括而辩证的表达，例如称中国文明"既充满对抗之紧张，亦不乏从容之弹力"（a tension-ridden yet resilient civilization）。我也注意到著者笔下出现的 topolects（地方话）、Sinophone（操华语者）等词，这类新鲜的词语为一个古旧的话题增添了时代感。"方言"（dialect）这个概念，意义早已扩大，不但指语言的地理变异，还指其社会变体，比如学界常说：行话是一种社会方言。"地方话"的意思就很清楚，只指一种语言的地域变体，不至生出另一解。至于"华语"，比"中国话"一词涵盖广大。眼下境外说起"中国文学"，可能并不包含海外华人用汉语从事的文学创作。若想不分地域，何如称"华语文学"。桑著末了提及近年一些华裔用英、法等语写就的诗歌小说，在欧美赢得一批读者，可是这类作品既不能入围华语文学，也不便划归中国文学，只得自成一类。假以岁月，这些作品或将成为中国文学的一部分。林语堂的《吾国吾民》、《京华烟云》等英文原作，现在谁能说它们不属于中国文学呢？桑禀华说得对：任何文学都不应受分类法的限制。她看好中国文学的未来，因为它代表着一种完整的文化传统。

二

　　文学有大有小。如今把文学理解为"以语言文字为工具形象化地反映客观现实的艺术，包括戏剧、诗歌、小说、散文等"（《现汉》），这是小文学；古时称"莫如修行义而习文学"（《韩非子·五蠹》）、"招贤良文学之士"（《史记·平津侯主父传》），这是大文学，指学问、学识，或人文之学。中国的文学，起初是大文学，后来才渐渐缩小了。桑禀华写中国文学史，是从大文学着笔，逐步转入小文学。《易》是阴阳书，《老子》、《庄子》是哲学书，《论语》、《孟子》是伦理书，《史记》是历史书，《文心雕龙》是修辞书——这些同时也都是文学作品，就体裁来讲不外散文。越走近现代，文学的疆域越小，所指越趋专门，末章叙及的《边城》、《色·戒》、《小城之恋》、《汽车站》、《狼图腾》等，是纯文学作品，难以称为其他。然而，文学始终"关乎伦理、审美、社会、生境"（桑著前言），这是它的恒数，从古到今没有变过。

　　文学的领地虽然在缩小，迄至近世同语言仍是一家。哲学、伦理、历史、美学等陆续与文学分手，语言许是最后分出的一门。清末民初，北大设立"文学门"，还把语言和文学合为一个专业。后来普通高校常设中文系，中文系是中国语言文学系的省称。机构层面的这种合一，以及学者个人（如林语堂、刘半农）一边从事创作或探讨文学，一边兼做语言研究，正应了俗话说的"文学、语言不分家"。现在，机构合一依然常见，两栖的读书人则已罕有；文学和语言分得很开，是截然不同的两门职业。我觉得，这种现象并非中国独呈，属于世界性的趋势，是西方学术门类和科研建制影响的结果。桑禀华对此表示赞同，认为文学、语言俨然分为二途，这样的现代学术分类并不健康。之后我想到，在大规模接受西方影响之前，中国学界内部其实也已显现出一种文学和语言分家的势头。清人有贬抑文学、哲学，拔高语言文字研究的倾向。在清代许多学者眼里，诗文形同空言，性理（哲学）流于清谈，唯小学（语文学）才算得实学，与二者有质的区别。探索古音颇有所得的顾炎武，以为诗文纯属"雕虫篆刻"，无益于明道救世，为君子问学所不取（《与友人书》）。照此发展下去，即便不与西学接触，语文研究也会脱离文学，最终自成一门学科。

三

文学不必非得借助文字，作品以口耳相传也很普通。但文学之为一门学科，没有文字是不可想象的。桑禀华说，"文学"这个中国词的字面意思是"关于文字的研究"；我马上想到，英、德、法、意、西、俄诸语的"文学"一词（如英语 literature）都从拉丁文的 littera（字母）衍生而来。这样的语义关联和词源相似绝非巧合。进而我们都同意下面一种看法：较之西方，文字在中国发挥着更为特殊而紧要的功能。中国话里，且不说"文献、文物、文典、文书、文章、文法、文官、文职、文科"等等都构自"文"，就连"文明"、"文化"这两个如此抽象的概念，其核心成分也是"文"。而在西方语言里，"文明"（civilization）、"文化"（culture）在词源发生上分别与城市、农耕有关，跟文字并没有引申关系。

禀华探讨中国大文学，格外关注中国文字。她写道，中国的语言虽不统一（吴、闽、粤、客家等方言，西方人多视为各自独立的语言），文字则能统一，而正是一统的汉字造就了一统的中国文学。进一步说，中国作为一个持续统一的国家，很大程度上仰仗于一统的文字；促使古代中国一再于崩裂之后重新聚拢的力量，就在于一致的文字和书面语。这一点很不同于罗马帝国，罗马帝国维持政治统一的局面主要依靠军事强权。这种说法是否夸大了文字的作用呢？当今世界的文字之林，以拼音为绝对主流，而汉字独步其中，并非主流的一员，但它善用拼切法，创制了汉语拼音，借以顺同主流；它的统一起步极早，始于公元前数百年，而且范式一经形成，除开笔画由繁趋简，绝少变化。历史学家告诉我们，秦国得以战败群雄、统一中国，刀剑弩矢的标准化生产至为关键。那么，"书同文"就是语文层面的标准化，效用之巨堪比车同轨，兵同制。

　"文字"是一个统合的概念。分开来讲，独体为文，合体为字。就以这两个字为例："文"属独体，是象形或指事字；"字"属合体，是会意兼形声字。"文"是基本的，"字"是派生的；"字"原是生育孳乳的意思，合体之字上万，不外乎数百个"文"搭配孳生的结果。"文"的本义是花纹（后写作"纹"），花纹是一种图案，讲究点线匀称，隐有象征意义（如鱼纹象征水）；由此生出独体字一义，其中以象形字发源最早，是一种图画，讲究描摹像似，始有固定的指称意义。词义再经扩大，"文"于是泛指文字及作品。桑禀华相信，从"文"到"文字"、"文学"，基础的语义成分始终潜存，即某种用心构思的型式（ pattern ）。花纹、字形、诗文，都不出此范围，具有刻意的布局，而布局追求的首先是结构的谐美。这是一番很有意思的词源阐释，我想同时也就解释了何以书法在中国文化里占据偌大分量，何以"字"与"画"或者"书"与"画"能组成一个类概念。桑著第二章的一开头，引用了元人吴镇的《芦滩钓艇图》，画面右上有题诗："红叶村西夕照余，黄芦滩畔月痕初。轻拨棹，且归欤，挂起渔竿不钓鱼。"究竟是诗配书画，还是书画配诗？这无须问，因为中国文学将诗、画、书法三者合成一体。这样理解的"文学"，当然也是大文学。

四

谈论文字，不免牵及语言。桑禀华说，汉语的词汇很丰富，比英语还要丰富。听了这话我很开心，学者多有母语的自尊和虚荣。想想历史上，有过多少传教士、汉学家、中国通，以为汉语词汇远较西方语言贫乏。早期甚至流行一种说法，称汉语仅只三百来个单音词，就算配上若干声调，词数也不超过一千四五百，不足以应付现代社会生活。这是把音节、语素误当作词了。桑禀华笑说，那些西士并不真懂汉语。我问，能否举个活语言的例子？她便举了"蹲"：表示蹲的动作，英语只有一个词（squat），而汉语有好多个。这是她在翻译某一部中国现代小说时得来的体会。这听得我有点尴尬，不好意思问，因为除了"蹲"，我不知道还有哪个词能恰切地表示这个动作，除非把古汉语的"踞"，或者描述性的"虚坐"之类也算上。也许她译的那位作家用的是方言土语？如果那样，就很有可能了。一种语言的词汇能够庞然富足，方言的贡献很大，外来词的借取也不应小视。我又暗想，汉语有成千的动作词，为什么偏就这一个"蹲"引起了她的注意呢？或许是因为，在中国人的生活当中，蹲是一种像坐、立、躺、卧一样基本的动作。走在街头，我们经常见到：闲汉蹲着玩棋牌，老头蹲在家门口，民工蹲着吃盒饭，乘客蹲着等公交。这样的镜头在欧美很少见。再看"蹲苗、蹲点、蹲坑、蹲班房"，也都从"蹲"来。英语的squat，语义绝没这么丰富，能产性与"蹲"相比差远了。如果嫌这些俗，那么有更文化些的：中国武术有所谓马步，是一种蹲功，而西方拳击并不在乎这种基本功。

这时金凯筠插话，说：汉语的颜色词也远比英语丰富，例如指称红色，英语翻来覆去也就使用三个，red（红）、crimson（深红）、scarlet（鲜红），而汉语有好多个。这话题恰好我很熟，因为从前做过一项研究，专门考察古汉语颜色词的演变史。其实，甲骨文里的色称也不多，到了周秦时代，颜色的表达才丰富起来，当时染色工艺勃兴，催生了大量颜色称谓，比之殷商，这已是略晚的事情。听我说了一个"晚"字，两位教授顿时惊呼：周秦已经非常非常古了呵！要知道那时候英国还未出生，美国更是不见胚影。我心想，从来西方人欣赏中国，大都是因为她的古老传统，几时现代中国也能让他们由衷喜欢上呢？

桑禀华的另一个见解，我听了有些困惑，一时应答不上。她说，汉语是一种以动词为中心的语言，英语则不同，以名词为枢纽。这问题深及语言类型、语法结构，远比语音词汇复杂，几句话难讲清楚，我只好说：如果单凭直觉和感觉下结论，恰中事实的几率是一半。以往有过相反的论断，称欧语以动词为中心，至于究竟怎样，并无明确不误的解答。不管怎样，人们对本族语的直觉都值得重视，对外语的感觉也不妨一听。语言学也好，文学也好，其实发论都不难，难的是求证。而比起文学，语言学更在意求证。一个无法证实或证伪的问题，不会是有意义的语言学问题。文学好像并不总是如此。譬如文学关怀人性、人世、人生，这些都不需要求证，去实践就可以了。

五

我们聊起读书。我知道桑禀华是书痴，上回她就说起：自打念高中，她就只看书，不再看电视，自己家里至今没有电视机。你能想象美国中产阶级家庭不置电视机吗？在我们的语境里，说到哪家没有电视机，前提必含一个穷字。而且她这话很令我汗颜，觉得自己够俗，电视机不止一台，节目天天看，尤其爱看大片，挑原声的看。不过她安慰我，看电视至少有助于学外语。电视虽不看，网总得上，于是话题便转到网络。网络这东西，让人又喜又烦，对此所有的网民都有同感，就不必说了。这里说的是网络文学和网络语言。

桑著无一字言及网络。我想没有哪位评家会为此感到遗憾，以为是个疏失。传统的、正统的文学从未脱离纸本，只有出版的书，发表于刊物的文字，才称得上文学作品。即使是口传文学，也须笔录于纸，公开印行，才能为学界认可。文学评论也一样。要问的是，电子媒质的出现会不会撼动历来文学唯纸本为依托的地位呢？目前有一大批网络写手，他们对文学的贡献尚难估量，然而他们对语言的影响已经显露：过去人们只是效法有名的作家，现在公众群起模仿无名的写手；过去多将新词新语的创造归功于作家，现在网上任何写手都能创新。一个新鲜的词语或句式，如"我爸是某某"，一夜之间就能传遍四方。这样的事情没有互联网绝无可能。新创的东西能否持久是另一回事，词语创造权的易手以及语文资源的再分配已是事实。文学家会说，网上的文字难入文学的殿堂；语言学家则会说，网络语言是一种崭新的现象，对国民的语言生活大有影响。纸本文学曾经是大众语用的表率，如今其作用力正在减弱。下一本文学史会不会纳入网络作品，还是未知数，但是语言学家深知，谈论当代语言状况已经避不开网络文字。

此外还聊到笔记小品的特点，中国的文学作品为何如此之多，古罗马人的读书问学和精神生活等，一篇短记不能尽写。未几客人起身告辞，欲赶赴晚宴。临行未道"留步"之类客套话，倒是盼我送出小区，代为拦车。她们下榻的宾馆在西城，路不算近，打车得四十来块，可是来时司机不愿拉，说只去机场。直到前台出面，才勉强接活儿。可怜两位美国文人，能把中国的文学研究透彻，却不会应付中国的日常生活。

壬辰白露后，新学期伊始

再现：历史与记忆
——电影中的历史书写与呈现（上）

○ 主　持：吴子桐
○ 嘉　宾：戴锦华　王　炎

　　历史是一种权力的书写，所谓"历史是胜利者的清单"；
而记忆则似乎是个人化的，是历史所不能吞没、规范的场域。
但是后冷战历史书写的一个极为突出的特征就是以记忆的名
义修订历史。作为一种特殊的叙述语言的电影，书写历史与
呈现记忆的方式更是饶有趣味的。

　　吴子桐：近两年集中出现了一批以 20 世纪初期重大历史事件为
题材的电影，如《十月围城》、《辛亥革命》、《建党伟业》，等等，在
后冷战时代，这种革命历史的重新讲述和再现有哪些特点？它们又是
如何成为主旋律商业化的典范的？

　　王炎：首先，这些影片与周年应景相关，但我也发现出现了一些
新的、与以往历史叙述不同的东西，就是所谓"修正史观"。修正史
观无论在哪个国家的历史中，不同时期会时常出现。修正史观往往是
对正统史观的一种回应、一种批判或一种矫枉过正。在一百周年这个
大背景下，内地、香港、台湾，都出现了"辛亥热"，美国汉学界也

是如此。

虽然不同的地方都有辛亥热，而且都以一种修正史观的面貌出现，但修正的向度却不同。内地修正的方式，往往是反拨以往过于强调新民主主义革命而淡化旧民主主义革命的做法，如今则是把 1911 年作为整个革命的起点，强调辛亥的开创性、启蒙性以及这场革命的划时代、划纪元意义。至于新民主主义革命——即"建党伟业"和"建国大业"，便统统被视为辛亥革命的后续，一个自然的或必然发展的成果。中国革命史观向前推了，两党的截然对立与分歧也被弱化了，变成了一场大革命的前后相继。而美国汉学界最有意思，他们从族群和身份的角度讨论辛亥革命，强调这场革命是一场汉人"驱除鞑虏，恢复中华"的民族主义革命，其锋芒指向"少数民族"满族（虽然当时满族绝非现在意义的少数民族）。他们用另一种历史叙述的角度，把"辛亥"点缀成身份革命。美国汉学界与我们的角度的确不同，当然，我们能看出这里面有一个大的社会历史背景作依托。

具体到《十月围城》、《辛亥革命》、《建党伟业》、《建国大业》这几部片子，它们有非常相似的东西，就是把传统革命叙事中的阶级意识、阶级主体给淡化了，变成中国最传统的、最喜闻乐见的一种历史博弈观——纯粹的权力博弈，或说是传统史论中的纵横家、阴谋论式的革命。而这曾是新民主主义革命者极力要避免的——朝代更迭却不产生新的社会和新人。这样的叙述把革命所创生的新意识、新价值以及新的阶级主体等历史意义全都淡化了。

当然还有另外一条线索，那就是刚上映的《金陵十三钗》以及以南京大屠杀和民族苦难为题材的电影。再现南京大屠杀，从 20 世纪 80 年代就开始了。1982 年国内曾拍过一部纪录片叫《南京大屠杀》，整个基调是国仇民恨、百年屈辱。1995 年吴子牛又拍了故事片《南京大屠杀》，该片有意挣脱爱国主义的框架，想从正面讨论人性的黑暗以及忏悔与拯救的可能。但影片的效果仍然是见证历史、勿忘国耻的路数，那个时代没有应手的参照。后来，华裔作家张纯如写了《南京大屠杀》，把南京大屠杀放入犹太大屠杀的国际话语中，应和全球化的大浪潮。于是，"美国在线"副总裁泰德·里昂西斯就拍了《南京》(*Nanking*，2007年)，在犹太大屠杀的道德框架中讲述南京的故事，大屠杀也便成为一曲西方眼中的毁灭与救赎的人性赞歌。2009年，陆川拍了《南京! 南京! 》，也试着走这条"坦途"。但陆川和张艺谋都面临同样的困境，就是中国人的"抗战"与西方的人性"拯救"不兼容，这两部大陆影片便出现叙事上的脱节。《南京! 南京! 》的前半段演绎国军战士陆建雄顽强抵抗，而后半段则是教会学校的姜老师与传教士一起拯救百姓以及日本兵的忏悔。前后两半断开了。《金陵十三钗》前半段国军教官（佟大为扮演）英勇抗战与后半段风尘女子舍命相救，也断开了，好似两个价值观相左的故事硬拼接在一起。这两部电影都不能像美国版的《南京》和德国版的《拉贝》那样叙事流畅、融贯一体，说明两位导演既希望照顾民族情感，又要好莱坞式的人性煽情，好让作品走向世界。结果美国影评嫌两部大陆片子充满"民族主义情绪"，而国内影迷又觉得"商女救国"不伦不类。传统伦理与国际潮流有冲突，艺术家不肯直面，却极力浮文掩要、敷衍拼凑，这正是我们这个时代的文化症候。

戴锦华：我们都知道历史是一种权力的书写，所谓"历史是胜利者的清单"；而记忆则似乎是个人化的，或者用福柯的说法，是人民在某种意义上对抗历史的场域，或者说记忆是历史所不能吞没、规范的场域。但是后冷战历史书写的一个极为突出的特征就是以记忆的名义修订历史。它强调"小人物"记忆的真实，会不断强调这部电影是根据回忆录改编，那部影片是根据日记编纂的。有趣的是，这种以记忆为名的、大规模的历史重写，确实成为新的历史书写的一个极端有效的方式。

一般而论，当世界发生大的变局、当权力转移，胜利者重写历史是惯例。胜利者写历史，"战利品由胜利者携带"，作为通例，不需要特别去强调。但这一次，我们要予以强调的，正是这一以记忆之名改写历史的过程。这表明胜利者写历史作为一种权力机制的运行，遭遇了众多障碍、阻力，乃至狙击。整个20世纪作为一个全球性的革命世纪，它所遗留的遗产和债务，阻碍着这一权力机制顺滑运行，所以它就必须以记忆为名重建历史。但是，新的权力机制一旦以个人和记忆的名义成功地重建了权力的历史，或者说重新形成了自身的话语暴力之时，它甚至可能同时封闭了反叛的与另类的叙述空间。因为人们很难再一次从记忆出发，去对抗这样一种新的权力书写。中国的稍显特别之处在于，一边同样是以记忆之名的书写，另一边却是以主体自我抹除的方式，以确立新的权力机制。

回到电影上，我把刚才提到的电影分成两类。一类是《十月围城》、《集结号》、《南京！南京！》、《金陵十三钗》等，这类电影大致定位于A级片——大制作的商业主流电影；我们所列举的这些，也的确都取得了票房完胜。其中《十月围城》的引人注目之处在于，影片虽然诞生于香港电影工业内部，由香港电影人执导，但它基本上偏离了此前香港电影中"飞地"式的历史叙述。尽管这无疑是一个"保镖"故事的变奏，但影片却明确地坐落在辛亥革命这一历史事件之上，因此，一个《赵氏孤儿》式的"舍命舍子"的叙述便被赋予了一份确切的（而不是"伪托"某朝某代）历史感，因而负载着与此前香港电影不同的、强烈的国族认同。尽管香港出版的、关于《十月围城》的图文书称"我们都是香港人"，但影片所实现的却无疑是"我们都是中国人"的叙述，失去了此前新派武侠电影中"忠君爱国"叙述所针对的英国殖民统治的现实参数，同时祛除（自我抹除）了"后97"对

"香港人"身份的曲折确认。而《南京！南京！》中，大屠杀的历史必须经由一个侵华日军的目击来呈现，才能够获得讲述的有效性和可能性，成了这种自我抹除的再清晰不过的例证。一个有趣的点是，尽管《南京！南京！》和《金陵十三钗》相当不同，但其中的中国军人形象——不论是刘烨的陆建雄还是佟大为的李教官都"准确"地在影片的三分之一处消失——"草草了断"或悲壮殉国，把叙述与视觉中心让渡给角川或约翰，这无疑成了某种文化政治或社会潜意识的突出例证。这中间，《集结号》是最成功也是最高明的例子，影片建构了一个从外在到内在的自我改写和自我抹除的过程。剧情细腻地铺陈，让九连战士一步步地换上了国军的军装，换用了国军的武器，令其逐步获得了《拯救大兵瑞恩》或者《太极旗飘扬》式的"现代军人"造型——当然，这样的造型是为了让影片获得美片或韩剧式的场面调度和剪辑速度，服务于新一代观众喜爱的战争场景的酣畅淋漓。但是，类似外在的改观就意味着对这场战争（解放战争或者全面内战）的特殊意义的改写：国共两党对决所包含的意义，对不同的中国未来的政治抉择、阶级动员的方式，悄然蒸发。于是，《集结号》成了一部"在战争中思考人性"的战争片。它所记述的历史、呈现的战争不必是一场特异的战争，它也不再是一场特异的战争。

另外一类是《建国大业》、《建党伟业》和《辛亥革命》。这是一个（或者说曾经是一个）极为特殊的中国电影类型——政治献礼片，是 20 世纪 50 年代中国电影工业、中国文化工业意识形态机器所确立的一个特殊片种，也就是最确切意义上的"主旋律"电影。这一类型在上世纪 80 年代开始丧失了有效性——影片仍然在、始终在摄制，却完全不能赢得观众。所以，引人注目的是，《建国大业》取得了空前的票房成功。这次不再有"红头文件"保障，不再依靠政治动员，完全是在电影市场意义上的成功。从 2009 年的《建国大业》开始，到 2011 年的《建党伟业》和《辛亥革命》，形成了"重大题材"、献礼片的新的叙述范式。

《建国大业》的成功，对我来说昭示着 20 世纪 80 年代以降中国电影的三分格局——主旋律、探索片、娱乐片——就是政治宣传、艺术实验和商业制作的最终合流。它意味着新主流叙述的确立，也意味着曾经存在的、多种可能性的消失。《建国大业》成功地启动了献礼片商业化的模式，即明星荟萃。这样的明星阵容——而且是所谓"全球华人"的明星阵容，的确是把观众吸引进影院的强大动力，因为我们从来没见过如此密集的明星集聚。这样的形态把观众引入影院，绝大多数的观众是在认明星的过程中被剧情所吸引，进而被剧情所感染。不少人说起他们在不同的观影时刻突然发觉自己热泪盈眶，无疑，《建国大业》为政治主旋律启动了一个夸张但有效的商业运作形态。

而对我来说，更加有趣的是主导这一形态的启动力量。我常引证一个理论表述："真相在表面"。《建国大业》的幕后故事，就在片头字幕之中。开篇，你首先看到总导演是韩三平。同时你会看到无数多的明星"队列"，而且这些名字当中包含了明星级导演，包括了吴宇森、陈凯歌、冯小刚等。为什么说真相在表面？因为中影集团董事长韩三平"御驾亲征"，不仅意味着通常献礼片所集聚的国家力量，而且意味着雄厚的国家资本。整合了"全球华人"明星的，不只是国家认同，而且是也许首先是超级大资本的魅力。而并列总导演黄建新的名号，则意味着 20 世纪 80 年代以批判现实主义和现代主义著称的第五代已整体地改变了他们的社会立场与功能角色。

其次，《建国大业》给我的另一个启示，正是政治献礼片成功地采取了"一般"的历史叙述逻辑，而不再是特殊的、差异性的逻辑。因此，它作为新主流叙述确立的标志，不仅在于它整合了原来分歧、对立的三分格局，而且更在于它将建国、建党这些曾被赋予创世纪、新纪元、断裂意义的历史事件以历史接续、连续贯通的叙述逻辑。事实上，某种平滑、连续的历史叙述，既是支撑着主流意识形态或曰合法性叙述的重要组成部分，又是其获得有效确认的外在标志。而《建国大业》等大制作献礼片的意味，正在于影片以中国曲折的现代化进程为基本逻辑，不仅有效贯通了曾组织在异质性逻辑中的历史叙述与脉络，而且成功地"回收"了曾遭放逐的、20 世纪 50—70 年代的历史时段。去年上半年在美国客座时，我有些惊讶地发现《建党伟业》出口美国，在五大城市的主流影院 AMC 上映。这无疑是一个标志，标志我们正进入一个"后冷战之后"的年代。与其说是冷战年代的意识形态对立不再真实有效，不如说相对于美国社会的主流价值，这些献礼片已不再携带颠覆性的表述。

吴子桐：小成本电影《钢的琴》呈现了另一种讲述历史的方式。请二位谈谈，《钢的琴》在书写工人阶级的历史时，是怎样建构出了一种不同以往的书写的向度？

戴锦华：的确，近年来还没有一部电影像《钢的琴》这么让我兴奋。不夸张地说，这部电影在几乎所有层面上获得了我无保留的认同。我想，把《钢的琴》放到一组电影的互文参照中去，会比较容易确认它的定位。有趣的是，尽管自 20 世纪 80 年代起，新自由主义的登场令失业问题成为一个全球性的问题，但关于失业 / 下岗工人的电影却名副其实地屈指可数。我们可以提到英国电影《一脱到底》（*The Full Monty*，1997），或西班牙获奖影片《失业的日光浴》（*Los Lunes Al Sol*，2002）。《钢的琴》和它们一样，都选用了喜剧或曰悲喜剧的形态表现这一沉重的社会问题，都以男性或一群兄弟的故事来指代阶级命运和生存。我们也可以提及 2008 年金融海啸冲击下的好莱坞电影《当幸福来敲门》、《新抢钱夫妻》或《在云端》，《钢的琴》也与它们分享着"亲情"、"家庭悲喜剧"的讲述路径。也有很多影评提到库斯图里卡的《地下》或沃尔夫冈·贝克的《再见，列宁》。

回到中国，许多关于《钢的琴》的影评都会提到《铁西区》和《24城记》。最后这几部中国电影几乎是绝无仅有地涉及了始自20世纪80年代到90年代中期达到极致的"失业冲击波"的电影作品。当然，世纪之交我们曾有过不少"分享艰难"的电视剧、电影涉及这一事实，但类似的所谓"主旋律"书写，故事都自下岗问题的冲击开始，以深明大义的工人体认了工厂/国家/政府的"难处"，"毅然"接受了"下岗"的命运落幕。我经常提起根据谈歌的小说《大厂》改编的电影《好汉不回头》。结尾正是陈宝国所扮演的厂长站在车间高处，声泪俱下地向拒绝下岗的工人陈述了厂方与政府的艰难之后，领头抗争的老工人带领全体工人浩浩荡荡地走出了厂长指出的大门，意味着接受了、承担起这份中国历史转折的代价；低机位仰拍镜头再现了经典的社会主义想象中的工人群像：伟岸、刚强、崇高。但所有这类作品所不曾触及的、甚至成功遮蔽的正是失业议题的核心："后来呢？"工人不仅是一般意义上的失去了一份工作，而且是丧失了所有权保障的主人公地位，丧失了原有单位制所提供的全部社会保障，被抛出来的"自由""个人"。《铁西区》以十小时的长度完整地记录了一个个案的全过程；相形之下，《24城记》更像是一则有些变形的回声。对于我，《钢的琴》的宝贵在于它再度显现了记忆的力量，它以个人记忆（导演张猛及主演王千源、秦海璐这些在东北老工业基地、在大厂院内长大的孩子的记忆）的真切，触发了我自己的——当然不只我——的确被尘封的记忆，这记忆铺陈开来一段几乎不曾被讲述的历史。它出自个人的记忆，但那原本也是一个群体、一个阶级的记忆。那是20世纪最后20年中国社会改革的关键：国营大中型企业转轨，所有制演变。一个极为有趣的观察是，近几十年来，少有一部电影即刻触动了社会学家、经济学家、当代史学家的内心，令他们出来言说那段历史中"沉默的另一面"。

对于我，《钢的琴》所显现的记忆的力量同时是情感的强度——尽管在影片中，导演的情感是饱满的，也是隐忍的。首先是那样的空间、那样的人、那样的群像、那样的劳动，其次是那些音乐、那些对白——它启动了、唤醒了、复苏了一种情感，进而它就启动了一种特定的情感结构所携带着的记忆。同样有趣的观察是，你在网络影评中看到无数的年轻人，经由这部电影忆起了他们在厂区大院中的童年。和他们一样，正是这份被触动、被唤醒的情感结构让我第一次不仅在理性认知上，而且在感情层面上认识到那个时代的不曾被讲述的意义和意味。大家共同意识到，《钢的琴》再现了一段被湮没的历史，或这段历史中沉默的所在，同时盛赞影片所选用的那份拒绝悲情、举重若轻的叙事姿态：它完全没有进行悲情的展现，或者悲情的控诉，或者悲情的动员；没有将重心坐落在下岗直接造成的贫穷、物质匮乏和这一切造成的苦难、辛酸上。我完全同意。但当反复观看这部电影（四次）之后，我的感悟是，就历史与记忆而言，影片所呈现并激活的，不光是"失业冲击波"横扫的年代，也不只是老工业区那场海啸过后的满目疮痍，感人至深的是它激活的记忆，是那场激变之前的岁月——20 世纪中国最为特殊的年代。我蓦然意识到，那可以说是更深地被掩埋、被撕裂的记忆与历史：关于全民所有制企业、国营大厂、单位制以及这全新的制度所创造和改变的人。《钢的琴》所激活的记忆，展示了大叙述所忽略或遮蔽的面向：所有制，更重要的是那个特定的年代、体制所创造的人；不仅是政治、经济，还有文化。这也就是我首先提到的那三组相关影片的意义：我们在相互参照中看到，《钢的琴》所称的工人、工人阶级，不只是马克思阶级论意义上的工人阶级，更不只是大工业生产所造就的工人阶级，他们是 20 世纪 50—70

年代中国独有的社会群体，只有他们和关于他们的记忆才可能赋予工厂空间、工厂劳动以那样的美，才可能赋予他们那样的尊严感和创造力。全民所有、单位制、社会化生产曾创造出这样一些多才多艺、敢想敢干的群体。影片的最后段落，他们造出一架钢的琴——熟悉好莱坞式电影奇迹的人们大概见多不怪，因为在电影中一切皆有可能。但正如导演告诉我们的，影片的创意产生于一个真实的细节：张猛在被弃的厂房中发现了一架仍能发声的钢琴。父亲告诉他，这是当年钢厂工人自己为评剧团造出来的一架钢琴。所以，在我看来，《钢的琴》关于记忆与历史，也关于未来。影片中的群像来自过去，但也指示着未来，关于我们的未来想象，关于未来的人，关于劳动和创造，关于文化和艺术。

王炎：我感触最深的是，这部影片从电影语言、电影形式的角度来说，给了我一种强烈的"有希望了"的感觉。为什么呢？我们的电影从"第五代"起就一直艰难地处理着形式与内容之间的张力。第五代导演通过大量观摩欧洲艺术影片、电影理论的训练以及卓有成效的实践摸索，反复尝试着如何讲述自己的故事，或用欧洲艺术片的风格讲述自己的故事。但是，我觉得形式与内容的张力、不流畅感一直都没有得到很好的解决。而这部影片很流畅，举重若轻，你能看出来，这部影片的风格和许多电影镜头的处理也学习了欧洲电影史上的经典段落，却很流畅地讲述一个本土的故事，让你没有拧巴的感觉，没有风格与叙事的冲突感，形式与内容相得益彰，彼此适恰。所以，我觉得这部电影在形式的意义上，是一个大的突破。

中国电影，一种类型是第五代的方式，是模仿欧洲艺术片风格，另一种是第六代、第七代类型，以最透明的、最自然主义的方式讲故事。还有一种是冯小刚式的，用形式最简化、最低调的方式处理本土故事。我觉得冯的风格与老上海20世纪三四十年代家庭伦理影片相关，实际上是借鉴了戏剧形式。三四十年代的文明戏、话剧深刻影响了当时的电影创作，一直是老百姓喜闻乐见的形式。但《钢的琴》确实是个突破，它解决了西方电影风格与本土内容之间的不协调。这么年轻的导演就吃透了电影语言和电影规律，我觉得很震撼、很振奋。

再现：历史与记忆
——电影中的历史书写与呈现（下）

○ 主　持：吴子桐
○ 嘉　宾：戴锦华　王　炎

中国古装大巨片困境的特殊之处在于，它在近乎短短的十年间陡临中国的"崛起"。从熟悉的自我叙事——闭关锁国、积弱不振、落后挨打、东亚病夫，"突然"转化成了世界"第三极"。电影的历史叙事不仅关涉自我言说，而且联系着朝向世界的言说。作为一个越来越重要的大国，中国是否能够或是否应该承担起不同的文化责任？我们更关注的，是"作为过去的未来"。对历史的叙述始终是对未来的勾勒，是打开未来想象的钥匙。

吴子桐：20 世纪西方也出现了一些讲述中国历史的电影，如贝托鲁奇的《末代皇帝》等，在二位看来，西方的"想象"与中国的"记忆"呈现出怎样不同的历史图景？

王炎：这部电影是 1987 年拍摄的，它既是一部独立风格的影片，又是一个好莱坞影片，当然还是部意大利人导演的戏。这部影片非常成功，获了奥斯卡奖，票房奇高无比，是一部特别成功的影片。同时，在 1987 年的中国，它也对中国大众文化产生了特殊的影响。

跟这部影片同时拍摄的，还有一部中国电视连续剧，也叫《末代皇帝》，陈道明演溥仪。从这两部作品被观众接受的角度来看，它们在 20 世纪 80 年代末形成了一个非常有趣的对比。当时中国大众觉得电视剧既真实又好看，而电影《末代皇帝》则看不懂，不太受欢迎。中国政府却对这部美国片高度重视，据说伊丽莎白二世当年访华，为了拍这部电影，居然没让英国女王去参观故宫。政府允许电影《末代皇帝》摄制组进驻故宫拍摄，开了历史的先河。拍摄过程中一只照明灯过热，引燃了一件文物，现在这已完全不可想象了。在那之后，中国政府才立法禁止在故宫拍戏。所以，这部电影是一个特别大的事件。

我不想从大家耳熟能详的"东方主义"的角度来谈这部影片。我倒想说，这部影片怎么会与中国观众的欣赏口味有这么大的不一样？或者说，连续剧和电影区别到底在哪？讲述历史的方式有何不同？这里，我不扩展到一个更大的政治文化层面，只想讲故事本身。电视连续剧《末代皇帝》呈现了一个最经典的中国历史的讲述方式，像后来的《雍正王朝》、《康熙大帝》等连续剧一样，它们讲述王朝历史的方式，与评书传统或历史传记的方式是同构的——有大的历史事件、强烈的戏剧冲突、人物之间的种种矛盾——最经典的厚黑权力博弈，这才是我们喜闻乐见的历史话语。但贝托鲁奇的《末代皇帝》是一个经典的好莱坞影片，虽然是号称"独立风格"。电影的故事结构和讲述方式都属好莱坞经典叙事模式——线性逻辑的故事，突出明确的一个中心人物，所有戏剧冲突都围绕着主人公这一线索展开，最重要的是心理冲突，整个情节都围绕着一个人的心理变化或成长过程进行。从某种意义上说，这是一个心理剧，或者叫历史/心理剧，就是将整个大的历史都浓缩到个体的精神成长或者心路历程之中去。这是好莱坞讲述史诗的一个最经典的方式：心灵史的方式——你会透过个体的成长观察到一个更大的历史走向。显然这部电影在美国市场和欧洲市场都非常讨巧。我们看 20 世纪 50 到 60 年代的美国史诗影片，差不多都是这个模式，而且非常有效，也包括犯罪片、战争片等，这是一个屡试不爽的叙事机制，但这个机制未必适合中国人讲故事的路数。

为佐证这个看法，我可以举最近一部票房很高的影片为例，就是《失恋 33 天》。它与中国人理解故事的方式非常贴切。影片中有两个主人公，从心路历程和心灵史的角度来说，他们的角色不是特殊的。整个故事其实是把网络上传播的段子拼接在一起，只要用这两个角色串起来即可。这两个主人公完全是类型化的角色——时尚且无奈的城市白领，既不特殊，也不特立独行，相反很有代表性，容易引起共鸣。搞笑、巧合、冲突、浪漫、反转等故事机制，在《失恋 33 天》中发挥得淋漓尽致。但是看完电影之后，我感觉空落落的，虽然很酷、极爽，但缺点什么。缺的就是中国传统故事中的历史和伦理指涉。

吴子桐：像李安拍的《卧虎藏龙》，在中国观众和世界观众当中得到的反应是完全不一样的。中国观众可能觉得是瞎编的，一般的观众可能觉得有一种貌似中国的东西，可是有东西看不懂，会觉得不好看。是不是也是这样的逻辑？

王炎：我跟戴老师对好莱坞电影的看法有很大的分歧。我总觉得好莱坞的机制有两个面向，一个面向是商业化的，生产电影就像汽车、洗衣粉一样，是从生产线上下来的东西。电影有固定的配方、固定的制作模式，甚至可以写成教材在课上教授基本流程，这是它商业的方面。但它还有另一面，就是作者的理念。这个机制可以给导演和编剧以空间，允许个人风格、个人视角和叙事的独特性，使个人经验在讲述中成为可能，所以我觉得电影《末代皇帝》就是这个机制下的产物。但它最差的地方是对中国历史、中国人物以及中国思维的陌生感。首先你会觉得演溥仪的人（尊龙）根本不是中国人。其次，影片以一个西方人的视角讲述，洋师傅庄士敦作为故事的叙述者，推动故事的角色也以在中国的西方人物为主。而中国人的角色往往是被动的、被大的故事裹挟着，他们只在故事里承担着历史角色。你看到的是一个居高临下的视角，对历史的解读和思辨完全是西方人认识历史的角度。也许这在任何一个国家都不能避免，毕竟这是在讲一个异国情调的故事。

戴锦华：1987 年我已经是电影学院的青年教师了，1989 年我在课上讲贝托鲁奇，我给他的命名是："资产者的儿子"。我是在两个层次上说，一是说他作为欧洲资产者的儿子，怀抱着对欧洲资产阶级文化深刻的情结，永远仰慕着一个资产阶级大革命之前的世界，也就是贵族的世界。他永远仰视着、想象着那样一种革命之前的、贵族独有的优雅。作为电影作者，他的影片中复沓出现的主题，始终是大时代里倍受拨弄的、无助的个人；历史太残暴，他人太强大，贝托鲁奇的主人公在这样的历史中以犬儒的姿态随波逐流（他的一部名片就叫《随波逐流的人》）；他可能犯罪，但却不是罪人，因为个人无法承担历史责任。他几乎所有的影片都在重述这样的主题，在这个意义上说，《末代皇帝》并无差异性。中国故事只是在修辞意义上提供异国情调的造型元素：清廷、小皇帝或绿军装、红袖章的红卫兵。

像王炎所说的，当时中国观众可能不喜欢电影《末代皇帝》，但电影人可是狂恋《末代皇帝》，因为贝托鲁奇和他的《末代皇帝》成为了一个最为直观的示范，告诉我们怎么去讲述个人和历史。他在中国演讲时说的一句话，后来成为一个时代的名言，那句话是："个人是历史的人质"。在历史中，尤其在大时代，我们被历史暴力绑架，一个遭绑架的人质当然无法承担历史责任。这个说法呼应了那个时代：结束"文革"历史，我们每个人都是那段历史的参与者，但是不想为那段历史承担任何责任，相反挺身而出来审判那段历史。贝托鲁奇简直是提供了一个指南针，大家也许没从中学会好莱坞式的讲故事的方法，但是大家学会了怎么去从个人的角度去想象历史，从而否定历史。

今天看来，贝托鲁奇和《末代皇帝》成了后冷战历史书写的先声：以个人、记忆的名义重写历史。《末代皇帝》正是根据溥仪自己的回忆录《我的前半生》改编的。因此，其中的历史叙述先在地占有了个人记忆的名义。回忆录作为"原作"，担保了故事的真实，却不担保历史的真相，因为后者不重要。溥仪作为中国历史上一个极为特殊的角色，始终被历史推搡、折磨、利用，始终只是一个傀儡。在贝托鲁奇那里，他关注的不是那段把溥仪变为傀儡的历史，甚至不是真实历史中的人，而是抽象人性意义上的个人——个人的心路与生命记忆，历史只是故事的影片。这正是我们之前谈到的后冷战、新主流以记忆之名再现历史、改写历史的有效方式。而1987年，在人们的浑然不觉中，将人类一分为二的冷战即将结束，后冷战就要到来。

在后冷战、好莱坞的历史书写中，必须提到《阿甘正传》。《阿甘正传》选取的是外在的、更是有效的情节剧方式。剧情设定主人公阿甘智商75，以此为前提，你便无法苛责这个人物所限定的历史视角——讲述什么、忽略什么、如何讲述，因为他没有能力认知重大的历史时刻。于是，这个"傻人有傻福"的阿甘便极为"幸运"地经历了战后美国史的似乎所有大事件，于是串联起一个背离20世纪60年代叙述逻辑的当代史。当然，《阿甘正传》与其说是为了重新建立战后美国的历史，不如说是通过阿甘，让美国每一个亲历这段历史的"普通人"，找到一个自我原谅和自我放置的空间。这部电影同样受到了中国观众的热爱，因为经历了大时代，"我们"需要的不是严正的历史，而是枕边的童话。

吴子桐：二位在叙述中也涉及到了美国的史诗题材，我们另外感兴趣的话题就是美国电影，尤其是好莱坞电影，非常热衷于史诗题材。这类电影不仅在美国本土取得成功，在全球电影市场上同样所向披靡。请二位谈谈此类电影成功的因素，它们在建构历史方面，与近年来中国拍摄的历史题材电影有何异同？

王炎： 首先，史诗电影不仅是情节上讲历史的大叙事，还是电影技术上的一种新形式。它因电视机的普及而应运而生，在 20 世纪 50 年代，电视机进入 60% 的美国家庭时，电影院受到了巨大冲击。人们宁愿呆家里、在火炉边看电视。而且，观众可以经常回顾经典影片。可以想见，电视成了电影资料馆，这会给电影公司带来怎样的冲击。

电影界回应的方式第一个就是生产宽银幕电影，宽银幕电影不适合拍家庭伦理故事、室内剧或男欢女爱。于是，需要与宽银幕空间感相配的历史题材和大场面故事，战争或宗教史诗片便出现了，这是电影技术对史诗影片内容的要求。

另外一个背景，是朝鲜战争的爆发。冷战美苏两大阵营的对峙，成为当时最重要的语境，整个世界被意识形态的分歧割开，社会主义与资本主义以政治阵营的方式对抗着。讲述这一对峙，需要新的形式重述历史。20 世纪 50 年代，配合宽银幕和冷战形势的题材便是宗教史诗影片，出现了大概几十部圣经题材影片。从技术角度上来说，这些影片非常适合大场面、大角度，以及各种奇观、特效等新技术。另外一点，宗教史诗影片承担了一个政治意识形态的功能。当时西方的道德优越感恰恰来自于基督教，艾森豪威尔夫妇曾带头去教堂，并在电视里反复播放这一场面，形成了一个宗教回归的运动。从那个时代开始，大量宗教史诗影片取代了二战题材的战争片。如今我们在许多科幻影片利用电影新技术制作的特效、大场景奇观里面，仍能隐约看到 20 世纪 50 年代美国电影应对危机、技术创新的影子，这成为好莱坞独特的风格，也是其他国家的电影工业难以与之衡的地方。当年拍史诗影片投入极大，最极端的例子就是《埃及艳后》几乎拖垮了 20

世纪福克斯公司。

还有一个就是戴老师刚才讲的再现历史的方式，是从内容的角度来说。史诗电影也提供了一个基本的范式，就是 psycho-historical-narrative，心理历史叙述模式——无论多大的历史，都可以在个人的心理历程中得以呈现。包括斯皮尔伯格的《世界之战》，人类与外太空交战都可以从一个家庭的角度、父亲对女儿的关爱中呈现。还有《独立日》、《2012》等，无论多大的题材，都可以聚焦在个人的内心经验之中。我觉得这是好莱坞一个非常独特的东西。史诗片反映出美国式经验主义的世界观，即在个人经验的范围内寻找表达美国价值观和审美方式的途径。

与其相对照的就是苏联模式的史诗电影。苏联曾拍摄《解放》，后来在20世纪80年代拍摄《莫斯科保卫战》、《斯大林格勒战役》等——这是中国大陆20世纪90年代拍摄《大决战三部曲》——《辽沈战役》、《淮海战役》和《平津战役》的基本叙事模式：重要历史人物掌控全局、全景式场面、巨大的历史转折、以事件为情节动力等。这是苏联的电影传统，而冯小刚在《集结号》中，却模仿好莱坞的风格，在让中国影片走向世界的愿景中，冯小刚力图讲述一个能自圆其说的故事。

戴锦华：我同意王炎的描述——心理历史叙述，相当准确。与此并列的是苏联史诗片——《伊万雷帝》，或《列宁在十月》，或《解放》。我管后者叫历史唯物主义全息图的片段。就是说，历史唯物主义的史观是叙事基础，这一历史逻辑的前提，潜在地要求观众拥有一幅关于历史的全息图，参照着这幅整体图景，影片表现历史中的某些片段和场景。电影给出的场景与观众心中的历史全息图融合，并由后者补足，便可以有效地整合出感人的历史故事与画面。

但说到我个人的观影记忆，其实最为突出的，却是罗马尼亚史诗片,《斯特凡大公》、《蓝色多瑙河》,等等。一旦(非专业地)回忆起古代战争、攻城略地,我脑子里出现的全是罗马尼亚电影的画面。(王炎:我也是。)因为当时除了内参片,我们看不到好莱坞电影,也看不到苏联电影。在我的记忆中,罗马尼亚史诗片和美、苏都有所不同。它最重要的叙事坐标是国族历史。罗马尼亚曾是罗马帝国的边陲,也是基督教世界与伊斯兰世界的交界、冲突的地区,曾有着丰富而炽烈的古代历史。这些时段被组织在作为现代民族国家的罗马尼亚历史叙述之中,成为对其国族身份认同的依托。前现代的历史人物被描述成舍生忘死、抵御外辱的民族英雄。

民族(国家)历史的坐标,在美、苏的同一类型电影中几乎难于觉察。无论在冷战的全球对峙中,还是在后冷战的一极化世界里,美国、苏联都是作为帝国,在其历史叙述中争夺着"人类"的高度和为"人类"的代言权。在后冷战时代或后冷战之后,多数国别电影——包括中国电影中的历史叙述恐怕更接近于昔日的罗马尼亚电影,而不大可能是美国、苏联史诗片。其历史叙述大多是在对民族国家的自我想象的逆推脉络中建立的,它也经常履行着"民族寓言"的社会功能。于是,一边是借古讽今——"所有历史都是当代史",一边则是国族身份表述所要求的对自身文化差异性的自觉。所以中国古装大巨片的困局,一边是为新自由主义暴力化了的现实欲望结构,一份胜利了的失败者的历史观,一边则是为百年风云激变的历史所中空化了的文化自觉。不错,我们学不像好莱坞;但我以为,这是用美国的或者说西方的文化逻辑叙述中国历史的必然。其结果就是从《英雄》到《满城尽带黄金甲》的华美空洞。因为这里的历史叙述及其逻辑只能是权力博弈、君臣斗法、厚黑学、宫廷秘闻……结果就只有成王败寇,或者干脆是丛林法则。其中所谓"好莱坞元素",便是大资本所营造的奇观场景、明星阵容、东亚或国际联军的制作团队,而没有好莱坞的个人想象、心灵悲剧历程。而中国元素则在放大无数倍的第五代"仪式美学"中，变成了武术、兵器、服饰、琴棋书画的文物展。

我们来看一下何平的《麦田》：影片实际上成就了一幅没有加害者、没有受害者，只有胜利者和失败者的历史叙述。因为在影片的内部逻辑中，如果赵国胜了，并不意味着任何改变，只意味着遭杀戮的是秦人。问题不是权力、暴力、人性恶，而是如何讲述；问题是类似影片完全没有给我们提供权力、暴力逻辑之外的其他参数，仿佛赵胜杀秦，秦胜杀赵，成生败死。这就是历史？就是历史的全部？且不说该不该、能不能学好莱坞——《金陵十三钗》学得很像啊，斥巨资用了好莱坞的特效团队、一线影星贝尔，国人也认为张艺谋证明了"中国人也能拍中规中矩的好莱坞A级片"；但即使不说影片的文化问题，你可以把一部中国电影拍成英语片，把南京大屠杀的故事再一次搬进教堂上演（或抹除），但迄今为止，好莱坞或者说美国似乎并不买账——当然，我们很清楚，这里面纠缠着国际政治的林林总总，并不只与电影有关。

回到我们的话题：好莱坞——至少是A级/大制作片和多数B级/类型片的价值始终是美国社会的主流价值，所谓"人性"、"心理"叙述只是美国主旋律得以讲述的小关节和润滑剂。退一步说，即使中国古装大片也就是一些厚黑的故事，它仍需要以中国式伦理、人情的细查和体认来润滑、贯通。在这种意义上，二月河的清廷小说算是一个成功的例证：帝王、统治的故事里是中国式的权力与人情逻辑。无怪有大型民营企业将二月河的小说定作员工商战读本。一旦你真的获知并能够体察中国社会与文化中的情理逻辑，你就可能进一步理解到历经逾百年现代化历程的中国从来不是、现在仍然不是"东方专制主义"或权钱的"厚黑学"所可能概括的。这就又说到了陈凯歌的《赵氏孤儿》。《赵氏孤儿》应该说是最古老的中国历史故事之一，也是元杂剧中的名作。且不用列举王国维的著名评价："即列之于世界大悲剧中，亦无愧色也"，或引证欧洲启蒙运动高潮中伏尔泰对《赵氏孤儿》的改编；可以说，《赵氏孤儿》或中国文化的叙事主题之一——托孤救孤，是某种文化精髓或幽隐之所在。当然是但不仅是忠义，是善恶，是正义，更主要的是"诺"——中国文化中承诺的至高位置，"千金重一诺"，为此才有程婴舍子、公孙杵臼舍命的苍凉悲慨。对一己私欲的超越，该是对人性的基本定义吧。这应该也是欧洲现代思想的发轫之际，伏尔泰盛赞和改编的由来之一。但陈凯歌的"现代"改编（还是在林兆华、田沁鑫的话剧之后）却似乎必须抽空其中原有的文化意涵与价值表述，于是，我们看到的便是一群莫名其"妙"的人，做着一些颇为"变态"的事，却没有任何心理的或哲学的叙事逻辑来支撑它。

也许要多说几句的是，中国古装大巨片的特定困局，不仅是非西方、晚发现代化国家民族（电影）叙述的普遍困境，其特殊之处在于，它在近乎短短的十年间陡临中国的"崛起"。从熟悉的自我叙事——闭关锁国、积弱不振、落后挨打、东亚病夫，"突然"转化成了世界"第三极"（美国、欧洲之后的第三极）。于是，电影的历史叙事不仅关涉自我言说，而且联系着朝向世界的言说。当然参数也变了：不仅是以电影为"形象名片""自立于世界民族之林"，而且是可否成为世界电影大国，分享全球电影票房利润。仅就电影叙述而言，问题既老且新：不只是"他人的语言，自己的故事"；也不只是困扰了我们近百年的问题——世界的？民族的？（我自己是不认同那种乐观结论：越是民族的，越是世界性的。）而是继续保持自我批判精神的、深刻的自我认知，是对自身的社会与文化差异性的真实指认。越来越多的人谈起费孝通先生的"文化自觉"，但必须说，我们今天拥有的还只是对文化自觉的自觉，那不该只是延续百年的焦虑或急迫的新段落，而是一个不同的自我批判与确认。电影依旧是一个重要的路径。不论是《孔子》的结构性破碎，或是《赵氏孤儿》、《麦田》的价值贫血；当然，最令人感慨的仍是《南京！南京！》和《金陵十三钗》的自我中空——对于这段幸存者犹在的历史，我们已经丧失了自我叙述的有效路径：如果不依重日本兵，就只能借助美国殡葬师，似乎不通过教堂的彩镶玻璃窗（宗教建筑意义上的上帝之眼）便无法看到我们身历的灾难。这实在是 20 世纪中国文化自我流放的最佳例证之一。如何有效地自我叙述、自我想象，如讲述前现代、现代的中国历史，不仅在于批判性地确认中国文化的差异性元素，更重要的，在于回答是否存在着某种"中国道路"，它是否具有别样的资源性价值。作为一个越来越重要的大国，中国是否能够或是否应该承担起不同的文化责任？我们，或者干脆说，我，更关注的是"作为过去的未来"。对历史的叙述始终是对未来的勾勒，是打开未来想象的钥匙。

童话、男性神话与女性主义

○ 张　剑

　　1971 年，美国著名现代女诗人安妮·塞克斯顿（1928—1974）
出版了诗集《变形记》。诗集以颠覆性笔触对《格林童话》进行了改
写，其中《灰姑娘》一诗将女主人公从灰姑娘到公主的变化过程视为
现代社会"一夜暴富"的思想原型。在此，人们不禁想到马克·吐温
的《百万英镑》：那位流浪汉在得到一百万英镑的支票之后突然富贵，
身后簇拥着仆人、保镖、厨师、裁缝以及推销各种商品的商人。真是
一呼百应，身价十足。在 100 年以后，媒体仍然充斥着类似的新闻。
诗歌第一部分列举了四个这样的例子：管道工中了彩票；女仆嫁给了
富家公子；送奶工投资房地产发家；清洁女工获得巨额保险赔偿。

　　"美国梦"在某种程度上说就是"富贵梦"。由于在现代社会个人
成功很大程度上取决于财富多少，因此许多人梦想有一天能够成为大
款或大腕。这就是为什么彩票那么火爆，传销那么流行，"超级女声"
和"超级男声"等选秀活动那么走红。有人把富贵视为赌博，有人把
富贵视为"天上掉下的馅饼"，有人把富贵视为贵人提携，但是他们
没有意识到"美国梦"背后的艰苦劳动。人们看到了李嘉诚、洛克菲
勒等人从穷人跃升为亿万富翁，但是没有看到他们在成功的过程中所
付出的艰辛和努力。

　　《灰姑娘》一诗对"一夜暴富"童话进行调侃的同时，也力图颠

覆另一个童话:"永远幸福"童话。诗歌第二部分重述了《灰姑娘》童话的主要情节,其主要寓意大致可总结为:善有善报,恶有恶报;好人最终会有好结局,灰姑娘最终会嫁给王子。然而,诗歌并不想重复这样简单的故事,而是想要拷问童话的结局:童话里说,"灰姑娘和王子……从此幸福地生活着",但是他们真的会"永远幸福"吗?根据现代生活的经验,诗人问道:他们会不会碰到"婴儿尿布"问题?"家务"问题?"中年发福"问题?这些具体问题会给他们的生活带来怎样的考验呢?

显然,"永远幸福"仅仅是童话,现实生活要复杂得多。童话中的王子和灰姑娘近似于一对漂亮的芭比娃娃,"甜蜜的笑容永远贴在脸上",然而,现实生活中的查尔斯和戴安娜的童话通向了一个悲惨的结局。诗歌站在一个女性的立场上,解构了人们普遍相信的"幸福"童话。诗歌暗示,女性要获得幸福,不能靠婚姻,只能靠自己去努力实现自身的价值,才能提升自己的经济地位和社会地位。灰姑娘嫁给了王子也未必能够永远幸福。

二

从女性视角来看,童话是男性所写,因此带有男性思想意识。由于一代代人从小阅读,它传递的信息很可能在人们心里根深蒂固。神话与童话类似,它们不仅仅是神话,背后还隐藏着许多意识形态。在西方,神话常被视为"原型",代表着永恒的、普适性的思维模型。心理分析大师弗洛伊德常用希腊神话来解释人类的各种行为模式和心理活动,著名的"俄狄浦斯情结"就是用神话来解释恋母心理的典型例子。文学批评家弗莱常用基督教神话来解释文学中不断出现的死亡和重生的故事模型,用《圣经》的结构来解释悲剧和喜剧。哲学家尼采用太阳神和酒神来解释希腊悲剧的诞生，以及从古希腊一直延续至今的二元对立的思维模式。神话似乎是思维原型的代名词，反映了人类思维活动的普遍现象。然而，如果对神话进行仔细分析，将它放在后现代的透镜下进行审视，那么神话可能会显出另一种情形。

希腊神话《俄耳甫斯与欧律狄克》（Orpheus and Eurydice）讲述了一个动人的故事：歌手、音乐家俄耳甫斯有惊人的音乐天赋，常使动物驻足倾听，甚至可打动草木和岩石。在新婚之夜，他的妻子欧律狄克被蛇咬死，他万分悲痛，遂用歌声打动冥王，为妻子争取到起死回生的机会。他获准赴冥府接妻子回家，但冥王要求他在返回阳世的路上不得回头观看其妻。他未能做到，结果妻子被迫返回阴间。这是一个优美动听的爱情故事，但也是一个男性叙事。主人公俄耳甫斯，从自己的视角，表达了对妻子感天动地的爱。他没能将欧律狄克带回人间，功亏一篑，留下了千古遗憾。

然而，女主人公一直没有发声，是一个典型的被叙述者。我们并不知道她的想法和感受。加拿大著名女作家玛格丽特·阿特伍德（1939— ）曾经根据这个故事写过两首诗:《俄耳甫斯》和《欧律狄克》，颠倒了其中的叙事模式，让女主人公欧律狄克走到前台，来讲述她自己的故事。在诗中，"再生"失败后回到阴间的欧律狄克，在心中对俄耳甫斯有一段表白，大致意思是：阳间曾经给我造成巨大伤害，让我伤心至极，那里潜伏着毒蛇一样的危险。并且，这时的她已经意识到，爱对于她来说只是一种束缚——"你手中仍然是握着那根绳索，/ 你将它叫做爱"。因此，"重返人间"只是"你"的一厢情愿，"并不是我的选择"。

女主人公欧律狄克是西方文学中常见的"沉默的美人"的原型。在希腊神话中，她美丽优雅、楚楚动人，但是没有思想、没有观点。她是男人"凝视"和追求的对象，她的幸福来自一个才子或白马王子对她的爱。阿特伍德的诗歌从女性的视角想象了这样一位贤淑女性的内心活动，首次让人们知道她也有自己的观点和主张，为她发出了自己的声音。换句话说，女性并非没有观点、没有思想，而是被男权社会剥夺了说话的权利。女性主义者要将女性被剥夺的话语权重新还给女性。

三

　　以上两首诗是女性重读童话和神话的实例，它们向我们显示了女性主义争取公正、平等、自由的努力。这是 19 世纪以来女性不断抗争过程的一个部分，说明女性的真正解放还有一些路要走。马克思曾经说，要知道一个国家是否自由，只需要看其女性的解放程度即可。英国在 1918 年才将选举权赋予 30 岁以上的有产阶层女性，1928 年才赋予所有 21 岁以上女性，与男性完全平等。中国的女性到 20 世纪 30 年代都仍然有裹足现象和被纳妾现象。直到现在，女性大学生在就业上仍然比男性更加困难。

　　苏格兰当代著名女诗人丽兹·洛克赫德的诗歌全集《梦见弗兰肯斯坦》从一个女性主义者的视角，对女性的困境进行了细致的观察和描写。其中《选择》一诗讲述了两个女孩的故事，一个叫玛丽，是非常优秀的学生，获得了许多奖励，特别是在数学方面富有天赋，非常令人羡慕。但是初中毕业之后，她便终止了学业，辍学回家。她的父亲对高等教育没有信心，认为读那么多书没有意义，也不愿意在这个方面安排更多投入，连校服都不愿给她购买。

　　另一个女孩，即诗歌的叙事者，与玛丽是同学，也是班里的佼佼者，同样获得过许多荣誉。她们俩志趣相投，甚至在穿着打扮上都一致：同样的发型、同样的发带、同样的羞涩、同样的聪明。但是她选择了一条不同的人生道路，攻读高中、大学，现在已经是一个知识分子、一个职业女性。她在中学所表现出来的聪明才智和知识潜能得到了充分的挖掘。

多年以后，她在公共汽车上与玛丽重逢。这时，玛丽的身子已经鼓起，丈夫陪伴在身旁。显然，玛丽怀孕了，双手托着隆起的腹部和里边的胎儿。我们不知道这是她的第几胎，但是我们知道在她的青春貌美时，她把精力和时间献给了家庭和下一代。她中学时期所表现出来的能力已经被抛到了脑后。

在玛丽双手托着腹中胎儿的时候，诗人怀里抱着书籍。通过对比，两人的命运和生活轨迹的差异被充分表现出来。玛丽的生活固然有它的"吸引力"，但是诗人并不"羡慕"。相反，当她想起玛丽"本可以获得的奖项"，感慨万千。如今的玛丽已经为人妻，即将为人母，即将围着婴儿和厨房转悠，不能去实现年轻时的那些志向，想到这些，诗人心里五味杂陈，无言以对，充满了惋惜之情。

四

女性主义强调性别平等、反对性别歧视；提倡女性自强、自立，在社会各个领域——包括文学和艺术领域——去发挥自己的才能，实现自我价值。英国著名小说家弗吉尼亚·伍尔夫曾经设想，如果莎士比亚有一个妹妹，与他同样聪明，那么她能够成为第二个莎士比亚吗？答案显然是不可能，因为社会没有给她提供同样的教育和其他条件。反过来说，如果社会给她提供了与男性同样的条件，那么她成为第二个莎士比亚是完全可能的。

因此，女性应该强化事业心和上进心，与家庭成员共同分担家庭责任，把更多的时间和精力用于事业的发展。事业的成功对于女性获得经济独立、建立自信、摆脱依赖、获得平等都具有重大意义。如果有这样的认识，那么就不难理解《选择》一诗的惋惜之情，同时也更能理解《灰姑娘》的"永远幸福"仅仅是童话，更能理解《欧律狄克》所说的"爱是一种束缚"。

但是，这里牵涉到一个关键性的问题：家庭与事业哪一个更重要？按照女性主义的思路，如果女性在争取平等的过程中，遭遇家庭的抵触，导致家庭的破裂，那么没有什么值得惋惜的。如果婚姻没有建立在真正平等的基础上，这样的婚姻没有也罢。女性应该自强、自立，而不应该任人摆布，依附于他人。

这些理念都没有错，但现实又是另一幅情形。虽然女性现在已经走出家庭，走进了职场，不再是19世纪的"家中天使"，但是任何一个单位都会发现，女性结婚后往往把家庭视为第一要务，特别是有了孩子之后，女性会把主要精力放在相夫教子上。有一个女性曾经热衷于女性主义思想，渴望在事业上有所发展，但在家庭破裂后她的思想发生了巨变，认为女性主义倡导的是"性别战争"，她现在称自己是"非女性主义者"。女性在面临家庭和事业的两难境地时，往往会选择家庭，放弃事业。那么到底是女性的觉悟需要提高呢？还是女性主义自身也有问题？这一点值得深思。

顾彬中国现当代文学研究三题

○ 李雪涛

鲁迅：翻译和评价

1994 年，顾彬（Wolfgang Kubin）在瑞士的联合出版社（Unionsverlag）出版了他编译的六卷本德文版《鲁迅选集》，这是德语世界首次如此大规模地从中文原文翻译鲁迅的著作。顾彬在序言中指出："每一个译本都是对原著的一种阐释，并与译者本人的理解及其所处的时代紧密相连。"他对以往的德文译本进行过认真的研究，指出这些译本漏掉了一些看似无足轻重但却非常重要的字眼：例如《呐喊·自序》中的第一句话："我在年轻时候也曾经做过许多梦"，不论是卡尔莫（Joseph Kalmer，1898—1959），还是霍茨菲尔德（Johanna Herzfeldt，1886—1977），抑或是杨宪益的英文译本，都没有将这个小品词"也"翻译出来。而这个"也"字不仅表现出了过去与现在时间上的转换，同时也表达了处于热情和失望矛盾之中的叙事者的内心。从这个翻译的细节，可以看出顾彬对鲁迅作品理解的深入程度。

顾彬认为："无论是小说、散文还是诗歌，就其形式的严谨来说，整个 20 世纪的中国几乎无人能够与作者（指鲁迅——引者注）匹敌。相似的情形只有在国际语境中才能找到。"一直到最近，他依然认为，鲁迅是 20 世纪中国最伟大的作家，代表着"中国的声音"。他在译后记中写道："思索的勇气和自嘲的能力事实上使鲁迅不仅成为了现代中国最负盛名的作家，而且成了现代中国的思想家，这一特征的影响直到语言运用的层面之上都能看得到……"

顾彬对杨宪益夫妇的鲁迅译本很不以为然："只有专业人士才知道，摆在他们眼前的是杨宪益夫妇的还是约翰纳·霍茨菲尔德漏洞百出的版本。"他之所以重组人马再次翻译鲁迅的作品，是因为他对以往的译本实在不满意。对像布赫（Hans Christoph Buch，1944）这样的作家只能从英译本转译部分作品的做法，他认为是不值得一提的。而对上文提到的卡尔莫，顾彬的评价是："他所提供的不过是一种包含着粗浅的理解而行文不畅的版本而已；繁杂的语句被改写或是被删除掉了。无论是原文的优美还是它的思想深度都不能从阅读中得到体察。"顾彬进而对这类充斥着大量错误的翻译表示了他的怀疑态度："在难于理解但对解释来说显得举足轻重的段落里出现的大量细微错误常常使翻译的可靠性受到彻底的怀疑"。

顾彬在翻译鲁迅的过程中，尽管认为当时大陆官方出版的《鲁迅全集》（第四版，1981）的注释可供参考，但同时也表示出了他的批判性态度："它们（指注释——引者注）常常是意识形态化的，离题太远而重复冗赘。"更让顾彬不理解的是，这个版本省略了很多的内容："许许多多的引文和影射没有给出注释，或许是政治上的原因，但也或许由于相关的文献还没有公之于众。"正因为如此，顾彬同时使用了日文评注版的《鲁迅全集》（东京，自1976年开始出版）。

针对中国大陆对鲁迅的盛赞，以及海外自由主义文学批评家的贬低，顾彬的观点是："既反对视鲁迅为纯粹革命的正统观点，也反对将鲁迅看作虚无主义者的反教条主义观点，我们试图在两个极端之间寻求一种折中的理解。时代精神的批判性分析无疑是贯穿鲁迅作品始终的一条红线，而长久地坚持独立性也使作家付出了代价：寂寞、厌烦或者说是无聊和苦闷。"对于中国来讲，顾彬认为鲁迅的意义在于创造了文学的语言，而对于西方来讲，则在于摆脱了服从精神："马奈·斯珀波通过其写作所要求的那种对乌托邦终会破灭的毫无保留、不加粉饰的洞见，似乎在作为作家和人的鲁迅的生平和作品中得到了试验。"

顾彬善于捕捉中西诗学的异处，他同样善于将中国文学特殊的审美以文本分析的方式展现在德国读者的面前。在鲁迅那里，这一独特的写作方式有时并非中西的差异，而更多是传统与现代的不同："面对不再是确定的也不能确定的世界的百科全书式的复杂问题，现代作家采取了一种写作形式，他不主张终极而主张暂时的东西，不存在'叙述的过程'，而形象与情绪与感觉的自由无穷无尽状态。世界成了幻想的材料和表演场，语言开始从陈述中解放出来。"

《彷徨》以及其他的作品所展示给读者的是，清醒之后并没有出路，这是鲁迅一再告诫现代人的窘境。顾彬之所以喜爱中国现代文学，与这些文学家们所揭示的现代性有关。

现代性与中国现代作家

顾彬认为，1911 年，作为中华民族凝聚力的帝国的解体，以及在此之前的科举制度之废除，导致了中国人"整体性的丧失"，从而彻底改变了中国作为一个诗的国度的内在基础。现代性便是由于整体性的终结而产生的："生活的内在意义"瓦解了，人变成了一个寻觅者和一个流浪者。人们为失去了传统而绝望，并且传统的资源已经无法提供解决个体"忧郁"的任何解决办法了。因为在人与上帝的分离中，在其先验性的无家可归中，人认识到他自己和他的整个存在都是成问题的。这是顾彬借用卢卡奇（Georg Lukács，1885—1971）的理论对现代性所作的界定。顾彬对中国现代文学家有关"忧郁"和"苦闷"的相关研究，可以说都是在追问他们和现代性的关系，而这绝不仅仅局限在东亚一隅：那个时候中国的确有一个很好的现代性文学，这是 20 世纪 30—40 年代的德国没办法比的。"在中国现代文学中，有一批至今未被关注的作品，通过仔细阅读后会发现它们'关键文本'的价值。这些作品，不仅在理解 20 世纪中国文学史，而且在对 20 世纪人类心灵的理解中具有关键作用。"

顾彬认为，现代人存在的碎片化在鲁迅的第二部小说《彷徨》（1924—1926）中"得到了犀利而深刻的描绘"。"这部小说集展示的是这样一个人的生存状态：他欲前行，但不知道要去何方，因为在任何地方他都不再有终极归宿。"顾彬同样在叶圣陶的小说《倪焕之》（1928）中看到了一个处于持续变动的世界中的现代人的状态。而这不论是夏志清，还是普实克（Jaroslav Pršek，1906—1980）抑或安敏成（Marston Anderson）都没有真正认识到的。

顾彬认为，通过中国现代作家我们可以了解 20 世纪文学发展的所有问题，亦即上帝死了之后人该怎么办的问题。不论是郭沫若在《天狗》中以"我是"的句式表现出的自我主体，还是鲁迅在《彷徨》和《野草》中描写的在路上追求理想的人，这些绝不仅仅是当时中国知识分子的悲剧，也同样是欧洲知识分子的悲剧。因此顾彬认为，中国现代文学不仅代表着 20 世纪的中国，也代表着这一时代的欧洲，是具有世界代表性的。

当代文学与市场

如今顾彬尽管可谓名声大噪，但他依然保持着书生本色，显得与当今的社会是那么格格不入。他对中国当代文学的批评，跟他作为一个崇尚高雅品位的唯美主义者有关。举例来讲，尽管他在波鸿大学跟随霍福民（Alfred Hoffmann，1911—1997）学习过多年的汉学，但他依然无法容忍这座大学和所在城市的平庸风格。他曾在伯尔尼的一次演讲中，非常委婉地说了他"对这所大学及所在城市的建筑充满了困惑和不解"。

他在大学跟霍福民学的是唐代的诗歌和宋代的散文，正是由于他对这两个时代的文学成就情有独钟，致使他用中古和近代的文学审美来看待当代的文学成就，这其中的断裂是必然的。他认为，"自法国大革命以来，人们曾经走过这样的歧路。从这个意义上来讲，《二十世纪中国文学史》所描述的也是一段步入歧途的历史，而这是东西方现代性的产物。"

去年12月4日的《法兰克福汇报》刊登了驻京评论员西蒙（Mark Siemons）对顾彬与杨锐在中央九套英语对谈的报道和评论，顾彬对文学的市场化提出了尖锐的批评。在中国摆脱了计划经济的桎梏而走向市场经济后，由于市场给我们带来了巨大的财富，很多人便天真地认为市场是万能的，是值得我们信赖的，而没有看到"市场是一个吞噬一切的怪兽"。实际上，正是这所谓的市场经济社会破坏文化的传统和生活方式，毁掉人类的伦理道德。随着语言的商业化，知识分子也逐渐消失在公共空间的舞台上，这当然不仅仅在中国，只不过在中国表现得更明显而已。顾彬不能容忍的是，中国作家变成了这些消遣文化的参与者，"将自己那灰暗的躯体作为献祭的牺牲"。这导致作家的批判精神渐遭抛弃。因此，顾彬祈盼发自当代作家内心的中国的声音。

关于当代文学的市场化、商业化，李公明也指出："最大的问题是一些中国作家缺乏意志力，不能为他们的艺术忍受磨难，而是为商业世界服务。这里可以看出顾彬教授对中国当代文学的一种忧虑：商业化销蚀了文学的灵魂和规范。"令顾彬稍微感安慰的是，中国的很多诗人没有太多受到商业化的冲击，因为他们的作品不可能得到市场的推崇，他们依然生活在社会的边缘，所以不会出卖自己，还会专注于语言和艺术的价值。

顾彬认为美国汉学家葛浩文（Howard Goldblatt）的翻译，在很大程度上是创造了译本畅销书，而不是严肃的文学翻译。他发现，作为犹太人的葛浩文删去了《狼图腾》的最后一部分，因为从政治正确上来讲，这一部分有"法西斯主义"的倾向。"因为他（指葛浩文——引者注）决定了该书的英文版应该怎么样，他根本不是从作家原来的意思和意义来考虑，他只考虑到美国和西方的立场。"

顾彬对当代中国文学某些作家的痛斥，对文学市场化和商业化的非难，我以为都说到了痛处。鲁迅晚年曾引用郑板桥（1693—1765）的两句诗赠给准备为他写传的增田涉："抓痒不着赞何益，入木三分骂亦精"，我想这也正是顾彬为很多中国学者所不能接受的最主要的原因吧，因为他犀利的言论似乎触动了某些国人的敏感神经。

超越大国争霸：对和平崛起的文化阐释

○ 王明进

随着中国改革开放事业的发展，中国经济社会的不断进步，国际社会上有越来越多的人开始思考发展起来之后中国与世界的关系，20世纪90年代对中国崛起的讨论逐渐热闹起来，但伴随而起的是"中国威胁论"。2003年，中国提出了"和平崛起"的战略理论，表明了中国摆脱大国争霸传统路径、致力于和平发展的意图，但这并没有完全消除西方世界对中国崛起的疑虑。也许，从文化角度，我们能更好地理解西方对中国和平崛起的质疑，理解中国和平崛起的内在逻辑，也只有从文化角度，我们才能找到超越大国争霸、实现和平崛起的路径。

一、霸权更替：西方文化对大国崛起的认知

冷战结束之初，中国并未像西方所期望的那样崩溃，于是，在"中国崩溃论"流行了一段时间之后，国际上又开始出现"中国威胁论"，开始探讨中国崛起之后可能带来的威胁。[①] 中国提出和平崛起的

---

① 一般认为，国际上最早探讨中国崛起的专著是哈佛大学经济学教授威廉·奥夫霍尔特1993年出版的著作《中国崛起》。William H. Overholt. The Rise of China: How Economic Reform is Creating a New Superpower. New York: W. W. Norton & Company, 2002.

概念之后，西方有很多人对这种提法表示质疑，认为这不过是中国的一种宣传手段，目的是为了打消世界对中国威胁的担心，中国和平崛起即便是可能的，也将是极其艰难的。对此，各种学术流派都道出了他们自己的理由。

首先，资源是有限的，而政治就是在一个资源缺少的世界上，群体间为了权力、声望、安全而不断进行的斗争。国际政治处于无政府状态，每个国家压倒一切的目标是最大化地占有世界权力，这意味着一国获取权力是以牺牲他国利益为代价的。而大国的最终目标是成为霸权体系中的唯一大国，崛起国终究会挑战霸权国和现有的国际秩序，这种崛起很可能是通过体系战争来实现的。作为崛起的大国，中国日益强大的经济和军事力量从本质上来讲是对国际体系的威胁，中国最终会与当代的霸权国家美国发生冲突。[1] 这是现实主义者的典型观点。

其次，中国与西方世界不同的身份也可能导致中国在崛起过程中与西方国家及其主导的国际体系产生冲突，引发体系战争。"文明冲突论者"认为冷战结束之后，世界上的冲突可能在不同的文明之间展开，其中儒教文明和伊斯兰文明可能形成对西方文明的挑战，形成冲突。[2] 英国学派更关注中国能否接受国际社会的基本制度，认为由于中国的独特政治体制和意识形态因素，要中国完成自身的身份改变从而接受国际社会的基本制度是非常困难的，这种来自身份的矛盾将构成一种新的结构性冲突，崛起的中国有可能以非和平的方式冲击国际

---

[1] 最典型的是以米尔斯海默为代表的进攻性现实主义者。参见 [美] 约翰·米尔斯海默：《大国政治的悲剧》，上海人民出版社，2003 年。

[2] 亨廷顿：《文明的冲突与世界秩序的重建》，新华出版社，1996 年。

社会。①

西方对中国和平崛起的质疑，在很大程度上是基于对自身历史经验的总结。从西方大国崛起的历史道路来看，和平崛起几乎是不可能的。自欧洲建立了以民族国家为基本单元的国际体系以来，大国从来都是伴随着战争的硝烟崛起的。英国、法国、德国、俄罗斯、意大利、奥匈帝国等国家的崛起，都伴随着大量的战争。有西方学者统计，自 1495—1975 年间，共发生了 119 次大国战争，在此期间，大国有 60% 的时间都在相互厮杀，其中崛起大国与霸权国同时参加对立双方作战的战争有 64 次。有人用猴群争王战来形容西方理念中大国崛起所可能引发的冲突：一旦年轻的雄性猴子长大，就要挑战老猴王，从而引发猴王争夺战；而当新猴王取胜，又会迎来一个和平时期，直到新的年幼的雄性猴子长大，战争便又重新爆发。如此循环往复。②回顾西方文明史，正如陈独秀先生说："欧罗巴之全部文明史，无一字非鲜血所书。"③

西方人对大国争霸的这种认识，也是西方文化的特点所决定的。很多人通过对比中西方文明指出了西方文化的特点。陈独秀认为，东西方民族文化方面的差异体现在："西洋民族以个人为本位，东洋民族以家族为本位。西洋民族，自古迄今，彻头彻尾，个人主义之民族也。宗法社会以家为本位，而个人无权利，一家之人听家长"④。季羡

① Barry Buzan. "China in International Society: Is 'Peaceful Rise' Possible?" The Chinese Journal of International Politics, Vol 3, No. 1, 2010, pp.5-36.

② 殷铬：《和平崛起：中华复兴的内在逻辑和必由之路》，载《上海师范大学学报》，2005 年，第 6 期。

③ 陈独秀：《东西民族根本之差异》，《新青年》，第一卷第 4 号。

④ 同上。

林说，东西方的差别在于，东方的思维模式是综合的，西方的思维模式是分析的；西方强调征服自然，东方则强调天人合一，等等。[①] 以上虽然在具体说法上有所不同，但都说出了西方文化的一些突出的特征。

一是外向性。古希腊文化发源于沿海岛屿地区，那里土壤贫瘠，不适于农耕，但海湾众多，适于海洋贸易和渔业生产，而与狂风海浪搏斗的经历造就了西方文化中的冒险和进取精神，形成了一种外向型的文化性格。另外，基督教的原罪说把所有的事物分为人的世界和神的世界，人由于原罪而不是一个自足的存在，只有不断地向外探求，从外部吸取力量，才能由一个非自足的存在向一个自足的存在转变，因此，基督教文化又加强了西方文化的这种外向性。这种外向型文化体现在人与自然的关系上，就是对自然的征服；体现在国家与国家之间的关系上，就是对他国的掠夺和征服。

二是竞争性。古希腊最早出现的是一些相互之间互不隶属的小城邦，从而形成了对西方文化影响深远的独立意识，所以西方文化强调个人从集体中突出，依靠个人的力量去竞争，在这样的过程中实现个人价值。个人是中心，是目的，具有最高价值，而社会只是实现个人目的的手段。西方辩证法的奠基人赫拉克利特说："斗争是普遍的，正义就是斗争，一切都是通过斗争和必然性而产生的。"[②] 在这种突出个人和强调竞争的环境下，诞生了西方以提高竞争力为代表的高技术型文化，培养了一种崇拜"力"的文化。民族国家兴起以后，这种对力的崇拜就演变成了武力竞争和扩张意识，国家之间战争不断，而其最终表现就是围绕国际霸权的争夺。

---

① 季羡林、张光璘：《东西文化议论集》，经济日报出版社，1997年，第53、56、61、64、65-66、69、82页。

② 转引自金元浦：《中国文化概论》，首都师范大学出版社，1999年，第651页。

三是排他性。西方文化认识世界的方法是二分法的类属性思维方法。类属性法把所有的物体都视为分离、独立的实体，不同的实体具有不同的本质属性，A 就是 A，B 就是 B。而冲突性辩证法又强化了这种思维方法。这种辩证法认为整个世界由相互独立的不同类属构成，在每一种结构中都存在正反两个对立面，对立面之间的关系是矛盾、对立和冲突，只有当一个占据了主导地位，消灭了另一方，这种内在的非调和性矛盾才能得以解决，才会形成一种新的矛盾结合体。这种思维方式与西方宗教上的一元论结合起来，则为对不同文明的征服提供了合理借口。宗教上的一元论坚持人都只能信仰一个神，一种宗教，其他宗教都是非法的、不被允许存在的，信仰这些非法宗教的人被称为异教徒，应该受到惩罚甚至被消灭。在西方的历史上，宗教战争十分频繁，迫害异教徒的事件源远流长。西方文化中特有的思维方式加上其宗教观念，使西方文化具有强烈的排他性。这种思维方式已经形成了西方认识世界、认识国家之间关系的定式，国家之间的矛盾与冲突、征服与被征服被认为是国际关系的常态。

总起来看，在长期的历史发展中，生成西方文明的地理及历史环境催生了对个体价值的重视和强烈的竞争意识，形成了对物质力量的崇拜，其认识世界的方法催生了现代工业文明，进一步增强了人们对力量的崇拜，强化了人们对自然、对世界的征服意识。而宗教上的一元论则使得西方文化的宽容性大大降低。这些因素构成了西方文化中最突出的基因：征服——对自然的征服、对其他国家的征服。西方文化在发展的过程中，一方面通过征服自然的方式创造了物质文明极大丰富的工业文明，另一方面，又在向外扩张的过程中把战争和种族灭绝的灾难带给了世界。这种文化对大国崛起的认识，自然是大国争霸的历史。站在这种文化积淀的基础上看待中国的崛起，当然是一个国家的崛起，另一个国家的衰落，崛起的中国必然挑战霸权国，必然冲击现存的国际秩序，崛起的中国与霸权护持国家之间很难不发生冲突。

二、和平崛起：中华复兴的文化根基

以西方文明所主导的霸权更替的历史看待中国的崛起，其合乎逻辑的结论只有一个：中国的崛起将冲击当前的国际体系，从而可能引发体系战争。但是，中国与西方有着不同的文化发展道路。中国文明是一个独立的文化体系，是世界四大古文明中唯一延续下来的文明。在漫长的历史中，中国文明经常吸收外来文明，但保持了自己的独立性，这造就了其独特的文化类型。这种不同于西方文化的独特文化类型，能否为中国崛起提供不同于西方的路径呢？

中国自古以来以"天"为神，崇拜的是一种自然神，皇帝自命为"天子"，代表上天统治人间，他所统治的范围就是"天下"。"天下"的核心区是"中国"，而边缘地带则有东夷、南蛮、西戎、北狄四方。中国与四方之间的关系，主要是一种文化关系而不是利益关系。一方面，中国统治者基本延续了一种"恩威并行"和以"恩"为本的处理与周边民族关系的模式；另一方面，周边少数民族则基本上沿袭了一条接受、学习中国文化并最终融入中华民族文化的道路，从而"构成了中国古代文明发展的一个基本特点，即以和平主义为主要模式的民族融合"[1]。古代中国虽然也经常发生军事战争，但从中国古代文明史

---

[1] 李少军：《国际政治学概论》，上海人民出版社，2002 年，第 523 页。

来看，中国的对外征讨往往是在异族的侵扰下不得已进行的，对外征讨并不是为了扩张领土，打完仗总要班师回朝，因此战争往往是手段，和平才是目的。中国文化的向外延伸，异族文化的融入，并不是靠武力征服，而是靠文化的吸引力以及和平教化。中国文化还发展出了一种有别于西方国家体系的东亚国际体系，也有人称之为"朝贡体系"或"华夷秩序"：即在东亚地区形成的以册封关系为纽带的一种不平等的、但保持各国独立的国际秩序。中国统治者以各国向其朝贡而感到满足，得到的是"名分"；中国让与各朝贡国大量的实际经济利益，各朝贡国得到的是"实利"，各朝贡国也以接受中国的文化为荣，形成了一个大的中国文化圈，而这种状态的形成并不是靠武力征服实现的。赵汀阳称支配这种秩序的理念为"天下主义"。他说，支配英美文化的从来都只有国家概念，从来都只考虑自己国家的利益，它们的世界思维只不过是维护自己的价值观。在世界政治问题上，中国古代的世界主义，即"天下"观，才是唯一考虑到世界秩序和世界制度合法性的理论。①

中国文明的这种发展史，特别是中国处理与外部世界关系的模式，与西方文明依靠武力征服扩张形成了鲜明对比，为我们理解中国的崛起提供了一个不同于理解西方大国争霸史的视角。而中国文明这种独特的发展道路，与中国的传统文化的内在特点有着密切的关系。

一是内敛性。首先，中国文化的起源地黄河流域土壤肥沃、气候适宜，非常适于农耕，因此形成了自给自足的农耕经济；中国的东方是浩瀚的大海，北边和西北边是环境恶劣的沙漠戈壁，西南是难以逾越的高原，周边恶劣的环境限制了人们对外界的探索；自古以来，周

---

① 赵汀阳：《天下体系——世界制度哲学导论》，江苏教育出版社，2005 年。

边地区的文明程度远低于中原，这也增强了中原地带人们的自足感。因此，特殊自然条件下的农耕文明使中国人没有向外拓展的野心，养成了独自经营、和平温顺的性格，造就了中国文化的内敛性。其次，与西方文化中的"原罪论"不同，中国文化认为人在天地之间是自足的，不需要任何外来的帮助，儒家认为"人之初，性本善"，要致力于内在的道德完善，"万物皆备于我矣，反身而诚，乐莫大焉"[①]；道家主张人的本性应该在自然中寻找，把外在的自然内化为人性，要求取消人的主观能动性以顺乎自然；印度佛教本来强调通过对佛的信仰向上向外追求彼岸的外在超越世界，在传入中国后也主张"佛向性中作，莫向身外求"。这种主张内在道德修养，而不是对外的征服的文化特性，造就了中华文化内敛性的另一个方面。万里长城和明代郑和下西洋的壮举都成为这种内敛文化最好的写照。

二是中庸。中国文化中和平的性格是传统文化中庸精神的体现。中庸精神备受儒家推崇，孔子说，"中庸之为德也，其至矣乎！"这里，中庸精神不仅是一种思想方法，还是一种道德规范。而老子、庄子为代表的道家中道观更加具有消极退缩的色彩，倡导"柔弱之道"和"不争之德"，老子一再强调"不敢为天下先"、"不以兵强天下"等，主张避开锋芒仇怨，以善心对待一切。佛教倡导的"圆融无碍"也是中庸精神的体现。这种中庸思想的流传，对中国人的伦理道德、思想方法和行为方式都产生了潜移默化的影响，形成了一种平和宽大的精神和以德报怨的品格，这使得历史上中国在与异族的战争中往往是抗战御侮，军事战备主要用于自卫而不是侵略、压迫和吞并弱小民族。

三是包容性。和西方的类属性思维方式不同的是，中国人的思维

---

① 《孟子·尽心上》。

方式看重的是事物个体之间的关系，而不是把事物看成是一个个互不联系的实体，是一种关系性思维。这种关系性思维认为事物相互关联，行为体是关系中的行为体。世界存在诸多两极偶对，并认为它们相互依赖，互为补充，而不是一方消灭另一方，这就是"共存逻辑"。中国的辩证法是一种互容性辩证法，主张每对对立物以一种非冲突方式互动，转化为一个相互包含而非同质的新合体。[①]中国宗教多神并立，也强化了中国文化的包容性品格，在中国的文学作品中，各种宗教人物往往和谐共处。最典型的就是神话小说《西游记》，其中的文学人物游走于融洽相处的儒释道各界。这种包容性又决定了中国人在处理与世界的关系时，并不谋求消灭异己。历史上，中华文明的繁荣与发展，都是吸收周边少数民族优秀文化的结果。

因此，中国文化是一种和解型的文化，正如照李大钊先生所说，中华文明"为与自然和解、与同类和解之文明"。当前，西方文化所主导的人类发展道路呈现出越来越明显的弊端，工业文明广受诟病，大国争霸转播战祸，人类应该从古老的中国文化中吸收营养，探索国家之间关系的新模式，而中国的崛起正是试图走出大国争霸的恶性循环的一种探索，而中国文化也为这种和平崛起提供了可能性。

三、超越争霸：共享一种新的发展模式

西方文明发展到 21 世纪，工业文明已经得到了充分的发展，对力量的崇拜，对征服自然的渴望，已经造成了人类与环境的尖锐矛盾，使人类积聚了足以毁灭人类自身的力量，大国争霸的历史已经走

---

① 秦亚青：《作为关系过程的国际社会》，载《国际社会科学》，2010 年，第 4 期。

到了尽头，使得这种文明发展模式受到了广泛的质疑。人类文明的发展需要新的路径，大国之间共存也需要新的思维。这才应该是中国和平崛起所要贡献给人类的最重要的财富。

很多人认为中国和平崛起是以和平为手段的崛起，这是对和平崛起这一战略概念的简单化理解。外部世界所担心的恰恰是中国强大起来之后如何处理中国与外部世界的关系，对外部世界会构成什么样的影响，尽管中国崛起的过程可能是和平的。把和平作为崛起的手段，实际上没有体会到中国和平崛起的文化意义，也就没有彻底消除世界对中国崛起有可能冲击已经存在的国际体系和国际秩序从而引发战争和冲突的担忧。因此，理解中国的和平崛起，一定要在理解中国文化的基础上进行。

首先，和平崛起不是霸权的轮替。中国文化的品格决定了中国有可能摆脱西方大国争霸的传统逻辑，而在不与当今霸权国家发生冲突的情况下实现民族的复兴。依据中国互容式辩证法，中国经济和社会的发展并不必然导致其他大国影响力的下降，中国的崛起并不必然伴随其他国家的衰落，大国之间的关系不再是一种零和游戏。因此，和平崛起应该产生的是一种共生共荣的境界。中国处理对外关系的一条根本原则就是，中国反霸但不称霸，不争霸，永远不做超级大国。中共十七大报告提出中国要"推动建设持久和平共同繁荣的和谐世界"，"在实现本国发展的同时，兼顾对方特别是发展中国家的共同关切"，"中国决不做损人利己、以邻为壑的事情。"[①] 中国主张树立互信、互利、平等、协商的新安全观。中国的对外战略宣示，恰恰体现了这种

---

① 胡锦涛：《高举中国特色社会主义伟大旗帜，为夺取全面建设小康社会新胜利而奋斗》，载《人民日报》，2007 年 10 月 29 日。

和平崛起理念。

其次，和平崛起是包容性崛起。包容性崛起就是不强迫别人接受自己的价值观念，不谋求消除异己的崛起。一是对体系的包容。尽管中国认为西方主导的国际政治经济体系不公正、不合理，造成了中国发展中的一些障碍，但中国也认为这种体系能为中国和发展中国家的发展提供一定的机会，因此在国际舞台上积极维护当前的国际政治经济制度，并不谋求推翻这种国际体系，避免了崛起过程中对现存体系的冲击，实现了与当前体系的共存。二是对对手的包容。尽管世界上常有国家把中国当成对手，但中国在外交上从来不预设假想敌，相信矛盾可以通过寻找折中的途径加以解决。①三是对他者的包容。中国文化的包容性品格是中国不断学习、吸收一切文明的先进成果，当前中国主张文化的多样性，从而降低了因文化意识形态因素与其他国家爆发冲突的可能性。

最后，和平崛起的关键在于自身的发展。中国文化向来强调内省和自修。在现时代，中国首先要强大起来，才能有资格谈论崛起，谈论为人类文明作出较大的贡献。以经济建设为中心，把发展作为执政兴国的第一要务，是对我国建设发展和社会主要矛盾进行科学分析后得出的重要结论，也是解决中国当前一切矛盾的关键。同时要建立和谐文明、积极向上的健康生活方式，建设和谐社会，推动和谐世界的建立。

当西方的工业文明走向极致，在极大地促进了人类物质文明和科技进步之后，人类需要新的文明发展模式来解决工业文明所造成的严

---

① 朱立群：《国内政治过程与中国对外政治及外交行为》，见秦亚青等《国际体系与中国外交》，世界知识出版社，2009年，第254-256页。

重问题，包括人与自然之间的关系、人与人之间的关系、国家与国家之间的关系。具有五千年历史的中华文明，有着丰富的文化基因为培育这种新的文明发展模式作出自己的贡献。和平崛起所具有的丰富的内涵，应该使我们思考出一种新的国际关系模式和人类文明发展模式：一种超越了丛林法则、霸权轮替的新模式。

沉默是金
——从影片《艺术家》谈好莱坞电影叙事

○ 王　炎

一

　　一般不爱写应景文章，但今年第 84 届奥斯卡奖让我牵挂，有话想说，不吐不快。颁奖是美西时间周日的下午，北京已是周一上午了。正好新学期开学的第一次课，去学校路上，想着如何第一时间知道奖落谁家。站在讲台上看下去，二百多人的大课，阶梯大教室挤挤挨挨，坐在最后一排的学生手里想必玩着 iPad，凭经验这几位一学期都会远远地在后面，或许该问他们《艺术家》(*The Artist*) 是否夺魁。等颁奖时间约莫到了，却岔到别的事上去了，谜底仍未揭开。下课后回家就去开电脑，果然，雅虎头条报道《艺术家》获最佳影片，这才长出一口气，放下心来。

二

　　以前对奥斯卡并不特别期许，获奖名单出来，觉得无可无不可。往往会失望，叹息评委眼拙，而这一届可谓实至名归。颁奖之前，我在新泽西看了不少新上院线的片子，感觉 2012 年是好莱坞的"大年"，好片子真不少。有天下午去滨水镇（Edgewater）一家商业影院看《艺术家》，小镇因傍哈德逊河水而得名。偌大的放映厅只有三位观众，除我之外还有远远坐在另一端的一对夫妇，票房不佳。影片一开始就觉得特别，故事讲一位耀眼的大明星乔治（George Valentin），在默片时代得千娇百宠，而声画同步技术却毁了他的锦绣前程。乔治自处甚高，不肯步入有声时代，拒绝在电影里说话，认为这是对艺术的亵渎。

时代的步伐不等恋旧的人，电影公司老板知道"说话的电影"（talkies）蕴藏巨大的利润，便踢开这位执着艺术的影星，与时俱进。一位给乔治搭过戏的小角色，女演员佩琵（Peppy Miller），原本是崇拜他才来好莱坞闯荡，因善于变通，很快取代了乔治的地位，成为有声影后。乔治气不过，另立门户，押上所有个人财产，坚守"艺术的"默片。结果票房惨败，倾家荡产，人去楼空。像所有滥套的励志故事一样，乔治消沉了，落魄、酗酒、自暴自弃、自甘清冷。而一线红星佩琵是个有情有义、知疼着热的人儿。她暗中相助，以自己的名望胁迫老板启用过气的男星。结局自然是好莱坞式的大团圆，乔治与佩瑟联袂出演踢踏歌舞剧，轰动一时，金童玉女也终成眷属。一个老掉牙的肥皂剧，线索简单到"弱智"的程度，表演夸张到做作的程度，音乐陈腐得像跳针的老唱机，我却被感动得涕泗横流，不能自已。

是什么感动了我？进影院之前，我原猜想《艺术家》会以黑白有声形式，拍一部默片时代的故事。结果放映开始才发现是黑白默片，窄小的画幅，发黄的旧影像，还伴着沙沙的胶片声。男主角亮相，造型夸张，油头粉面，剑眉入鬓，嘴角翘翘着两撇人造小胡，朱唇微露皓齿，光闪闪像旧中国夸富的金牙。女主角身条流丽，袅袅婷婷，影影沉沉一双妙目，顾盼间光彩照人。两人双双高调出镜，背景为20世纪初加州小镇上的摄影棚。先一个蓝天白云远景，烘云托月，后切入画面部特写，心情欢畅，乃早期默片心理表现主义手法。间或黑底白体的字幕，提醒你在看货真价实的默片。恍惚间不知身在影院，还是教室里观摩资料片。我一直提着心，期待形式会转换成有声片。毕竟已是 3D 时代，谁还会真拍一部黑白默片呢？不过烘托一下时代氛围罢了，等故事情节发展到 20 世纪 20 年代末，便自然会出现对话，在片尾或转为彩色的也未可知。但导演很沉得住气，情节到好莱坞经理让乔治观摩新发明的有声技术，但自负的"艺术家"嘲笑它是马戏团的勾当，拒绝扮演说话的角色，影片《艺术家》仍保持着沉默。演到有声片大获成功，没人再肯花钱去看电影哑剧，乔治自己都买票欣赏幽默的对话，但我眼前的银幕上仍上演着哑剧。戏中戏散场，乔治挤出摩肩接踵的影院大门，一位龙钟老太颤巍巍向他走来。乔治心一动，竟有忠实的老观众还记得他这位当年的"万人迷"？不，老太太来逗他怀里的小狗。自此之后，影片出现音响效果，一只钢勺从早餐桌上掉下，"当啷……"，主人公一惊，但仍说不出话来，他的世界仍是表现主义的。

三

《艺术家》回顾了好莱坞史上一场最深刻的革命。虽然早期电影叫默片，但从来不是无声的，那时影院一般会请乐队在银幕前的乐池里伴奏，有时也用留声机烘托气氛。有别出心裁者，录下飞机的轰鸣声和枪炮的爆炸声，给战争片加点作料，如默片《翼》（*Wings*）在1927 年首映时就已炮声隆隆了。但技术上的难题是如何让声画同步，使二维影像与音响合成，虚拟一个有现实质感的世界。这是个漫长艰难的历程，从录音、录影、播放和扩音一路创新，技术上才渐趋成熟。华纳兄弟公司开有声电影之先河，它原专攻新闻电影，新闻片需要配画外音讲解战事，因此，其声效技术独占鳌头。两次世界大战期间，美国影院跟中国 20 世纪六七十年代放电影相仿，故事片前总有"加片儿"，美国观众从新闻纪录片里了解美军的胜败。但故事片需要说话吗？华纳兄弟意见不一。大哥哈利·华纳（Harry Warner）就不信，"谁会见鬼到影院听演员讲话？"弟弟山姆（Sam Warner）却认为公司的出路在于尝试新型电影。

没人能预测有声片的商业前景，在选演员、写剧本上更力有不逮。默片原本很国际化，演员来自四面八方。像《艺术家》的主角乔治便是意大利裔，其原型是"女性杀手"级别的默片巨星鲁道夫·瓦伦蒂诺（Rudolph Valentino，1895—1926），只要演技好，外表漂亮，形体表现力强，便是好演员。有声片的要求不同，演员嗓音要好，讲话没有口音，声音还须表现力强。更重要的，默片舞台式的夸张表演不再适用了，有声电影需要低调、现实地模仿生活，而形式化、表现性的表演技巧与电影渐行渐远。观众想象自己偷窥别人的生活，演员则配合观众，假装浑然不知地"过日子"。很多外籍演员被有声电影淘汰，本土演员也得由校音师训练发声。1952 年金凯利主演的《雨中曲》，演绎了默片演员学习有声表演的故事。剧本创作变化更大，善写对话成了编剧的看家本事。

美学上，电影理论家对有声片也看法不一。苏联蒙太奇大师爱森斯坦认为，电影的本质是表现主义，蒙太奇才能构成表意系统，加上声音反不伦不类，偏离了电影艺术本身的特质。法国理论家巴赞针锋相对，嘲笑默片是被拆除的"影像古堡"，精英们因害怕声音带来的现实感，才倍感绝望。声音不是影像的陪衬，让声与像一一对应，相反，声音要限制镜头的运用，使光影呈现在空间的自然连续性和心理的逻辑性之中，从而扬弃蒙太奇的隐喻与象征。巴赞称现实主义风格才是电影的本质，默片更接近舞台艺术，有声片才接续了现实主义小说的传统，所以两种形式根本上是断裂开的。《艺术家》反映了电影转向的关键时刻，乔治拒绝说话，嫌声音"不艺术"，折射的是默片精英的最后一搏。

四

时代车轮滚滚前行，1927 年第一部有声故事片《爵士歌手》(*The Jazz Singer*) 诞生，对话虽不太多，但声画同步，而且每首歌都配了音，结果票房大获成功。从此，有声片一发而不可收，默片黯然退场。还有个意外的后果，电影公司为取悦观众，不仅淘汰英语非母语的演员，就连原本沾沾自喜的英国裔演员也下了岗，美国乡音渐大行其道。好莱坞电影的民族化初露端倪，美国价值观、风俗习惯和文化偏见都渗透到对话里，并不断强化。与此同时，欧洲电影也同样随有声技术渐趋民族化。故事片对话的分量不断凸显，由于各国语言不通，促生出进口片翻译、配音这个行当。有声电影改变了电影的信息传递方式，复杂和丰富的民族意识和地域风情跨过了边界，国家意识形态也暗度陈仓。各国政府担心起文化侵略来，于是控制进口影片的流量，启用配额制，规定国产与进口片的比例。从此，电影不再是国际艺术，而成为我们熟知的"国别电影"(national cinema)。

默片时代一结束，好莱坞便进入黄金时代，据说美国人口中有八成常光顾影院，民族化的影业反过来塑造了大众文化的美国特性。20世纪二三十年代，欧洲移民刚踏上新大陆，最先遭遇的困境是融入主流。新移民从最底层工作干起，含辛茹苦，日夜劳作，身处社会边缘。他们背井离乡是为实现美国发财梦，跻身中产阶级行列。廉价的电影是新移民尚可企及的文化生活，也是了解美国的窗口。主流社会如何举止打扮，怎样生活起居，劳累一天的人们坐在黑暗的放映厅里，眼巴巴地从银幕上窥视浪漫化的美国生活。他们宁愿相信虚构的美丽人生，确定漂泊他乡、认异邦为宗土的初衷。大明星亨弗莱·鲍嘉（Humphrey Bogart）、加里·格兰特（Cary Grant）、马龙·白兰度（Marlon Brando）的举手投足、持身接物、衣着打扮，都是模仿的样板。标准绅士、铁血硬汉的口头禅、俏皮话更让学习英语的移民青睐。西部片夹杂一些极具种族色彩的台词，迅速广为流传。一句"只有被打死的印第安人才是好印第安人"（The only good Indian is a dead Indian），曾被反复引用，花样翻新。二战时欧洲战场的美国大兵会说"只有被打死的德国佬才是好德国佬"，太平洋战场中又用在日本人身上，朝鲜战争和越南战争继续套用这个句式。

移民融入主流，美国文化景观也随之改变，新主流再塑造更后来的移民。犹太作家伊斯雷尔·赞格威尔（Israel Zangwill）1916年的戏剧《熔炉》（*The Melting Pot*）有句台词：欧洲所有民族在这个伟大的熔炉里融化和重生。"文化熔炉"恰如其分，其催化剂便是电影，很大程度上，美国城市文化是电影文化。从默片到有声片，不仅是电影形式的创新，也是一场文化革命。许多乔治这样的艺术家被时间的尘埃淹没，而电影在沉默的余烬中浴火重生，跃升为现代艺术星空里最闪耀的一颗。

五

奥斯卡历史上只有两部默片获"最佳影片"奖，一部是1927年的《翼》，即奥斯卡的第一部最佳影片，第二部就是今年的《艺术家》。这意味着默片的复活吗？不，历史不会倒转，《艺术家》也非向爱森斯坦致敬，主张默片为"真艺术"。导演不保守，甚至说不上怀旧。片中确实不少场景、镜头模拟经典默片的桥段，向似水年华致意，如女主角最后一分钟营救乔治，就是模仿格里菲斯 1913 年的默片《死亡马拉松》（*Death's Marathon*）。他们二人的荣辱沉浮，又颇似 1937 年的《一个明星的诞生》（*A Star Is Born*）。但不能因此说它是仿旧作品，相反，它很先锋，在"戏仿"好莱坞的经典叙事。

所谓好莱坞经典叙事，是黄金时代美国电影摸索出的一套行之有效的叙事方式：情节依线性逻辑和时间顺序讲述，中心角色的心理动机统摄故事的因果关系；影片按效率原则结构，让信息最大化，情节紧张，配以自然布光和充分场面调度，烘托悬疑和戏剧冲突。当观众移情到电影编织的两小时"白日梦"时，便得鱼而忘筌，再现形式在情迷神往中悄悄隐去。而《艺术家》却对经典叙事的透明性反道而行，张扬默片的表现形式，压抑我们习以为常到视而不见的现实主义形式。随电影情节发展，观众会感到默片形式时时面临危机，内容与形式之间充满张力，情节渐渐退居背景而反衬出形式。观影过程中我始终焦虑着，默片何时转向有声，恢复习惯的欣赏口味？导演却吊足胃口，调动你所有电影知识，逼你反思电影形式本身，细细把玩直到结尾，电影公司老板才说出一句无关紧要的台词，主角始终缄默。一部关于电影的电影，启示观众电影的进化非一蹴而就，从默片、声音、彩色、宽银幕到 3D 立体影像，各阶段不是割裂的，而彼此重叠、相互渗透、渐进而来。每阶段都曾辉煌，每个形式都造就过卓越的艺术家。他们的光芒会渐渐黯淡，而成就化作电影的足迹。

电影是时间性的艺术，恰如我们的生活，既年命朝露、盛衰有时，又后浪推前浪、势不可挡。才经历过的，尚未驻足回望，已新浪潮涤荡，了无痕迹。刚呐喊出：展望未来，迎接挑战，余音袅袅，已陈词滥调。一唱出"我们的未来不是梦"，歌声未罢，已一枕黄粱，梦醒犹恋。过时乃时间的本质，无论你态度多开放，与时俱进的意愿多强烈，今日艳绝一时，明日黄花蝶愁。乔治的沉默是我们共同的宿命。记得几年前，王朔批"80后"泡沫，"80后"集体震怒，回骂王朔到更年期，嫉妒年轻。王朔靠青春反叛起的家，跳着脚吼：你们也有老的时候！"80后"犟嘴：我们风华正茂，没有你老！才过几年，恰同学少年已黄脸臃肿为人母，轮到"90后"嫌他们絮叨了。连生老病死也争个眉眼高低，可叹近视已到盲目。原以为只有蜉蝣及夕而死，蟪蛄不知春秋，人竟也不懂寒来暑往，盛极必衰。

电影《艺术家》的高明之处，是不以今人评故人，不因电影技术昌明而沾沾自喜。电影已过百年，我们后知后觉，比前人眼界开阔些，却无资格居高临下。螳螂捕蝉黄雀在后，今人还会被后人指点。片中最让人感动的是时空阻隔不断、仍可息息相通的情感。乔治一生悲喜源自对电影的深爱，电影不仅是娱乐消费，更是追求完美的艺术境界。"白日梦"的浪漫与现实中的无奈，对他一样是生命的时时刻刻。这份感情不因时间流驶而锈蚀，也不随星移物转而变质。时间虽是世界的法则，人性却可穿越时空。古今人不相远，尽管时过境迁，我们仍可心契魂交，此片关乎恒久的人情物理，而非物竞天择的进步宣言。

推开影院的玻璃大门，草坪那边哈德逊河流水潺潺。日暮升烟，气冷觉晚。河对岸是曼哈顿第西六十街，华灯初上，万家灯火勾勒出城市剪影般的天际线（skyline）。我喜欢从新泽西隔水眺望纽约市，市内反而欣赏不到灯月交辉的景色。有时散步在百老汇大街上，高楼林立，压迫下来，人像被挤在扁仄街道上，感觉渺小无助。隔岸观赏曼哈顿月夜水中的倒影则更美，粼粼水波上荡漾层层叠叠的魅影，如水月镜花，似真似幻。河水不知风月，浮光掠影随波逐流，径自流入茫茫的大西洋里。逝者如斯，不舍昼夜。

已遗忘的神交知己
——伊斯坦布尔一日

○ 王 炎

一

　　阅读欧洲古典文学，会与君士坦丁堡不期而遇，古罗马君士坦丁大帝以本名命名这个城市，欲在东方重建罗马。想象中它总是带些东方情调的基督文化之都，拜占庭、十字军、东方快车，辽远而神秘。在当今的世界地图上，它已更名为伊斯坦布尔，土耳其共和国让古都恢复了奥斯曼时代的阿拉伯称谓——即"城市"，里面有横跨欧亚大陆的大桥，气势恢宏。多年来我悠然神往，无奈隔岸观火，如今终于如愿成行。虽说眼见为实，但多年的旅行经验告诉我，亲历往往不如遥念美好，而此行却在意料之外。

　　从北京直飞伊斯坦布尔，只有午夜航班。所以子夜赶奔机场，在飞机上困撑几个小时，第二天清晨 5 点半就到了土耳其。这么早下飞机很尴尬，街上空无一人，从机场到旅店一路睡眼惺忪，无精打采望着车窗外古街陋巷倏然掠过。远看旧房老屋鳞次栉比，把这座城市塞得满满的。出租车驶入狭仄的胡同，吃力爬上近 70 度的陡坡，然后冲下店铺林立的小巷，身体感觉失重，还没睡醒就坐上了"过山车"。伊斯坦布尔有 1300 万人口，与北京不相上下，而土耳其全国才不过

6000 多万人。

到了旅馆，瞌睡连天的前台服务生面露难色，时间太早了，客房还没有准备出来。我只好先暂存了行李，到餐厅吃早餐等待。但还太早，早餐还未摆上桌来，好在有咖啡提神，消磨一下时光。别看酒店不大，餐厅却很有排场。宽敞明亮的用餐空间，进深很长，三面的半玻璃墙，窗明几净，可俯瞰伊斯坦布尔全城。餐桌边的窗户敞开着，温润的空气吹进来，是古东方的早晨的甜净与春意。餐厅里已有一位早起的客人，靠在一扇窗边，摆弄着一架硕大的照相机，粗壮的变焦镜头伸出窗外老长，像门小炮架在三脚架上。快门每隔一两分钟自动启合，扫描着明媚相涵的水光山色。她是位四十多岁的美国女摄影师，高大硕健，特意早早起来，要把古城的时光流驶印刻在胶片上。天空是清澈的淡蓝，射在雪白桌布上的晨曦一寸寸移动着，映衬蓝色清真寺穹顶的光影色调，幽微变幻。一只白鸽从破败的基督堂尖顶上一跃而起，飞入如洗的碧空，掠过苏丹的皇宫，俯向喧闹的大巴扎市场，斜刺冲向索菲亚大教堂，渐渐地，消失在博斯普鲁斯海峡的烟波浩渺之中。瞬间，古代、近代、当代时空交错，希腊拜占庭的教堂与奥斯曼帝国的清真寺，遮隐在同一片白云的阴影之下。大巴扎市场贩夫走卒的叫卖声，与 18 世纪法国作家夏多布里昂笔下的君士坦丁堡别无二致。远处高音喇叭传来婉转悠扬的《古兰经》的吟诵，你仿佛被时间机器带回了欧亚大帝国的颓败古都。而下面的 CBD 商业区，后现代办公大楼，光鲜陆离的玻璃门廊下匆匆出入的时髦男女；楼层拐角挂耳麦、戴墨镜的"黑衣人"，手持对讲机，职业地为客人登记答疑，低调且明察秋毫，无不提醒你，伊斯坦布尔也是个欧化的国际都市。

早餐已经上桌，品着本地香茗，我发现土耳其人不用热水沏茶，而是文火烹煮，茶味极浓，须兑半杯白水，才有茶香。早起的客人三三两两来到餐厅，人人脸上露出惊异神色，大概被外面寓目的景色所感染，或为城市诗画般的风韵心折。仅凭一张餐桌便可将古城春色尽收眼底，可谓秀色可餐。良辰美景让不相识的过客忘掉拘束，不经意搭讪起来，海阔天空，意犹未尽。千里相会在这个陌生的城市，似有一份缘分，乡魂旅思，刚出行已有淡淡的乡愁了。

二

云淡风轻近午天，一个上午快要荒废掉了，这么懒在餐厅里，大好时光要从指缝间溜掉了。忙到前台询问还能否赶得及市内一日游，于是随个旅游团，走马观花，也算到此一游吧。最后一站是多尔马巴赫切宫（Dolmabahce Palace），已时近黄昏。这里也叫"新皇宫"，曾为奥斯曼帝国站罢最后一班岗，便恭送横跨欧亚的大帝国寿终正寝。它富丽堂皇、穷极奢靡得让人炫目。此宫于1842年破土兴建，占地11.2公顷，耗去国库35吨黄金，仅天花板上的镀金就用掉14吨。风格上，多尔马巴赫切宫模仿凡尔赛宫和圣彼得堡的冬宫，与四百年风雨飘摇的"老皇宫"——托普卡帕宫（Topkapi Palace）风格迥异。老皇宫保持了奥斯曼—拜占庭风格，古木萧疏，庄严持重。新皇宫则突出"全盘西化"的成就，将巴洛克、洛可可与帝国风范融于一身。宫内帷幕帘榻、威仪雍容。维多利亚女王赠送给苏丹的重达4.5吨的水晶吊灯，从文艺复兴穹顶壁画的中央垂挂下来，让大舞厅溢彩流光，珍宝器用更充庭溢目。

我们一行人随导游迂回曲折，穿过内宫一个个房间。他指点着苏丹的铺张奢华，讲述着帝国的沧桑变幻。导游停下来，手指大殿窗外一片蔚蓝色海面：这便是博斯普鲁斯海峡欧洲一侧，1918年11月13日，协约国舰队从金角湾（Golden Horn）驶入伊斯坦布尔，一艘艘

炮舰排起 16 海里的长队，队尾甩到这扇窗户下。此情此景让末代苏
丹穆罕默德六世潸然泪下，瘫软在宝座上，曾叱咤欧亚大陆 600 年的
广袤帝国就这样崩溃了。我身边有位英国游客一路话特多，与他同行
的是位年龄稍长的女友，沉默寡言，好像不赞成她的男友。这位英国
绅士自来熟，告诉我他是作曲的，在网上兜售流行歌曲和轻音乐，趁
女友不在，还偷偷讲了一段与中国姑娘的艳遇。他这时对导游评论
道：末代苏丹可是一位进步明君，爱好和平，儒雅细腻，理性宽容，
在历代苏丹中，开明者非他莫属。导游一下沉下脸来，不客气地回答
说：我们土耳其人可不这么看，穆罕默德六世是民族败类，国家的叛
徒。早在 1922 年，大国民议会就以勾结英国叛国罪起诉他，这个人
代表民族的耻辱！英国人一脸不悦，小声叨咕着：这个导游无知，一
个顽固的民族主义者。

三

　　两位的拌嘴让我好奇，为搞清缘由，我翻看了些土耳其史料，虽
涉足不深，倒发现土耳其近代史与中国现代演进相映成趣。比如，奥
斯曼帝国虽在 15 世纪吞并拜占庭帝国首都君士坦丁堡，根除了长达
1500 年的罗马帝国残余，但到 18 世纪，就与清王朝一样出现败象。
西方列强蚕食它幅员辽阔的帝国版图，使其渐渐失去在埃及、摩洛
哥、利比亚、阿尔及利亚、巴尔干、波斯的大片领土，财力、军力消
耗殆尽。至 19 世纪下半叶，奥斯曼帝国被世人戏称为"欧洲病夫"，
晚清则被嘲为"亚洲病夫"，两个"病夫"天各一方，却似神交已久。
苏丹的幕僚与大清朝臣一样玩"以夷制夷"的把戏，利用英、法、意、
俄、希腊等国各怀心腹、分赃不均，使它们相互掣肘、彼此消耗。土
耳其帝国竟也苦苦撑到 1922 年才土崩瓦解，比清朝覆灭还晚 11 年，

算技高一筹吧。苏丹也搞洋务运动，且比清朝早20多年。先有苏丹马赫默德二世改革，后有1839年阿卜杜尔·麦吉德苏丹的"坦齐马特"（Tanzimat）改革。奥斯曼帝国同清朝一样向西欧派遣留学生，创办外文编译局，建立现代世俗学校，引进科学技术和启蒙思想，聘请外国顾问训练"新军"。结果也难逃清朝洋务的劫数，改革发轫于衰弊之际，但纲维不振，国运衰微，欲借洋务治乱兴衰，谈何容易，弊政已日久年深了。

　　受西洋熏陶的土耳其少壮派回国效力，他们渐渐羽翼丰满，成为帝国军队的中坚。进步军官效仿意大利烧炭党人，组建"青年奥斯曼党"，搞宪政救国。数年后，他们政变夺权，迫使苏丹妥协，屈就立宪制下的傀儡君主。20世纪初，帝国命运掌控在后组建的"青年土耳其"党人手中。这个党又分裂为两派，一是亲英的"自由派"，醉心于英国的自由民主政治，希望帝国实现名副其实的宪政，产生自由的公民社会。另一派是亲德的"民族派"，欣赏普鲁士军队的铁血尚武，推崇德皇专制下的科技与工业进步，欲富国强兵，复兴突厥人的强大帝国。清末民初，中国宪政变革也曾讨论过仿英还是随德，可知亚洲大陆两端所见略同。青年土耳其党两派争论不休，相互倾轧，在一战的山雨欲来之际，为加入德国主导的"同盟国"，还是英法主导的"协约国"争执不下。苏丹是个傀儡，首鼠两端，既讨好英国，希望结成盟友，又巴结德国，恳求永结秦晋。而英、德、法、俄都看不起"欧洲病夫"，无人响应。奥斯曼帝国已衰羸颓废之极，早无勃兴发奋之力，一心只想"傍大款"，想借强国之力，提携自己，终被人玩弄于股掌，忍辱蒙羞，最后糊里糊涂地被拖入战争。

　　英国人最急功近利，利用土耳其人求和心切兜售军火。原本巴西向英国船坞订造了一艘战列舰，却中途退货。英国想起了苏丹的谄媚，便巧言令色，将订单转售给奥斯曼，还搭售一艘无畏型战列舰。

苏丹忙不迭地送上全部定金，定于 1914 年 7 月交船。期限一到，苏丹便派高级代表团赴英接船，付清尾款，并筹备国内盛大的阅舰典礼。此时，英国人意识到与德开战在所难免，是用战船之际，便无故拖延交货。果然，8 月 1 日英国对德宣战，海军大臣温斯顿·丘吉尔下令征用应属于奥斯曼的两艘战列舰。苏丹的接船代表目瞪口呆，而帝国政府仍忍气吞声，只考虑平息国内的怨气，恳求英国退款，希望息事宁人。丘吉尔这才拿出购船合同，土国代表发现合同条款规定：如大英帝国参战，可随时征用两船，不必赔偿任何损失。显然，寡廉鲜耻的谈判军官吃了回扣，据说有几个贪官携赃款到纽约做了逍遥寓公。

亲英的自由派无地自容，没想到在一心向往的大英帝国眼里，奥斯曼帝国的价值还不及两条战列舰。这让亲德的民族派占了上风，外交天平一下倾向了德国。德国正与协约国开战，需要土耳其人扼住达达尼尔海峡，便趁虚而入，卖给奥斯曼两艘巡洋舰，连人带船一并交货，挽回了帝国的面子。昏庸的苏丹欣喜若狂，让随船到来的德国水兵换上土耳其军装，编入奥斯曼海军，还任命德国船长为帝国海军司令。稍有常识便想得到，德军官兵身在"土"营心在"德"，只听德皇的调遣。德国要求奥斯曼参战，而亲德与亲英两派还相持不下，苏丹左右摇摆。德皇索性密令由德国船长充任司令的奥斯曼海军出击黑海，炮轰俄国港口和要塞，迫使协约国对土宣战。苏丹像旁观者一样，眼巴巴看着自己的舰队四处出击，无计可施，帝国就被挟持加入一战，最终惨败。整个过程看似衅起他族，实事在萧墙，都说弱国无外交，可一个民族的灵魂握在他人手上，更加悲惨。末代苏丹与协约国订立城下之盟——《色佛尔条约》(Treaty of Sèvres)，"一战"下来让奥斯曼丢了五分之四的领土，其欧洲部分几乎被意大利和希腊瓜分殆尽，汉志和亚美尼亚独立，伊拉克与巴勒斯坦由英国托管，叙利亚和黎巴嫩被法国托管。它还失去了几乎所有海岸线，军队编制不得超过 5 万人，且经济在西方的监控之下运行。如此苛刻、羞辱性的条约，彻底终结了一个帝国，甚至也没给未来土耳其留下回旋余地。

在亚洲大陆的另一端，中国知识界对土耳其之变很关注。在 1912 年，《东方杂志》刊发了玄览的文章《青年支那党与青年土耳其党之比较论》；1917 年，该杂志主编杜亚泉又撰文《外交曝言》，告诫国人须以青年土耳其党为鉴："设我国政党，不揣时势，效土耳其青年党之行为，致演成巴尔干分裂之局势，则瓜分之祸，即在目前。"[①] 我们今天视土耳其为偏邦小国，不放在心上。可民国初年，奥斯曼老大帝国虚名尚存，两国又国运相似，便惺惺相惜起来。北洋政府在一战中没像苏丹那样站错队，还得了个战胜国的头衔，出席巴黎和会，本想收回战败德国在胶东半岛的特权，不想德国权益被转手给了日本，战胜国竟受胯下之辱。中国代表拒绝在《凡尔赛和约》上签字，北京学生闹起来，五四运动爆发了。在小亚细亚，土耳其国命将亡之际，也出现了戏剧性变故。一位曾在加里波利抗英的民族英雄振臂一呼，号召国人拒绝《色佛尔条约》，志士仁人闻风景从，推翻了丧权辱国的苏丹政府，把协约国占领军赶出国门，在昔日帝国腹地建起土耳其人的民族国家，这位乱世英豪便是穆斯塔法·凯末尔。

四

5 月的伊斯坦布尔，春物尚余，夏景初丽。多尔马巴赫切宫花园里，硕大的黄玫瑰沈馥香浓，芳艳动人。皇宫一墙临海，开了扇大门，是进皇宫的水路，想必为朝臣驾船面君而设。此处现由一名土耳

---

① 汪晖：《文化与政治的变奏》，载《中国社会科学》，2009 年，第 4 期。

其国民军把守，一看便知他是从仪仗队精挑细选的，意气轩昂，挺胸抬头，纹丝不动，在水天一色的背景里，像幅剪影，与皇宫的琼楼玉宇相映衬，真可入画，烟景清朗。导游领我们穿过一间间豪华居室，如入迷宫，最后进到一陈设简单的小房间。他手指墙上挂钟，时间停在9点05分，深情地讲解道，国父凯末尔于1938年11月10日9点05分病逝于此，时钟从此停在悲恸的一刻。凯末尔病重时，政府让他从安卡拉搬到伊斯坦布尔新皇宫疗养，在这里度过他生命的最后时光。多尔马巴赫切宫对土耳其人有特殊意义，人们来此凭吊伟人，仰国父立国之荫泽。伊兹密尔的一条高速路边，我曾看到半山上有一尊巨大的国父石雕，颇似乐山大佛，可想凯末尔在土耳其人心中尚未走下神坛，这种民族情结要放在20世纪初的世界史语境里才能理解。

　　一战后奥斯曼帝国梁折栋焚，举目皆非。凯末尔在安纳托利亚发动民族革命，势孤力薄，虽艰苦鏖战，仍被协约国和苏丹围堵，光景绝望。他唯一能找到的盟友只有苏联，沙俄原本在协约国一方参战，但中途爆发了布尔什维克十月革命，列宁决定退出协约国，与英法反目成仇。新生的苏维埃向外输出革命，在世界范围与西方抗衡。1921年苏联与中国共产党和国民党广泛接触，后来向孙中山提供资金、军火和军事顾问，协助筹建黄埔军校，训练国民革命军，支援北伐，削弱西方在华势力。出于相似动机，苏联也支持凯末尔，给他提供大量军火、现金和军事援助，帮他与英、法、希腊、亚美尼亚多线作战。苏联强有力的外援，让凯末尔在希土战争中节节胜利，1923年他迫使协约国废止屈辱的《色佛尔条约》，重新订立《洛桑和约》，土耳其人保住了最基本的生存空间——安纳托利亚范围内的主权与领土，夺回了海峡区，罢黜末代苏丹，建立了现代共和国。土耳其今日版图，便是凯末尔革命的战果。

五

　　中国共产党人曾关注凯末尔的成败。1922 年，第一份共产党机关报《向导周报》刊发主编蔡和森的文章《祝土耳其国民党的胜利》，蔡评论说："世界上最被国际帝国主义压迫的老大国家莫如土耳其与中国。"[1] 两国都曾是幅员辽阔、雄踞世界的大帝国，现却皆沦为任人宰割的"病夫"，从土耳其的兴衰可观中国之未来。他称赞凯末尔是"最伟大最有革命精神的"[2]，他的胜利"不独挽回土耳其和近东几千万被压迫回教民族的命运，而且给全世界被压迫民族以最好的模范与印象。所以历史上最可祝贺的胜利，除苏维埃俄罗斯的诞生外，要算是这一回了！"[3] 蔡文的目的是要劝说国民党联俄联共，于是自问自答：土耳其已从重病中霍然而愈，前途一派光明，"然则远东被压迫的民族应当作何感想呢？尤其是与土耳其国民党处同一地位的中国国民党应当作何感想呢？"[4] 蔡给出济世良方：苏联是全世界被压迫民族最可靠的救星，必须与苏联结盟，才是被压迫民族实现民族解放胜利的必由之路。他疾呼："四万万被压迫的同胞呀，……快快起来促起我们革命的政党统率我们与苏维埃俄罗斯的联合，推翻国际帝国主义在中国的压迫呀！！！"[5] 高君宇也在该报撰文《土耳其国民军胜利的国际价值》，称土耳其的胜利不是回教打败基督教的胜利，也不是黄种人打败白种人的胜利，更不是亚洲人打败欧洲人的胜利，而是被压迫民族反抗欧洲帝国主义的胜利，它将促成工人阶级与被压迫

---

[1]　和森：《祝土耳其国民党的胜利》，载《向导周报》，第 3 期，1922 年 9 月 27 日。
[2]　同上。
[3]　同上。
[4]　同上。
[5]　同上。

民族的联合。[①] 蔡、高两人依照 20 年代初共产国际撮合国共合作的路线，把土耳其之变视作中国反帝、反军阀革命的理想道路，误以为在小亚细亚发生了另一场苏维埃革命，乐观地期待凯末尔"将革命进行到底"，中国步其后尘。然而，土耳其走向共和之路却让他们始料未及。

建国之初，土耳其的确以俄为师，推行计划经济，搞高度集权的国家主义。但凯末尔从来不认同苏俄政治意识形态，相反他积极反共，最终导致与苏联交恶。对西方的态度上，凯末尔坚信千年的伊斯兰传统不能救国，必须走西化道路，只有实行现代化与世俗化，才能让土耳其摆脱蒙昧，走向文明。但他不因此向英、法、希腊低头，相反与西方国家针锋相对、寸土必争是凯末尔时代的国策。凯末尔曾为青年土耳其党人，信仰自由、民主的启蒙理念，但也认同铁腕与强力，奉行现实的民族主义，奉国家利益为圭臬。他以专制推行西化，以暴力实施政教分离。多少世纪的传统积习，被他一下子铲除。奥斯曼的礼仪、服饰和风俗均被取缔，民众改着西装，妇女除去面纱，公元历取代伊斯兰历法，拉丁字母替换土语中的阿拉伯字母，连学校也被明令禁止教授阿拉伯和波斯语。如此过激的政策无法以和平手段推行，政府就不惜残酷手段。土政府为实现欧洲式的单一民族国家，与希腊、亚美尼亚和保加利亚等邻国粗暴地交换人口，血腥驱逐、屠杀少数民族，给现代土耳其政治留下深刻的隐患。凯末尔铁血冷面之下也有柔情，他以国家元首之尊深入乡间、村社开办社会讲堂，手把手交农民识字，为妇女争取权利，废除多妻和休妻制，赋予妇女参政、议政权。从立国到辞世仅短短十多年，这位强人让土耳其脱胎换骨，把衰弊的封建帝国改造成了现代资本主义共和国。

---

① 君宇：《土耳其国民军胜利的国际价值》，载《向导周报》，第 3 期，1922 年 9 月 27 日。

中国共产党人对土耳其兴味索然了，而国民党人又对凯末尔艳羡不已。1928年1月，国民党元老胡汉民偕孙科、伍朝枢等赴土耳其，作为期两周的访问，详细考察军事、政治、财政、教育诸方面，顿觉喜遇知音。特别对土耳其"党政合一"、"党指挥枪"的政策，胡推崇备至。出访前，他曾撰文《就土耳其革命告我国军人》，指出中土国情相似，国民党的北伐与土耳其民族革命殊途同归。到土耳其后，胡更视凯末尔为"完美领袖"，认为土国政治已臻完美。访问期间国内传来北伐胜利的喜讯，胡在途中致电南京政府，提议结束军政之时、开始训政之际，实施"训政大纲"。其内容颇有现学现卖之嫌，他把土耳其共和人民党的"一个政党、一个民族、一个领袖"原则，包装成"以党统一、以党训政、以党治国"的方针，恰中蒋介石下怀。同年10月，国民党中常委通过《中国国民党训政纲领》，宣布中华民国由"军政"转入"训政"，实行"一个政党、一个主义、一个领袖"的独裁统治，奠定一党独大的架构。胡汉民回国后到处宣讲土耳其经验，渲染凯末尔完成建国大业，便深居简出，大权交由内阁总理代行，暗示蒋应效法土国父功成身退，由他掌权，全不顾蒋介石正年富力强、野心勃勃，不比凯末尔重病缠身，风烛残年。胡只落得软禁汤山的下场。

六

回眸80年前，民国时代的世界参照系不仅有英、法、美、日、俄等强国，也有土耳其这样绝地逢生的欠发国家。与向发达国家虚心求教的态度不同，那时国人谈及土耳其时，似有心契魂交、视远如近的情感，这是我们今天体会不到的。知识界提醒民国政客，土耳其式的政党政治会误国。早期共产党人则把反帝、联俄、团结世界被压迫民族的世界图景，投射到小亚细亚的这片古老土地上，希望它为世界革命树立一杆大旗。国民党人把它视为新兴国家建立威权式国家主义的理想型，土耳其因此给民族独立运动树立了榜样。而今日国人，对这个第三世界国家不太关注，它能否加入欧盟，倒是对欧洲文明包容性的考验。其实，这些体认所反映的不是对象的真实，而是主体自身欲望的表达，爱德华·赛义德描述的西方人对东方的想象，我们早耳熟能详，也可用之反观自身，一切文化主体对他者的想象不都有"东方主义"之嫌吗？

夕阳落入博斯普鲁斯海峡淡淡的薄雾后面，日光残影映红了一弯新月边薄薄的云。我步伐疲惫地走出多尔马巴赫切宫，拐入一座清真寺歇脚。按规矩脱下鞋子，穿回廊入内殿，寺内冷冷清清，有三四位西装领带打赤脚的男子在殿中央礼拜，拇指顶在耳垂下，双掌开合着，念念有词。一位四十多岁面庞消瘦的阿訇在唱经，音调婉转悠长。不巧电话打进来，阿訇适时收声，悄悄绕入回廊，抱着手机说起悄悄话来。殿内静默下来，肃穆、安谧。我心静似水，现代与传统在这里交汇、宽容了，没有像别处常发生的冲突、躁动与不安。在伊斯坦布尔走马观花，也许没了解多少内情，或还平添不少误解。我很难把眼前的一切与20世纪初叱咤风云的历史联系起来，更难想象国人曾对这里如此深的期许与憧憬，凯末尔对我们是否还有意义？

被贴了标签的"凯末尔主义"，却难用左或右、西化或传统、民主或专制、世俗或宗教等概念归类，拿"主义"去套现实本来就捉襟见肘、词不达意，何况凯末尔是个克里斯玛式的人物，乱世枭雄，不会照着理论、观念或类型创生一个国家。他书写的历史是革命性的，在断瓦颓垣上打造出一个新国家的主体，改写了一个民族的历史意识，在以往的历史经验中打开了新的可能，也留给史学家丰富的研究素材，但外人不易模仿或学习，甚至后来者也难继承。他选定的接班人没有走他的路线，凯末尔身后土耳其政治动荡起来，渐渐失去了国家自主性。二战后土耳其投入美国怀抱，参加了朝鲜战争，并与中国军队兵戎相见，曾有一个精锐旅被志愿军片刻消灭，轰动世界。时光荏苒，沧海桑田，亚洲大陆上天各一边的两个古老国家，现代进程曾戏剧性地交集，又淡然擦肩而过，形同陌路，记忆失落在时间的无涯的荒野里。

阅读城市空间

——曼哈顿景观与文化身份

○ 王　炎

　　地理环境决定文化，还是文化塑造环境，似鸡生蛋、蛋生鸡的问题，谈也空乏。但在 20 世纪初环境决定论通行天下的语境里，提这个问题倒别有一番深意。美国地理学家卡尔·索尔（Carl O. Sauer）质疑，自然气候、地貌未必单向决定社会行为和心理。1925 年在一篇论文《地理景观的形态》（"The Morphology of Landscape"）里，他探讨知识、文化、习俗、政治事件、经济形态等，也会介入自然景观的形成，并反思地理学科的界定。地理学的对象未必仅是地质、生物、气候、考古等"地球科学"，还须揭示空间与文化的关系，或可称之为一种"现象学"研究。近一个世纪过去了，人们仍在关注索尔的思考，地理学界出现了不同流派的"文化地理"，人文学者也从他那获得灵感，将其方法引入文化研究、城市研究、后殖民批评，甚至女性研究。大家意识到，空间与观念和情感之间，有复杂的关系尚待揭示，从这一视点进入或可开拓出一片新天地。

　　城市研究将空间当作文化的介质，而非认识论上与主体相对的"自然物"。文化学者要追问：如何理解城市空间和建筑的人格性？景观蕴含怎样的文化与社会意义？建筑师透过城市建设表达价值观，这是尽人皆知的常识；但居住者的意识如何被冷冰冰的建筑和空间所塑造？城市文化研究认为，城市空间乃展示人类状况的画布，尽世态之炎凉、穷善恶之两极，从中可窥见人性之真谛。但这画布不客观，也不中立，无从观察到城市全景，却能看到文化角色的博弈盛衰；城市也非一幅静态图，而更似一张可反复涂写的"羊皮纸"（Palimpsest），时间的沉积一层层叠加在空间上，不同时期的建筑与历史角色遥相呼应，携手涂抹痕迹，不断改写景观。[①] 因此，书写景观的文化变迁才是索尔的意义，但不该如此抽象谈问题，索尔最反对从理论范式作逻辑推演，认为是空中楼阁，过眼烟云，唯有事实本身才持久切实。我们不如放下理论，走进城市，作一手观察，切身感受地理空间表达的人情物理。

一、进入纽约市：

纽约有"都市之都"（the city of cities）的美誉，是城市研究理想之地。从北京搭乘航班直飞纽约，或降落肯尼迪国际空港（JFK，纽约皇后区），或飞纽瓦克国际空港（EWR，新泽西）。到离市区近些的机场，须转机落拉瓜迪亚机场（LGA，也在皇后区）。现在赴纽约比以前便捷多了，通关回答一两个问题即可。但 1927 年以前，情况大不相同。亚欧旅客在海上熬过无尽的颠簸，客轮才抵达纽约港，泊在曼哈顿岛南端一个小岛——爱丽丝岛（Ellis Island）上。旅客们提心吊胆等待入境。头等、二等舱的富客尚好，坐在舱里接受移民检查。三等和统舱的穷移民就惨了，他们须上岛过堂，回答 29 个问题，

① Richard H. Schein. "The Place of Landscape: A Conceptual Framework for Interpreting an American Scene", *Annals of the Association of American Geographers,* Vol. 87, No. 4, Dec., 1997, pp. 661-662.

长达四五个小时。如一个问题答错或被草率的移民大夫查出沙眼，则递解回国。据记载，体弱的旅客经长途跋涉后，再经不起这番折腾，有人从此没能离开这个小岛，死在移民医院的人数竟达三千多。因此爱丽丝岛得名"洒泪之岛"（The Island of Tears）或"心碎之岛"（Heartbreak Island）。该岛自 1892 年启用到 1954 年关闭，不少于1200 万的美国移民（这一期移民总数的 70%）由此通关。后来新泽西州把该岛辟成博物馆，让美国人记住血泪移民史。如今游览自由女神像的游船会顺访小岛。

虽号称世界之都，很多人一到纽约却有"上当"之感。19 世纪下半叶，怀揣淘金梦的意大利移民中流传有这样的段子：赴美前总听说纽约遍街铺黄金，到了才发现，街上非但没有金子，连路还没铺，单等咱们来修马路呢。如今路铺好了，大街小巷还是脏乱差，常有北京来的朋友一出机场就嚷"堵心"，既不赏心悦目，又没安全感。外州美国人常说纽约不算美国，纽约人听了非但不恼，还品出褒奖的意思，以城市与众不同而自豪。纽约市有何独到之处？

二、城市空间

了解城市地理，要先从市区地图着手。纽约市地图上标有五个区：布朗士（Bronx）、布鲁克林（Brooklyn）、曼哈顿（Manhattan）、皇后区（Queens）和斯坦顿岛（Staten Island），共 850 万人口。曼哈顿是城市心脏，其他区的市民来曼哈顿叫"进城"。"城里"的空间如何布局？曼哈顿街道为棋盘状，街区整齐划一，街道宽度一致，大多以数字编码。东西横向一律叫"街"（Street），以阿拉伯数字排序，从北向南街号由大变小。南北纵向街则称"大道"（Avenue），也多以数字编排。最南端的下城街道名称混乱，数码与文字混用。

这一格局产生于 1811 年，是那种最缺乏想象力、纯粹实用的城市规划。瑞士学者艾琳·索特（Irene Billeter Sauter）说，土地对于欧洲人乃文化认同的基础，而对美国人只是资本，一种投资形式而已，曼哈顿的几何形规划，就为开发商投资便利，丝毫不考虑建筑艺术因素。① 但美国城市设计者弗里德里克·豪威（Frederic C. Howe）的看法不同，他认为功能才是设计城市的圭臬。他将街道比喻为城市"身体"的动脉系统，给"器官"（社区）提供"血液循环"；如设计合理，城市所需"氧气"供给顺畅，城市机体就不会"患病"；因此，城市空间决定市民的生活质量，不仅是地理的自然属性，还体现城市的精神风貌。②

豪威的拟人比喻很有启发，如果想象曼哈顿这个刀片形半岛是生物体，则镶在岛两边的滨河高速路——哈德逊公园大道（Henry Hudson Parkway）和罗斯福高速路（F.D.R. Drive）便如两条食管。曼哈顿不停地大口吞食，每天深夜，一车车蔬菜、肉类、粮谷、日用品、家具、电器从"食管"摄入，物流分拨货物到上城、中城和下城。商品穿街过巷送达店铺，迅速被城市机体吸收。19 世纪纽约人还吃得上本地产的农产品，现在一切从外面输入，寸土寸金之地只知消耗，不务产出。进食、消化后得排泄，垃圾处理乃所有城市最头疼的麻烦，但也是最赚钱的生意。曼哈顿的"粪便排泄"一度在"小意大利"（Little Italy）。百年前，休斯顿大街与唐人街之间狭窄的街区里，涌入了大批意大利人。他们来自贫瘠的意大利南部，西西里或拿波里，信天主教、家庭观念强的意大利农民，很抱团，从垃圾处理起家，把

① Irene Billeter Sauter. *New York City:" Cilt Cage"or" Promised Land"?* New York: Peter Lang, 2011, p. 38.

② Irene Billeter Sauter. *New York City:" Cilt Cage"or" Promised Land"?* New York: Peter Lang, 2011, p. 86.

贫民窟似的小意大利改造成黑手党的乐园。从垄断垃圾到现代黑帮网络，他们经营非法或合法的各种生意，电影《教父》的原型就是20世纪40年代的纽约黑手党。当年有五大家族，甘比诺（Gambino）、卢切斯（Lucchese）、杰诺维塞（Genovese）、布亚诺（Bonanno）和科洛博（Colombo），他们的触角伸到美国各地。杰诺维塞家族至今还控制着大西洋城和拉斯维加斯的某些赌场，马龙·白兰度饰演的教父唐·科里奥尼（Don Corleone），影射的就是这个家族，杰诺维塞一家恰好来自名叫"科里奥尼"的贫瘠的西西里小镇。

曼哈顿饕餮、消化、排泄，生长迅速。1812年纽约市才15万人，1889年人口已达150万，仅一年后，又激增到200万，如今直奔千万。增长速度如基因突变的肿瘤，越到晚期，扩散越快。难道所有城市不都是地球上人类栖息的"肿瘤"吗？它们以几何速度增长，吞噬大量"营养"——蓝色星球上的资源。它们没有边界，只有郊区，郊区不断蚕食乡村，最终必将所有城市连成一片。"癌扩散"有个冠冕堂皇的名字，叫"城市化进程"（Urbanization）。纽约像贪婪的魔兽，大口咀嚼食物、水、能量和人口，却回馈以新观念、音乐、诗歌和故事。

三、空间与身份

从地图鸟瞰曼哈顿，如明信片的西洋景，度外旁观而已。索尔强调从居住者的内在视角去理解景观与生活的关系，还要追思故人、故地，在时间与空间两维度上想象地理的文化意义。如何做到？徜徉曼哈顿街头巷陌，在人行道上摩肩接踵的人海里，品味起居、出行与地理。走进城市博物馆、市图书馆，查阅档案，细读城市的历史和故事，移情到积岁经年的日常烦冗之中，让一地域独有的气韵，丰富对城市的认知。

E. B. 怀特说纽约有三种人：一是土生土长的老住户，二为匆匆的过客，三是外国出生的移民；老住户让城市积习相沿，维系其连续性，而通勤上班的过客使城市喧哗与骚动，移民却给城市以激情和诗意。[①]曼哈顿第五大道上能看到纽约的沿袭。从 19 世纪开始，14 街沿第五大道北上至中城（Midtown，14—59 街），为时尚显贵地段。成功人士、纽约新贵小心翼翼与中下产保持距离，画地为牢，分隔空间以确保身份的优越。作家伊迪丝·沃顿（Edith Warton，1862—1937）写过多篇纽约故事，深谙 19 世纪纽约人的身份政治。纽约虽没有像欧洲血统纯正的老贵族，却不乏财大气粗的新贵。他们模仿欧洲贵族的情调，追逐巴黎时尚，在第五大道、百老汇大街上展示"贵族品味"。沃顿的长篇《纯真年代》（*The Age of Innocent*）勾勒出 19 世纪 70 年代纽约上流浮世绘。那时有几大望族，挥金如土，起居奢靡，对"社交版图"尤为敏感，特别骄矜自持。贤媛名士以"老纽约"自居，沙龙排斥"外来户"（intruder）。

外来户并非中下产或移民，而是一夜暴富却"没教养"的西部富翁，或来路不明的远方阔客。《纯真年代》的女主人公艾伦（Ellen Olenska）本是老纽约，知根知底的。却远嫁到一个波兰伯爵那里，得个女伯爵称号。一个斯拉夫爵位有多少含金量？老纽约很势利，颇有微词。她做事"不检点"，租了一处西 23 街的宅子，不入流的才靠近"下西城"，"圈子"里看她眉高眼低的。小说里的纽约上层，像门户紧闭的铁屋子，天使也未必能打开紧锁的铁门。如今，中城的第五大道仍是世界最贵地段，已不靠出身或名头，赤裸裸的天价呵护着这片空间的"品味"，比老纽约直白肆意，财富的天文数字蔑视"纯

---

① E. B. White. "Here is New York", *Essays of E. B. White*. New York: Harper Perennial, 1992, P. 121.

真年代"。因此，纽约市的空间早超出地理属性，每个地址、方位或街道编号不只是地标，还指向身份、权力和资本，居住者的身份与自我，被空间区隔建构出来。

四、变化与生成

与第五大道的持久相比，联合广场（Union Square）体现着变化。南北战争结束时（1865 年），纽约人口近百万，85% 的市民挤住在联合广场四周不到两英里的社区（14 街与百老汇街交汇处）中。[①] 以中产、中下产为主，剧院、夜总会、饭店、时装店林立，气象不凡，一时成时尚之都。但刚步入 20 世纪，这儿便迅速衰败，高档时装店、俱乐部纷纷迁离，下城行业工人"占领"了广场，工会常年组织"五一"游行，政治抗议也青睐这里。"9.11"事件发生时，纽约人齐汇联合广场，为死难者守灵，花圈、照片、蜡烛挤挤挨挨堆在那，广场顿显局促仄狭。为什么不找个宽敞地方？也许，城市记忆将此地编码为公共表达空间，已无可替代了。

联合广场以南是"曼哈顿下城"（Lower Manhattan），更显生机勃勃，升沉无定。沃顿曾把 14 街当分水岭，之下（南）为人间地狱；之上，沿第五大道至 34 街，为享乐天堂。下城一度遍布商埠、码头、仓库、工厂，赤贫的新移民多居于此，即怀特说的第三种人的活动范围。"下东城"曾是贫民窟的代名词，移民的"隔都"（ghetto）。19 世纪末来了一批意大利移民，先落脚下城的小意大利（休斯顿大街与唐人街之间的几街区），之后渐渐发迹，站稳脚跟。不久，中国移民

---

① Mona Domosh. "Those' Gorgeous Incongruities': Polite Politics and Public Space on the Streets of Nineteenth-Century New York City", *Annals of the Association of American Geographers*, Vol. 88, No. 2, Jun., 1998, P. 213.

从福建、广东步其后尘，涌入毗邻的唐人街，开餐馆，做洗衣店。虽没有像意大利人那样打入主流，但吃苦耐劳，地盘一点点扩充，最终蚕食掉小意大利。如今，小意大利只剩一条"桑树街"（Mulberry St.），名存实亡，个把意大利餐馆权当遗迹。错落嘈杂的中餐馆之间，偶尔有意大利遗老逸民游荡，早无西科塞斯电影里的意大利社区的气象，好事者为抢救桑树街，拍纪录片缅怀意大利移民的曾经辉煌。

已经滥调的纽约故事曾是：个人奋斗打拼，积攒巨额财富，第一件要做的事，便是避瘟疫般逃离下城，在14街之上置地购房。中城一座座Brownstone（赤褐色砂石上流住宅）拔地而起，既巩固已有的空间秩序，又僭越景观表达的地缘身份。敏锐作家的城市经验往往比市政档案更"切实"，沃顿就是个老纽约，她的写作给城市以感性与时代氛围。《纯真年代》中还有个角色叫博福特（Julius Beaufort），此人来路不明，风传在国外挣了邪财，在第五大道的最好地段盖了豪华洋楼，内设让显贵艳羡不已的大舞厅。他诚邀几大家族聚会，名媛士绅起初不屑与暴发户有瓜葛，结成攻守同盟拒他门外。但纽约毕竟不是欧洲，金钱胜过门第，博福特只要挥金如土，不愁叩不开"圈子"紧闭的大门。很快他成了红人，便趁机撺掇阔佬们投资海外。谁料集资圈钱的掮客投机惨败，一文不名，老纽约们叫苦不迭。纽约是开放的，20世纪的曙光照进旧世界。男主角纽兰·阿彻（Newland Archer）虽保守、文弱，但知道儿子要与博福特的女儿结婚时，也毫不犹豫为他们祝福。这是沃顿的纽约印象，她眷恋老纽约昔年的"纯厚"，也拥抱新世纪的曙光乍现。她在绘制一幅印象派画，光影变幻之际，时间印刻景观上的色彩熠熠层叠，时代神韵呼之欲出。

世纪之交，空间、身份已物转星移。下城不再令人怯步，华尔街正异军突起，贫民窟摇身一变成为世界金融之都，寸土寸金。沃顿另一长篇《欢乐之家》（*The House of Mirth*），写19世纪90年代华尔街的新资本如随行魅影，渗透、啮噬着上流社会的温文尔雅。莉莉·巴尔特（Lily Bart）家道中落，却不忘大家闺秀的身份，一心钻营，想回到第五大道的沙龙里。她与当时的老纽约人一样，不肯面对华尔街无情的现实，金融资本扫荡了模仿老欧洲的智性优雅，那造作的纯真已水月镜花，他们枉逐落花梦影而已。

百年间，华尔街蹿出一只欲望之兽，翻手为云，覆手为雨，让新大陆一夜升为金元帝国，美元是通行全球的纸黄金。但它也捣鼓个次贷危机，把美国经济拖入深谷。爱恨交织的纽约人，占领了这不起眼的街道，拥在街角喊口号打标语，想扼住这法眼通天之兽。百年前沃顿笔下的博福特不正是"高盛"（Goldman Sachs）的原型，新、老纽约人莫不怨且怒。倘若作家再经历一个世纪之交，必与纽约人一道体验创伤性经验。几何速度聚拢的财富，让纽约人信心满满建造个"通天塔"，伸手可及上帝的居所。20世纪70年代曼哈顿下城平地拔起世界之巅——世贸"双子塔"，2001年一个早晨被夷为平地。从新泽西隔岸哈德逊河远远望去，下城像被拔掉两颗门牙，两条白色烟柱冲天而起，似漏风的嘴巴咕哝着含混的句子。

五、景观的时间维度

19与20世纪之交，曼哈顿市区尚以阶级阶梯分布空间，但进入20世纪后，族群、肤色渐渐重构了城市地理。14街以下主要是亚洲移民聚居，给"下城"涂抹上了淡淡的黄色调。14到59街仍以老纽约为主，"中城"点染些许白色调。从96到155街的哈林区，以非洲裔移民为主，黑色调是主旋律。时光荏苒，时移事去，纽约市不停息地流动、变化着，空间与时间交点处新意生生、变幻无穷。这色调图到21世纪又明日黄花，人口、族群、阶级、性别交错混杂，各种力量角逐博弈，空间的流变凸显了时间的维度。在讨论横向"街道"空间被数码区隔指向身份之后，还须思考纵向"大道"如何被时间分割。

19 世纪有份畅销的刊物《纽约新闻画报》（*New-York Illustrated News*），该刊在 1863 年 1 月号上，登有图文并茂的"百老汇大道的经典时段"[①]：

1）早晨 7∶00：劳工、店员、工厂女工出行，开始一天的忙碌。

2）上午 9∶00：商人、公司职员行色匆匆，奔向商埠。

3）中午 12∶00—下午 3∶00：窈窕淑女、时尚佳人粉墨登场。

4）晚上：夜色笼罩下的百老汇大道鱼龙混杂，底层妓女、乞丐、游荡者出没在昏暗汽灯下的肮脏街道。

一天中不同的时段，城市角色粉墨登上百老汇大道这个"舞台"，时间如隐形的藩篱，规划出阶级与肤色的"出场"次序。贤媛淑女不该下午四点之后还流连街头[②]，有色人种不许星期天下午到第五大道招摇。《画报》同一期还有一段耐人寻味的点评：

最近，我们有头有脸的黑人公民居然在众目睽睽之下，周日或节假日的下午出现在第五大道。他们招摇而且满不在乎的神情，颇让审慎的头脑感到震惊。他们穿着与身份不搭调的楚楚衣冠，面带造作的风雅表情，与周围含蓄低调的白人相映成

---

① Cited from Domosh, P. 216-218.

② Domosh, P. 218.

趣，让伤心人可发一笑。①

第五大道上住着富裕显赫的老纽约，有上流俱乐部、奢华教堂。周日上午做完礼拜，中产白人之家穿金戴银，专程跑来第五大道一展风采。经典画面是：丈夫一手拿圣经，一手挽夫人，妈妈牵着女儿，三口一家在橱窗前做真人秀。② 虽同为殷实中产，也鲜衣华履，如黑人穿梭白人士女之间，便分外扎眼，很不受用。这儿没有黑人教堂，也无黑人住宅，不探亲访友，他们跑这儿来纯粹是显摆，挑战身份秩序，与白人竞争第五大道上的述行话语。几个月后，黑人为此付出巨大代价。19 世纪中纽约曾有移民高潮，大批爱尔兰人涌入。他们为逃避大饥荒才远赴纽约找生机，刚迈出舷梯，脚尖未及海岸，便被征入联邦军，当了内战炮灰。为发泄愤怒，爱尔兰人找更穷、更弱的少数族裔充替罪羊。1863 年 7 月臭名昭著的纽约征兵骚乱，爱尔兰人在大街上毙伤数千黑人，还口口声声是黑人抢了饭碗。

如今的曼哈顿，工作日上午 8：00—9：00 之间，从市郊四面八方涌入白领上班族，进市区的大小公路、地铁、火车、巴士都塞得满满的。晚上，他们又退潮般涌出，回到郊外的家里。这群人的共同身份是"通勤族"（commuters），也即 E.B. 怀特所说的第二种人。怀特形容他们每天早晨蝗虫般吞没纽约，晚上再吐出来。他们让城市百物飞腾、心浮气躁。这里毕竟不是他们的家，进城是为了办事购物。沸反盈天热闹一日，晚上回到新泽西或康州家里，静静过上凡庸的美国中产生活，抛下"土著"们留在刺耳的警笛声中，孤灯挑尽难成眠。

---

① Cited from Domosh, P. 219.

② Domosh, P. 219-220.

六、结语

拉拉杂杂说了好些纽约的事，看似作一篇城市概论。但偌大都市，纵修四库也未必面面俱到。或谦退一步说挂一漏万，也太狂慢，一篇文章岂能道出纽约万分之一。既若如此，不如敬惜纸墨，付之阙如。但本文希望表达一种城市经验，不在数量涵盖多少，也无须由点及面；不在意思是深是浅，也不管内容或简或繁。因读过些游记，如乘兴游览名胜古迹，纪念碑、大教堂、博物馆或皇宫庭院，印象式地发一发思古幽情，感悟式议论番中西"文化休克"（cultural shock），顺便批一批国民性，叙景言志。但如此即景抒情，与参观的城市有多大关系？还有一类城市文字，板着面孔，客观陈述，城市人口多少，经济、工商、建筑、历史、气候如何，一一过硬的"事实"，系统且全面。读来如地理教科书，但谁能比维基百科更包罗万象？匿名作者，无须主观经验，时刻更新信息。除此两种之外，还有没有其他讲述城市的方式？

卡尔·索尔有"文化地理"，以空间为媒介，把景观作结果，研究空间与文化的互动，因物达情，文化研究从物质性的实在材料入手。经验并非始于概念，而从触手可及的实物开始。因此，我们设空间与身份为议题，辅之以时间性维度，探索表述城市经验的新可能。然而，时、空乃康德所谓"感知的先验形式"，不可视为外在的认识对象，两者先在地决定如何经验。在索尔的实践中，无论是以旁观者视点的从外观察，或以居住者视角的从内体认，都被视作单向度的对象性认识，无法构成"真实"经验。他强调观察者与居住者对话，从当下认识去勾连历史记忆，在差异性的多重经验反复碰撞中，发现新意义。因此，我们索引纽约的历史、档案和轶事，穿插沃顿小说中的城市记忆，与作者的观察对话。作者的旨趣统摄征引的素材，并构造表达经验的形式。然而，什么样的材料让经验更具质感？经验如何凝结成概念而形成新知？

有记游文通篇征引某城市古今中外的典故隽句，从典籍里寻章摘句，补缀而成一篇文章，雅达有余而诚不足。周作人喜谈草木鱼虫，写过一篇小文《萤火》。他从《礼记》、《本草纲目》、《尔雅》一路考证到清末汪曰桢的《湖雅》，发现所有文献都相信"腐草化为萤"之说，以讹传讹，相互引证，竟无人肯捉一只萤火虫观察一番。18 世纪有个英国人怀德，随手写了几句夜观萤火的琐事，周氏认为其诚恳比典籍更可珍重。阅读经验固然重要，但归纳好并凝固成型的经验未必可靠，更不屑说创新了。周作人珍重直接观察，并非不知个别经验有限而缺乏普遍意义，他实在怀疑"多学而识之者"，纵破万卷书，也难免人云亦云。只有将典籍引入特殊语境或个别事件，才能揭示其普遍性。怀德孤立、有限的观察，被结构到周氏文章的整体布局中，才有微言大义。周氏谈问题，总从身体所在的极小处，扩展到眼光所见的极大处。

文章开头提的问题：地理环境决定文化，或反之？此问隐含一个站不住脚的前提：即环境或文化两者之中有一个为恒常、不变的本质，另一个是派生的幻象，即柏拉图所谓"现象"。本质是超越、永恒之源；现象被本质生成和决定，变动不居。纽约根本没有不变的本质，空间与文化处于不停的流动与变化状态。单向决定关系乃头脑的想象，现实只有互动、相生、勃勃生机。画地为牢、分隔空间在时间中总遭挑战、制衡、修订和置换。地理与文化之间是开放和"生成"（becoming）的关系，生生不息的现象才是城市经验之源，故索尔称之为"景观的现象学"（phenomenology of landscape）。

美国东方学会及其汉学研究

○ 顾　钧

美国东方学会（American Oriental Society）1842 年 4 月 7 日成立于波士顿，乃北美最早的学术团体之一，其宗旨是"促进对亚洲、非洲、玻利尼西亚群岛的学术研究"。当时的外部环境是非常有利的，美国东方学会确实在不长的时间内取得了不错的研究成绩，特别是索尔兹伯里（Edward Salisbury，梵文、阿拉伯文教授）和惠特尼（William D. Whitney，梵文教授）两位耶鲁教授更是成就突出，其成果得到欧洲同行的高度评价。学会的《学报》也逐渐成为一份有影响的学术刊物。

值得注意的是，美国东方学会的研究范围虽然涵盖整个东方，但印度、波斯始终是研究的重点，这也正是上述两位耶鲁教授的研究领域，此外埃及和小亚细亚也比其他地区受到更多的关注。从研究方法上看，以语言研究和文献考证为特点的语文学几乎是学者们不二的选择。索尔兹伯里在《学报》第一期上发表的关于波斯楔形文字的长文可以说是一篇垂范之作，其后这类文章占据了《学报》大部分的版面。我们以第 10 卷为例，该卷共 11 篇文章，内容如下：（1）彭加人（按：在内布拉斯加州和俄克拉荷马州保留地的美洲印第安人部落）的词汇；（2）琼斯（William Jones，英国著名的波斯、印度学家）的 13 封信笺；（3）库尔德人的语法和词汇；（4）《阿闼婆吠陀》第二抄本校勘记；（5）一篇克伦邦（按：缅甸邦名）的碑铭；（6）从缅甸语的角度看巴利文；（7）冰川作用于黎巴嫩山的痕迹；（8）希腊文《圣经》西奈抄本和拉丁抄本的时代问题；（9）纽约大都会博物馆所藏塞浦路斯人的碑铭；（10）梵文动词变位研究综述；（11）关于吠陀本集中名词变位的统计。从上述列举中，我们也不难窥见东方学会的另一大特点——"厚古薄今"。

美国东方学研究的传统来自欧洲。语文学（philology）在希腊语中的原意是"爱字词"，从某种意义上与意为"爱智慧"的哲学（philosophy）相对立。在近代欧洲，意大利思想家维柯和法国思想家笛卡尔分别代表了这两种学术倾向。在维柯的影响下，许多欧洲（特别是法、德）学者将精力投向了东方古代和中古的语言以及历史文献的研究上，取得了很多重大的进步。在18世纪学术飞快进步的基础上，19世纪初欧洲的东方研究学会纷纷建立，最早是法国的亚洲学会（Société Asiatique），成立于1822年，其后英国和德国也都建立了类似的学术团体。美国东方学会和这些组织保持着密切的联系。

欧洲的东方研究历史悠久，最早可以追溯到"历史之父"希罗多德，但真正意义上的汉学研究应该说开始于17世纪来华的传教士和欧洲本土的汉学家。1814年法兰西学院汉学教席的设置无疑是"学术汉学"建立的标志，但汉学比起阿拉伯学、印度学还是要晚得多，值得注意的是，法兰西学院两位最早的汉学教授雷慕沙（Abel Rémusat）和儒莲（Stanislas Julien）都将大量的精力用于研究佛教，这也绝对不是偶然的。在欧洲的影响下，美国的东方研究同样是将大量的人力物力投向波斯、印度、埃及，中国则处于相对次要的位置。这从《学报》上能很清楚地看出，在19世纪出版的20卷当中，关于印度的古代经典四大吠陀的文章多达数十篇，却没有一篇关于中国的《诗》、《书》、《礼》、《易》的文字。德国当代汉学家傅海博（Herbert

Franke）在解释这一现象时说："在欧洲，汉学作为一个学术研究课题基本上是 19 世纪的产儿，它比印度学和闪族研究要晚得多，后两种研究的发生背景也不尽相同，希伯来以及其他东方语言在欧洲有很长的教学历史，这样做有时是为了维护基督教以反对伊斯兰教，欧洲和伊斯兰教的接触发生在地中海以及巴尔干半岛国家，巴勒斯坦曾在土耳其的统治下更成为接触的重要原因。对于印度的兴趣主要是因为学者们发现梵语从某种意义上来说是所有印欧语言的祖先，印度学一般被认为是对梵文的研究，早期的印度研究还伴随着一种寻找人类文明源头的幻想。"（《欧洲汉学概论》）学术研究虽然带有自身的独立性，但不可能脱离历史的发展和实际的需要而存在。

在 19 世纪的学术环境中，中国处于东方学的边缘，《学报》上留给中国的版面十分有限，还是以 19 世纪所出的前 20 卷为例，与中国有关且有一定篇幅的文章只有 10 篇：

克拉普罗特《中国纸币史》（第 1 卷第 136—142 页）

格里诺《中国：人口、贸易、条约签订的前景》（第 1 卷第 143—161 页）

勃朗《中国文化，或中国人特性的形成原因》（第 2 卷第 167—206 页）

马西《运用电码标示汉字的方式》（第 3 卷第 195—207 页）

索尔兹伯里《西安大秦景教碑的真伪》（第 3 卷第 399—419 页）

布拉德利《中国方言的罗马字拼写》（第 4 卷第 327—340 页）

伟烈亚力《西安大秦景教碑》（第 5 卷第 275—336 页）

丁韪良《古代中国的北方蛮族》（第 11 卷第 362—374 页）

柔克义《朝鲜与中国的关系》（第 13 卷第 1—33 页）

柔克义《西藏佛本生故事》（第 18 卷第 1—14 页）

从上面 10 篇文章可以看出三个特点，一是研究课题多属于古代，二是语言文字研究所占比例较高，三是关注少数民族、中外关系，而较少论及作为中国文化主体的儒家文化。这三点基本上可以概括19世纪美国东方学会汉学研究的特点。在上述文章中，其中第一篇的作者克拉普罗特是法国学者（曾长期在德国、俄国工作），他的文章原载于法国亚洲学会1822年的《学报》上，第二篇文章则是格里诺根据一位法国学者所翻译的有关中文文献编写的。之所以在1843年第一卷上接连出现两篇有关中国的文章，是和《南京条约》后中国向西方开放的新形势有着密切关系的。另外伟烈亚力是英国传教士汉学家，他的文章和前面两篇文章都说明了欧洲东方学对美国的深刻影响与互动。索尔兹伯里的文章正是在伟烈亚力前期研究的基础上利用自己的专业知识（阿拉伯文和比较语言学）来为相关问题提供一个新的角度。大秦景教碑以及中国犹太人之所以受到关注当然还是跟西方文化的希伯来源头有着密切的关系。

　　20世纪以来，汉学研究在美国东方学会中的比重有所增加。越来越多的学者开始为《学报》投稿并参与学会的活动，主要有夏德（Friedrich Hirth）、劳费尔（Berthold Laufer）、顾立雅（H. G. Creel）、宾板桥（Woodbridge Bingham）、德效骞（Homer H. Dubs）、卜德（Derk Bodde）、恒慕义（Arthur W. Hummel）、傅路德（Luther C. Goodrich）等。这些学者均兼通中西，其中不少有欧洲的学术背景，他们成为二次大战以前美国汉学研究的中坚力量。这一时期另一个值得注意的现象是来自中国的学者开始参加美国东方学会的各种活动，如许地山、梅光迪、裘开明、李方桂、赵元任等。由于这批学者的努力，东方学会的汉学研究在20世纪的前40年发生了一些可喜的变化。但从总体上讲，东方学会注重近东、古代和语文学方法的传统却没有大的改变，这引起了新一代远东研究学者，特别是汉学家的不满，他们希望建立一种不同于欧洲的汉学研究和亚洲研究的新模式。

太平洋战争的爆发激发了东方学会内部的论战。1941 年，为了适应美国在亚洲利益的需要，以费正清（John K. Fairbank）为代表的一批学者发起成立了远东学会（Far Eastern Association）。该会得到福特基金会、洛克菲勒基金会的资助，很快成为美国研究中国问题最重要的机构之一。费正清在学会内外鼓吹用各种社会科学方法（政治学、经济学、社会学、人类学等）对近现代中国进行研究，成为一种新的美国模式的开创者。远东学会开始还和东方学会保持密切的联系，后来由于自身的迅速发展，终于在 1954 年完全离开母体。这一举措的长远意义在于，从 20 世纪 50 年代开始，美国的"汉学研究"和"中国学研究"有了各自的学术活动阵地。

1942 年是珍珠港事变的第二年，也是美国东方学会成立 100 周年。太平洋战争加深了美国对东亚的重视，这很快也反映到了学术研究上。东方学会也就在这时进入了一个新的发展阶段。无论是数量还是质量，《学报》上有关汉学的文章和年会上宣读的汉学论文的数量都在不断上升。据统计，从 1942 年到 2012 年这 70 年间，《学报》所发表的汉学论文平均每年（每卷）有四五篇之多，如以一年四篇计算，这期间发表的论文就有近三百篇，这些论文讨论的问题集中在宗教史、交通史、物质文明史等领域，但这些讨论多数是元代以前的问题——厚古薄今的传统一如从前。

美国东方学会的老家是马萨诸塞州的波士顿，但后来南迁到了康涅狄格州的纽黑文（New Haven）——耶鲁大学所在地。由于前文提到的索尔兹伯里、惠特尼等多位重要学者执教耶鲁，19 世纪后半期的耶鲁成为美国东方学的中心，也正是由于这批学者的存在和积极活动，1842 年成立的东方学会于 1853 年从波士顿搬到纽黑文，两年后学会的图书馆也搬至纽黑文。从此纽黑文就成了美国东方学会的新家，直到今天。

周作人与《圣经》

○ 顾　钧

在 1922 年爆发的声势浩大的"非基督教运动"中，周作人的态度和行为非常引人注目，他站在了这次运动的对立面，也站在了陈独秀、蔡元培等"五四"同志的对立面，更联合其他四位北大教授（钱玄同、沈兼士、沈士远、马裕藻）公开发表了一篇由他起草的《主张信教自由者的宣言》（《晨报》1922 年 3 月 31 日），明确说明自己"对于现在非基督教非宗教同盟的运动表示反对"。此后周作人在这一问题上与陈独秀、蔡元培等又进行过公开的辩论，但主张思想自由的基本态度没有变化。所以近贤对于周作人在这次运动中的表现，往往多从他的自由观这一角度来研究，这当然是很有道理的。但是这一问题也还可以从不同的角度来探讨，周作人与基督教的关系，特别是在文学这一层面的关系就很值得研究，因为周氏虽然博学多能，广有建树，但此时文学乃是他的看家本领，也是他思考和研究一切问题的出发点。

一

《圣经》既是基督教的宗教经典，也是文学经典。《圣经》的译本曾经对欧洲的语言文学产生过重大的影响，《圣经》的原文，《旧

约》是希伯来文，《新约》是希腊文，但在整个中世纪，拉丁文本
（vulgate）却是最为通行的文本，是欧洲思想文化的最大根源。宗教
改革之后，各种欧洲语言的翻译文本纷纷出现，特别是英文、德文译
本曾对英语、德语语言文学发生过重大的影响。《圣经》的中文译本
虽然对中文的影响没有那么大，但仍然是一支不可忽视的力量。特别
是《圣经》的白话译本，尽管翻译者主要是出于扩大传教对象的目的，
但在客观上却为文学革命者提供了一个很重要的白话文学的范本。正
如周作人在 1920 年的《圣书与中国文学》一文中所说："我记得从前
有人反对新文学，说这些文章并不能算新，因为都是从《马太福音》
出来的；当时觉得他的话很是可笑，现在想起来反要佩服他的先觉：
《马太福音》的确是中国最早的欧化的文学的国语，我又豫计他与中
国新文学的前途有极大极深的关系。"在周作人写这篇文章之前，《圣
经》译本中的语言和意象已经出现在黄遵宪、谭嗣同、夏曾佑等"诗
界革命"参加者的作品中，但正如梁启超在《饮冰室诗话》中提到过
的那样，这种影响还是浅层次的，往往是个别词语的寻撦借用。在周
作人看来，《圣经》中译本与中国文化"极大极深的关系"，首先还是
在思想方面，周作人一再强调，文学革命是两方面的革命，即语言方
面和思想方面，而后者更为重要。在这一点上他与鲁迅的观点一致，
而与胡适更多强调语言的观点有一定的分歧。

就思想方面来说，周作人认为"五四"新作家追求的信仰应当是
人道主义，创作的文学应当是人道主义的文学。一般认为，希腊文化
是西方人道主义的源头，五四时期的中国知识界也是"言必称希腊"，
但是希伯来文化同样也提供了人道主义的思想，对此周作人有孤明先
发和深切详明的认识：

希腊思想是肉的，希伯来思想是灵的；希腊是现世的，希伯来是
永生的。希腊以人体为最美，所以神人同形，又同生活，神便是完全

具足的人，神性便是理想的充实的人生。希伯来以为人是照着上帝的形象造成，所以偏重人类所分得的神性，要将他扩充起来，与神接近以至合一。这两种思想当初分立，互相撑拒，造成近代的文明；到得现代渐有融合的现象。其实希腊的现世主义里仍重中和，希伯来也有热烈的恋爱诗，我们所说两派的名称不过各代表其特殊的一面，并非真是完全隔绝，所以在希腊的新柏拉图主义及基督教的神秘主义已有了融合的端绪，只是在现今更为显明罢了。

两希文明并非完全水火不容，基督教之所以能从最初简单的伦理原则演化成严密的神学体系正有赖于教内人士对古希腊哲学的运用。在人道主义的观念上，它们只是侧重点的不同：希腊人更强调人的理性、能力和尊严，而基督徒更看重对人的爱和尊重。周作人显然认为，这两种人道主义都是中国人所缺乏并需要大力引进的。

希伯来文化更重来世的幸福，但也并没有完全放弃现世的幸福，热情奔放的《雅歌》就是明证。这首爱情诗尽管是经过重新诠释后（说是借了夫妇的爱情在那里咏叹神与以色列的关系）才被收到正经里去，但这也说明，禁欲的思想是后来的基督教发展出来的，与原始的希伯来文化精神是有所违背的。《雅歌》中有这样大胆的描写：

> 你的肚脐如圆杯，
> 永不缺乏调和的酒；
> 你的肚腹像一堆麦子，
> 周围有百合花。
> 你的两乳像一对小鹿，
> 像双生的母羚羊。

这样的诗句即使是放在古希腊也是会让人惊叹的。周作人对于这一类的诗歌激赏不已，认为它们可以帮助中国的新兴文学衍出一种新体，因为在他看来，中国古人对于情诗的态度非常极端，要么是"太不认真"，要么是"太认真"，缺乏一种真切自然的态度，这也正是他在中国文学中极力标举"独抒性灵，不拘格套"的晚明文学的原因。

近代以来，随着对西方文学了解的深入，中国文学中欠缺和不发达的文体也就逐渐暴露出来，于是文学革命的提倡者陆续将政治小说、科学小说、侦探小说、话剧等引入中国，以期弥补中国文学的缺陷，周作人的主张也属此类，而且事实也证明，以《圣经》为代表的基督教文学确实对诗歌在内的中国现代文学产生了不小的影响。

二

周作人 1901 年 9 月到南京读书后正式开始学习英语并接触到钦定本《圣经》和《圣经》的中文译本，其间他还根据《旧约》里的夏娃故事，给《女子世界》写了一篇《女祸传》，此后他的身边经常带着《圣经》，对于它的重要性也有了越来越清晰的认识。

"五四"前后周作人在多篇论文中对于《圣经》的文学性和思想性进行过深入精辟的论述，如在作于 1921 年 7 月的《欧洲古代文学上的妇女观》中他指出：

> 《旧约》里纯文学方面，有两篇小说，都用女主人公的名字作篇名，是古文学中难得的作品；这便是《以斯帖记》和《路得记》。……《以斯帖记》有戏剧的曲折，《路得记》有牧歌的优美。两个女主人公也正是当时犹太的理想中模范妇人，是以自己全人供奉家族民族的人，还不是顾念丈夫和儿子的贤妻良母，更不是后来的有独立人格的女子了。

将《以斯帖记》和《路得记》作为小说来看是非常有道理的，因为它们不但故事有一定的长度和相对的独立性，而且有完整的情节和生动的人物形象塑造，按照这个标准，《旧约》中除了《以斯帖记》和《路得记》外，《约拿书》也可以放入小说一类，只是它的主角是男性。

作为欧洲文学研究专家，周作人可以说是最早强调《圣经》文学性的现代中国学者，同时他对《圣经》作为西方文学源头的地位也有清醒的体认。周作人的这些观点在今天看来似乎很平常，可以说已经是文学史的常识，但在20世纪20年代的中国却是非同寻常、非常新颖的。当然，这些深入、新颖的观点并非全是他个人的观点，对此他也从来不加隐瞒，如他在文章中就不止一次提到美国学者谟尔（George F. Moore）所著的《旧约之文学》，显然是他的案头之书。然而当时能够阅读这类参考书的人在国内也是凤毛麟角。

周作人对于欧美学者很早就将《圣经》作为文学来研究的做法也非常欣赏，并认为这对中国学者非常具有启发性，因为"中国的经学不大能够离开了微言大义的"。确实，中国历代的学者、选家从来没有也不敢这么做，只有当胡适在《中国哲学史大纲》中将孔子和其他诸子放在平起平坐的位置上之后，现代文学研究者们才尝试将《论语》《孟子》作为先秦散文作品来看待。从这个角度来看，周作人将儒家经典和《圣经》进行比较也就具有了某种开创性的意义：

> 《新约》是四书，《旧约》是五经，——《创世纪》等纪事书类与《书经》、《春秋》，《利未记》与《易经》及《礼记》的一部分，《申命记》与《书经》的一部分，《诗篇》《哀歌》《雅歌》与《诗经》，都很有类似的地方。

这种文学上和文化上的比较可能显得比较粗糙，但无疑具有启发性，特别是《哀歌》《诗篇》和《雅》《颂》具有很强的可比性。此外，古代的《圣经》学者和中国古代的经师在阐发经典的微言大义上也有异曲同工之妙。如前文提到的关于《雅歌》的解释与关于《关雎》的解释就大有"人同此心"的特点。也许这种比较的意义还不在于具体的问题本身，它开辟了一种新的文学研究方法，周作人无疑是中国比较文学的先驱之一。

三

中国历史上有多次反基督教的事件，原因多种多样。1922 年的"非基督教运动"的思想背景之一是科学主义的流行。陈独秀的唯物主义、胡适的实验主义是当时唯科学主义的主要思想后盾。周作人在南京和日本时期都学过现代科学，但并不认为科学可以解决一切问题，他后来弃科学而从事文学本身就是最好的说明。与鲁迅一样，他认为根治人心是更为重要和急迫的事业，文学是手段之一，宗教也是手段之一。

作为新文化运动时期最重要的文学研究家，周作人对古今中外的文学作了深入考察后发现，"文学的发达，大都出于宗教"，所以宗教虽然与科学不合，但与文学却有紧密的联系，特别是西方文学与基督教的关系更是如此，对此他曾有一段精彩的论述：

> "使他们合而为一：正如你父在我里面，我在你里面，使他们也在我们里面。"（《约翰福音》）这可以说是文学与宗教的共通点的所在。托尔斯泰著的《什么是艺术》，专说明这个道理，虽然也有不免稍偏的地方，经克鲁泡特金加以修正，

（见《克鲁泡特金的思想》内第二章《文学观》）但根本上很是正确。他说艺术家的目的，是将他见了自然或人生的时候所经验的感情，传给别人，因这传染的力量的薄厚合这感情的好坏，可以判断这艺术的高下。人类所有最高的感情便是宗教的感情；所以艺术必须是宗教的，才是最高上的艺术。

《圣经》对于西方作家来说，确实是一部"伟大的法典"（The Great Code），不理解这部法典，就无法理解西方的文学。"五四"前后周作人在翻译、介绍、研究西方文学方面的突出成就同他对《圣经》的研究关系很大，于此得益匪浅。

胡适与葛思德图书馆

○ 顾　钧

众所周知，胡适在 20 世纪 50 年代担任过美国普林斯顿大学葛思德图书馆馆长。但可能很少有人知道，他在这段时间曾经写过两篇相关的英文文章，一篇是 "My Early Association with the Gest Oriental Library"（载 *Green Pyne Leaf*，1951 年，第 6 期），另一篇是 "The Gest Oriental Library at Princeton University"（载 *The Princeton University Library Chronicle*，1954 年，第 3 期）。最近出版的《胡适英文文存》（一）（外语教学与研究出版社，2012）收入了这两篇文章，使我们得以更好地了解这个图书馆的早期历史以及胡适和它的因缘。

图书馆的创建人葛思德（Guion M. Gest，1864—1948）是一位美国商人，1914 年他在纽约创办了一家以他的名字命名的建筑工程公司。随着业务的扩大，葛思德在 20 世纪 20 年代多次来到中国，并结识了美国驻华使馆海军武官义理寿（Irvin V. G. Gillis，1875—1948）。义理寿后来辞去了公职，专门帮助葛思德购买书籍，完全可以看作是图书馆的另一位创建人。

葛思德患有绿内障（青光眼），在美国和欧洲多次寻医问药，但效果不佳，一直饱受痛苦。在北京使馆结识义理寿后，义氏建议他试试中医，并推荐了"马应龙定州眼药"。马应龙眼药始创于明万历年间，创始人马金堂是河北定州人，起初叫"八宝眼药"，清乾隆年间马金堂的后人马应龙将"八宝眼药"定名为"马应龙定州眼药",从此遐迩闻名。民国初年北京有不少店家就靠卖这一种眼药就足以维持门市。葛思德一试之下,发现效果果然不错,虽然没有完全根治他的青光眼,但大大缓解了病症。这让葛思德对中医产生了极大的好感和兴趣,于是他给了义理寿一笔钱,让他公务之余收购有关中医中药的书籍,葛思德图书馆的第一批书籍由此而来。

在义理寿的建议和参谋下,葛思德对中文书籍的兴趣逐渐扩大,投入的资金也越来越多。到 1926 年时,购书总量已达 232 种,8000 册,存放立刻成了问题,而且购买还在继续。葛思德的公司在加拿大蒙特利尔有一家办事处,和当地的麦吉尔大学经常打交道。经过协商,麦吉尔大学同意为这批中文书建立一个专藏,并于 1926 年 2 月 13 日对外开放。此后经义理寿之手各种书籍源源不断地从北京运往麦吉尔,到 1931 年总量已达 7.5 万册,到 1936 年则猛增至 10 万册。

20 世纪 30 年代美国遭遇空前的经济危机,葛思德公司深受影响,到 1936 年时葛思德开始考虑转手这批藏书,但麦吉尔大学无力收购。一番周折之后这批珍贵的文献于 1937 年落户普林斯顿大学,并最终于 1948 年正式归属普大,同年葛思德与义理寿相继去世,这批书籍的最终归属应该足以让两位创始人安心地离去。葛思德藏书加上普大原有的约三万册中文图书,使普大一跃成为与美国国会、哈佛大学、哥伦比亚大学并肩的中国学文献中心。

1946 年,在欧美搜求珍稀中文文献的著名学者王重民应邀访问普林斯顿大学,在查阅了葛思德图书馆大约三分之一的藏书后,他惊讶地发现经部中有 70% 的版本是美国国会图书馆或北平图书馆所没有的,而集部中则有 50% 的版本是另外两家没有的。仅此两个数字就足以证明葛思德藏书的质量和价值了。

如此大量中文珍本的汇聚,完全是义理寿的功劳。义氏虽然行伍出身，但是他精通汉语，又娶了一位满族女子做太太，加上购买的过程本身也是学习的过程，义理寿在这一过程中逐渐成长为一名相当专业的版本目录学家，虽然他从来没有受过这方面的专门训练。同时义理寿又具有商人的精明，知道如何把钱花在刀刃上。他不和中、日书商争购宋版书，而是把主要精力放在了明版上，其中标点本佛经（1399 年刻本）、朱载堉《乐律全书》（1599 年刻本）、钱谦益《初学集》（1643 年刻本）最能显示义理寿的眼光。在清版书中，义理寿相当看好武英殿聚珍版丛书，这套丛书共 138 种，原版刊刻时间前后相距 30 年，每种印量大约不超过 300 册，所以要凑成一套绝非易事，近代藏书家缪荃孙经过一生寻觅才实现了这一宏愿。义理寿在果断地买下艺风老人这一套后，又四方寻求，凑足了另外 3 套（包括替哈佛燕京学社代购的 1 套），在当时全世界仅有的 5 套中独占 4 套（另有 1 套藏于故宫），完成了一项几乎无法完成的工作。除了眼光、经验、生意经之外，义理寿也不缺少运气。1926 年左右，义理寿听说北京西山八大处之一的大悲寺有一套大藏经出售，在初步判断有价值后，义理寿买下了这套 5348 册的佛经。他当时万万没有想到，这套他称之为"大悲寺经"的古籍就是中国佛教史上十分著名的《碛砂藏》。《碛砂藏》原刻本于南宋后期至元代中叶陆续完成，大悲寺藏的这套虽然是抄配、补配的《碛砂藏》，但其中宋元刻本也达到了 2000 册之多。另外，据胡适后来的检视，其中不少配补的明刻本也很有价值，特别是《南藏》本和建文元年天龙山刻本都是难得一见的珍稀文献。义理寿的这桩买卖，再次验证了一句老话——踏破铁鞋无觅处，得来全不费工夫。

义理寿在四处打探和购买的同时，为这批书籍编写了一份详细的目录，1941 年以《葛思德东方藏书库书目》（*Title Index to the Catalogue of the Gest Oriental Library*）为题在北京刊印，大大便利了后人的查阅和研究。

胡适上任后，根据义理寿的目录对藏书进行了全面的清理。在葛思德 10 万册藏书中，胡适认为有版本价值的约 4 万册，具体说来可以分成 10 组：（1）宋版书 700 册，（2）元版书 1700 册，（3）明版书 24,500 册，（4）稿本 3000 册（其中抄写于 1602 年以前的 2150 册）；（5）雍正六年（1728）铜活字排印本《古今图书集成》5020 册，（6）武英殿聚珍版丛书 1412 册，（7）武英殿本二十四史 754 册，（8）翻刻宋元明本 2000 册，（9）蒙文《甘珠尔》109 册，（10）中医中药书 2000 册。为了让这些珍贵的文献为更多人所了解，1952 年胡适特别策划了一次书展，展期持续两个月（2 月 20 日—4 月 20 日），此书展受到了美国各界广泛的好评，成为他两年任期的最大亮点。

胡适出任馆长是在 1950 年，但他和葛思德图书馆的渊源却可以追溯到 1943 年。1942 年胡适卸任驻美大使后，移居纽约从事学术研究。从 1943 起，他开始投入精力考证《水经注》。北魏郦道元的《水经注》是一部古代地理学经典著作，由于屡经传抄翻刻，错简讹夺十分严重，因此历代研究者甚多。到了清代，著名学者赵一清、戴震等对以前各种版本作了精心的校勘和研究。但是晚清以来，以魏源、王国维等为代表的一批学者对戴震的《水经注》研究产生了怀疑，认为他有抄袭赵一清的重大嫌疑，由此形成一桩著名的公案。胡适出于学术兴趣和个人情感（戴震为胡适安徽同乡），决心重审此案。由于赵一清《水经注释》稿本完成时间（1754）和刊刻时间（1786）相差 30 多年，胡适认为有必要首先将这两个本子进行对勘，刊本很快就找到了，但稿本却一筹莫展。1944 年一个偶然的机会胡适得知葛思德图书馆藏有赵著稿本的一个完整的抄本，真是喜出望外。在考证此案时，胡适发现，戴震整理的《水经注》有两个刊本，一个是由乾隆皇帝题诗的武英殿聚珍本（1775），一个是没有皇帝题诗的自刻本

（1776）。为什么几乎在殿本出版的同时要推出自己的刻本呢？胡适认为乾隆的题诗值得研究，但要确定这首诗确切的写作时间，就必须查询按照年代编排的乾隆《御制诗文全集》。但在美国，无论是哈佛、哥伦比亚，还是国会图书馆都没有收藏这位皇帝诗人的作品，无奈之下胡适再次求助于葛思德图书馆，结果发现那里不仅有，而且还有两套。

对于收藏家来说，版本当然是最要紧的，而对于研究者来说，内容无疑更为重要。葛思德图书馆作为一个"收藏家的图书馆"（collector's library）显然当之无愧，而作为一个研究型图书馆（research library）它也完全合格。

从 1943 年到 1946 年 6 月回国，胡适在三年多的时间里多次和葛思德图书馆打交道，每次都有意外的收获，留下了非常愉快的印象。这或许是他日后愿意出任馆长的一大动因。有些学者认为胡适任馆长的两年是他一生最黯淡、最委屈的时期。此说固然有它的根据，但我倒并不这么看，对于一个嗜书如命的读书人，一个善于利用孤本秘籍做学问的学者，坐拥 10 万册书城应该是令人愉快的。胡适这个时期写的两篇英文文章中，也完全没有丝毫的怨气和消沉。

最早去美国的中国人

○ 顾　钧

19世纪40年代，随着加利福尼亚等地金矿的发现，中国劳工开始移民美国，加入了西海岸淘金者的行列。到1851年底，这样的淘金客人数已多达25,000人左右。在这股来势汹涌的移民潮之前，有没有中国人踏上美利坚的土地呢？也还是有的，从各种零星资料中可以得知，前此有若干零星的先行者，他们的活动区域主要在美国的东海岸。

中美之间的直接交往开始于1784年，这一年一艘名为"中国女皇号"（Empress of China）的商船于2月22日离开纽约，同年8月28日到达广州，次年5月12日返回纽约，共投资12万美元，获利3万美元，利润高达25%。跟中国人做生意可以赚大钱，这一消息让商人们极为兴奋，纷纷行动起来，致力于对华贸易这一大为有利可图的事业。最早去美国的中国人正是跟着这样的商船漂洋过海来到新大陆的。

第一艘将中国人带到美国的商船是"智慧女神号"（Pallas），当时它主要在印度和中国之间进行贸易，但是当"中国女皇号"的消息传来之后，船长奥多奈尔（John O'Donnell）立刻决定将在中国购买的茶叶、生丝等商品直接运往美国。为了完成这次环绕地球半圈的长途航行，他招募了一些印度水手和三名中国人。"智慧女神号"绕过好望角，穿越大西洋，于 1795 年 8 月 9 日到达巴尔的摩。上岸之后，奥多奈尔重利轻义的本性立刻暴露出来，他不但没有支付给手下人承诺的报酬，甚至连回国的路费也想赖掉。面对这批陷入困境的水手，一位名叫霍灵斯华斯（Levi Hollingsworth）的正义之士伸出了援助之手，他把这批可怜的水手接到自己家里安顿下来，几个月后又把他们带到了费城，向当时的最高立法机构——大陆议会（由东部 13 个州的代表组成）提出申请，要求在这批水手被遣送回国之前，一切费用由议会承担。议会相关部门经过审议后，决定由费城所在的宾夕法尼亚州承担这笔费用。当时负责宾州行政工作的是著名的政治家和学者富兰克林（Benjamin Franklin），他一直对中国和中国人很感兴趣，欣然接受了议会的决定。这三名中国人和其他印度水手在费城生活了十个月后，又被带回了巴尔的摩，这时奥多奈尔船长已经回心转意，准备把他们送回中国。然而就在此时，这一批水手突然失踪了，他们后来是回到了故土，还是继续留在了美国，命运又如何，没有任何文献记录，成为一大疑案。

就现有的文献来看，最早见过中国人的，无疑就是美国巴尔的摩和费城两市的居民。

下一批踏足美国的中国人是跟随范罢览（Andrew E. van Braam）而来。范氏出生于荷兰，1758 年被荷兰东印度公司派往中国，在澳门和广州先后工作了 15 年。他很早就表现出对美国的兴趣，1783 年英美签订《巴黎和约》宣告美国正式独立后，他移居到美国并于次年成为美国公民。此后他又重新效力于荷兰东印度公司，在广州出任代理人。1794 年他作为荷兰德胜（Isaac Titsingh）使团的一员前往北京庆祝乾隆登基 60 周年。此后不久他与东印度公司闹翻，辞去在广州的职务准备返回美国。在广州，范罢览收集了大量中式家具、瓷器和绘画作品，为了把这批宝贝安全地运抵美国，他雇用了一批水手，其中

有五名中国人。他们乘坐的"路易丝夫人号"（Lady Louise）于 1796
年 4 月 10 日到达费城。范罢览在卜居费城期间为当地人办了一次中
国艺术品展，这在美国历史上是首次。但是费城人并不因为这次视
觉的盛宴而感激范罢览，反而很眼红他的财富，不断给他制造麻烦。
1798 年 7 月，不堪忍受的范罢览离开美国回到了荷兰，后于 1801 年
11 月在阿姆斯特丹去世。关于范罢览的生平有不少历史资料，但其中
很少涉及他带到美国的那五名中国人，所以他们后来的情况现在已不
得而知了。

　　继前面两批中国水手之后来到美国的是一名中国商人，他在美国
的文献记录中被称为 Punghua Wingchong。他于 1807 年秋天抵达美
国，目的是向几个美国商人收回欠债，这几个商人在广州做生意时曾
向他的父亲借过钱。1808 年夏天当他结束讨债准备返回广州时，美
中之间的航路已经中断。原来此时英美之间关系紧张，战争随时可能
爆发，杰斐逊（Thomas Jefferson）总统下令所有美国船只停运，以
免在航行中被英方捕获，造成不必要的损失。绝大多数船主都服从了
政府的命令，但也有个别商人想发国难财，其中最为蠢蠢欲动的是心
术不正而精明能干的阿斯特（John J. Astor），此人看到禁运已经使中
国货特别是茶叶、丝绸等商品短缺，认为借此正可以大捞一笔。当他
听说 Punghua Wingchong 急于回国的消息，立刻灵机一动想出一条
妙策，怂恿这位中国债主给美国总统写信，要求网开一面，允许他雇
用船只打道回府。总统在权衡之后同意了申请，主要是觉得这样的亲
善之举早晚会被清政府了解，有助于维持和发展两国间的关系。1808
年 8 月 12 日，阿斯特的"海狸号"（Beaver）在众目睽睽之下堂而皇
之地开出了纽约港，向广州进发。Punghua Wingchong 最终安全地回
到了老家，几年后一位美国商人提尔登（Bryant Tilden）还在广州见
到过他，并在日记中写下了他们之间的交谈。从提尔登的日记中我们

又可以得知，他本人在 1813 年曾经带一位名叫 Washey 的广州人到了美国，Washey 在美国呆了两年后又回到了广州。

此后来美国的五名中国人有一个共同的经历，他们都曾在位于康涅狄格州康瓦尔（Cornwall）的传教士学校学习过。这所学校由美国海外传教部总会于 1817 年建立，目的是培训外国的年轻人成为牧师，学成后回国传播福音。第一个注册的中国学生名叫 Wong Arche，他是由一位美国商人从广州带来的，但他对于学校的各项严格的规章制度显然很不适应，1818 年入学不久，就因为屡次触犯纪律被勒令退学。在他之后来的是出生在马来半岛的中国人 Botang，他小时候被人贩子卖给了一个广州商人；是美国驻广州的第二位领事斯诺（Samuel Snow，1794—1804 年在任）将他带到了美国，但他同样不适应传教士学校的规矩，很快也就退学了。此后就读于这所教会学校的是兄弟俩——Ah Lan 和 Ah Lum，他们的父亲——很可能是一位广州商人——希望儿子在这里能够学到一些有用的东西，但这一对难兄难弟对学业很不上心，经常打打闹闹，在这个学校 1825 年关闭前勉强完成了两年的学业。该校最后一名也是最好的一名中国学生是林阿适（Liaon Ashee），他于 1820 年左右流落到波士顿，举目无亲，靠做手工糊口，后来在当地著名牧师詹克斯（William Jenks）的帮助下来到了康瓦尔，他在传教士学校攻读了三年（1822—1825）后，于 1825 年底返回广州。林阿适后来为人所知，主要是因为 1839 年他被林则徐聘为英文翻译，英美早期的来华传教士如马礼逊（Robert Morrison）、雅裨理（David Abeel）都曾经在著作和书信中提到他的这一工作。为人们所忽略的是，林阿适很可能是近代中国最早的新教教徒之一，虽然没有确切的记录，但考虑到他在教会学校长期学习，以及良好的表现，他在学校期间加入新教的可能性是很大的。林阿适是一个值得记住的名字。

以上的这些中国人都是男士，19世纪早期是否有中国女士来到美国呢？有的，但可悲的是，她们都是作为展览品被运到美国去的。她们的容貌、身材、特别是小脚成为美国观众猎奇的对象，"进口"她们的是美国的一些马戏团和展览团体。她们大抵没有留下姓名，唯一一个有名有姓的是 Pwan Yee Koo，关于她的广告词是这样写的："一位真正的中国美人，两英寸半的小脚，17岁的妙龄，第一位来到蛮夷之邦的大家闺秀。"也许因为是大家闺秀，所以留下了姓名吧，至于她如何会流落到蛮夷之邦，则已经完全不得而知了。

"文明的冲突"与中国文化"走出去"的挑战

○ 周鑫宇

再过几天就是西方的圣诞节。三年前的圣诞夜，美国著名的政治学家萨缪尔·亨廷顿在家中溘然长逝。亨廷顿最为中国人所熟知的是饱受争议的"文明冲突论"。看着眼下无数正在热情筹备圣诞狂欢的中国年轻人，我们很难相信文明之间会有什么难以逾越的鸿沟存在。的确，中华文明习惯于包容和融合外来文明，但是，我们必须认识到，世界上其他的地方未必都是如此。在中国上下都在热烈讨论重塑中华文明的核心价值观和让中国文化"走出去"的今天，重新审视西方学者"文明冲突"的逻辑，也许可以给我们的文化推广政策带来另一面的启示。

新兴国家崛起是"文明冲突论"的逻辑基础

中国学者对亨廷顿的"文明冲突论"，最难以接受的一点是亨廷顿描述了儒家文明和西方基督教文明的冲突前景。然而，亨廷顿最得意的论点，并不在于他把世界分成七大或者八大文明，甚至不在于这些文明是否冲突——他的核心重点，恰在"文明"二字。亨廷顿说，文明是理解未来世界政治的线索，冷战后的世界版图将按照文明来划分。

任何一个严肃的学者，都不得不承认亨廷顿的勇气。在国际政治学界，拿文明来说事是需要勇气的。什么是文明就难以界定；文明起到什么作用，更是说不清楚。一代代伟大的政治学家都求助于更简单的变量，比如利益、权力、制度。国家间冲突的原因是为了争夺利益；大国欺负小国，是因为力量对比的失衡；国家之间出现合作与共处关系，是因为国际制度带来的沟通作用和可预见性。这些逻辑简单而不易受到攻击。而相反，国家的文明或文化属性也许重要，但是太复杂、太模糊、太敏感，甚至涉及到尴尬的"政治正确性"。因此，即便是最愿意谈论文化因素的建构主义学者，也只是涉及到国家之间的"交往文化"，即国家间是彼此认同的、合作的，还是彼此怀疑的、提防的。唯有亨廷顿以他特有的学术风格，毫不掩饰地指出：国家的文明属性本身，将成为影响国际关系的核心变量。

显然，无论是亨廷顿还是任何其他人，阐述这样一个以文明为核心的理论，都难免充满概念的模糊、逻辑的矛盾和致命的漏洞，从而饱受攻击。亨廷顿对此有清醒的认识。但促使他偏向虎山行的原因，是一个他没有明确说出、却在论述中反复暗示的超级变量的出现、一个数百年来前所未有的大变局的到来，那就是新兴国家的崛起。

亨廷顿预测，非西方文明国家实现富强和现代化，将使这些国家重新认识自己文化的价值，建立起新的文明认同。这话是什么意思呢？让我们把这背后欲言又止的内涵作一个充分的阐释：数百年来的国际关系，不是一个真正意义上的"世界政治"。国际关系的主角都是西方国家，而西方国家在文化上大体同质，没有根本文化冲突的存在。在相互博弈的过程中，西方国家很大程度上共享着基本的文明要素，认可类似的生活方式和基本价值观。即便是最激烈的冷战意识形态斗争，在文化上也不过是德国的马克思对英国的洛克和斯密罢了。所以西方唱独角戏的国际关系没有文明冲突，只有利益冲突。这样的国际关系才能够用权力、利益、制度这样的因素来充分解释。

可是，当中国、印度、伊斯兰世界等崛起于世界舞台，进入聚光灯的中央时，世界政治的大戏将会发生多么剧烈的变化呢？伊斯兰世界可能从根本上就不认可妇女可以开汽车，他们会把在西方看来天经地义的价值观视作一种文化上的侮辱，并作出激烈的反抗；在欧洲投资的中国商人天生就觉得自己应该工作 14 个小时，然后把所有的利润储蓄下来寄给家人，这让欧洲人觉得难以接受，并焚烧了中国的商店和工厂。这么激烈的行为，不只是由简单的利益冲突或者经济竞争导致的。

而更重要的还不是这些单个的文化差异，而是以所有的文化差异为基础建立起来的政治制度、社会生活方式和经济发展道路。一个建立在集体主义基础上的政治制度和一个建立在个人自由主义之上的政治制度，能够相互尊重吗？一个基督教社会、一个伊斯兰社会和一个无宗教的社会能够相互理解吗？在实现现代化的道路上，中国模式、西方模式、印度模式和伊斯兰模式，能够相互不视为异端吗？

因此，从根本上来说，亨廷顿吹响的实际上是西方霸权的丧钟。当一个单极的文明霸权结构解体，当世界进入多个强势文明并存的时代，世界的规则和秩序会出现怎样的改变？

中国文化"走出去"要化解文明冲突

对于一个多极文明的世界，中国人的看法往往不像亨廷顿那样悲观。中国人在历史上不断地吸收外来文明，并维持国家的整合和大一统。一百多年来，对于西方文明，中国人也在虚心地学习和耐心地融合。中国人天然觉得文明是可以沟通和融合的，世界最终能够形成一个和谐的文明整体。

　　然而，当中国人想要重建自己的文化体系并向外沟通的时候，一定要注意别的文明未必有和我们一样的历史经历和价值观念。亨廷顿被视为美国的保守主义学者。可是在美国，保守主义是社会的主流。亨廷顿所描述的文明冲突概念，是基于西方深刻的历史回忆和价值观基础的。中国在历史上可能从来没有因为文明差异而分裂过，而西方历史却亲历过血腥的三十年宗教战争，这场战争让中西欧的人口在一代人的时间里减少了四分之三。在前后几百年的时间内，十字军东征、宗教裁判所和宗教战争是欧洲政治残酷的主题。文明的冲突，对西方来说不只是未来的诅咒，更是历史的梦魇。

　　当然，今天西方各国都极力崇尚"多元主义"。但是这种"多元主义"却是重"分"不重"合"的。美国是最讲究多元文化、民族共处的，可是美国的种族隔膜问题却长期深刻存在。在欧洲，移民问题也日趋走向极端。这都跟西方在处理文明问题上的历史传统有关。历史上欧洲本来是一个文明整体，自从罗马帝国灭亡以后，直到今天仍然四分五裂。欧洲建立所谓的"民族国家体系"，完全基于西方"尚分不尚合"的传统，跟中国人追求统一和融合的文明观念截然不同。这种西方观念在今天甚至影响到了世界其他国家的分裂主义情绪。在西方观念的影响下，许多历史上统一的国家都被以"民族自治"的旗号分裂开来，新的国家不断出现，其过程也造成了许多动荡和流血。

　　因此，我们必须清楚地看到，西方文化中有一种非常强烈的"你我"之见，一种"非我族类"的价值传统。从历史纪录来看，西方文明既不擅长与其他文明融合，也不擅长和其他文明和平相处。直到今天，西方也还在想如何把别人改造得跟自己一样，而不是接受一个平等的、多元文明的世界。　　如果我们相信"文明冲突论"不是个别西方学者的呓语，而是西方深刻文明观的折射，那么我们就要相信：西方文明还没有作好接纳一个多元文化世界的心理准备。

因此，中国在制定文化"走出去"战略的时候，应该审慎地考虑文明冲突的可能性，并规避由此带来的政治风险。很长时间以来，谈到中国文化的对外交流，有一种趋势是展现中华文化的独特之处，让西方人认识到中国与众不同的文明特征。这在中国文化处于相对弱势的时候也许有助于吸引国际上对中华文化的关注。但是在今天，中国以一种强势的态势推广中国特色文化，可能会加大西方人对中国"非我族类"的观感，反而不利于相互理解和认同。

总之，中国国内文化要实现大繁荣、大发展，需要深入挖掘传统文化、结合现代文化、提炼先进文化；但在文化"走出去"的时候，则似乎更应当多展现和强调中国文化的国际性、普适性和大众性的一面，让中国的文化政策更好地为中国的总体外交服务。

再谈对外文化沟通中的"求同存异"

○ 周鑫宇

关于不同文化的沟通交流，费孝通先生有句名言："各美其美，美人之美，美美与共，天下大同"。这实在是至理名言。

可这是最理想的状态，现实没有这么完美。外国人看中国人，最大的问题往往出在"重异轻同"，这是他们的文化习惯。

那么我们和外国人进行交流，就有一条基本的准则："求同存异"，这是我们的文化优势。

这里所谓的求同存异，应当更加明确一点，就是要特别强调同，有意淡化异。在和外国人交往的时候，多谈相同的文化和相近的价值，把差异的文化和错位的价值存在袖子里，最好别让西方人看见了——他们特别爱看这个。很多西方人在我们这里看到了异，就不愿意看同了。

当然这是专指和西方人，尤其是和普通民众交流时的原则。我们自己独特的文化价值和文化元素，当然还要放在国内好好保存，自我革新，发扬光大。与西方的知识精英交流，也可以更多探讨差异，争鸣学术。

因此，我妄自把费孝通先生的名言略加了几个字，作为对外文化交流的口诀："国内各美其美，对外美人之美，争取美美与共，但愿天下大同"。

这是一个大原则。按照这个大原则的要求，我们很多对外文化交往并不合格，甚至是反其道而行之。因此大原则下面有必要衍生出一些具体的建议来。

一是要多谈现代文化。我们进行对外文化交流，往往"走出去"的传统文化比较多，现代文化比较少。但是，根据"求同存异"的原则，现代文化可能比传统文化更能"美美与共"。

为什么呢？这可以通过分析中西方文化的构成来发现答案。

不管是中国还是西方，今天的文化都是在悠久的历史中不断传承和变迁形成的。按照英国哲学家罗素的分析，西欧和美国的文化主要有下面几大来源：一是希腊罗马文化，今天西方的哲学、科学、艺术，包括民主、共和、法治的传统，都是从这里出来的，用罗素的话说就是西方社会中"优雅的那一部分"。

第二个是犹太宗教与伦理学。这里指的主要是基督教，以及基督教带来的西方普遍道德的基础，包括原罪观念、道德热情、宗教偏执，等等。罗素还认为西方的民族主义也有一部分来源于此。

第三个是近代工业主义。罗素主要指的是科学精神和自我控制命运的"权力感"，也类似于马克思·韦伯说的"资本主义精神"。但实际上这一点引申开来，还应该包括工业化、城市化所带来的全部现代生活方式和思维方式。[1]

很多学者还提到西方文化的第四个来源，就是日耳曼蛮族传统和中世纪骑士精神。今天西方的一些绅士礼仪、尚武品格和个人英雄主义，包括自由主义的一部分，都和这个文化传统有关。

上面四个西方的主要文化基因，哪一个和我们最有"同感"呢？恐怕只有现代工业社会的生活方式。

---

[1] 参见 B. Russell. The Problem of China. George Allen & Unwin LTD, London, 1960, pp. 185-198.

如果用同样的方法来解析中国的文化传承，我们也可以大致找出几个主要的中国文化基因：以儒家为主、儒释道结合的传统文化基因，革命主义和马克思主义的政治观和哲学观，最后是工业化和城市化的生活、思维方式以及大众通俗文化。西方最能跟我们找到共鸣的，恐怕也是最后一点。

所以，我们和西方交流，要多谈现代文化，向西方传播的文学、电影作品，要多反映中国的现代生活。我们普通人和外国人聊天，也可以多聊聊共同喜欢的运动、乐队、服装品牌或者艺术家。我们中国大多数城市居民的日常生活，实际上跟西方人有很多相似之处。跟外国人从你喜欢看的电视节目或者平时上的社交网站聊起，你们会不经意间发现很多共同点，能够迅速拉近彼此之间的距离。

坦率地说，现代文化大多数是比较通俗的，但通俗的大众文化在对外交往中却能引发更普遍的共鸣。中国前驻英国大使傅莹女士，就曾经在英国的《太阳报》上发表文章，把英国的音乐选秀节目"英国偶像"和中国的选秀节目"超级女声"作对比，说明中国年轻人和英国年轻人有着共同的文化情感，获得了英国读者的好评。这也成为了公共外交的经典案例之一。

当然，如果我们同来自日、韩等受儒家文化影响比较深的国家的人交流，就可以谈谈传统儒释道文化；和东南亚佛教国家交流，也可以谈谈佛教思想对中国人的影响；和非洲的部分国家的人还可以谈社会主义和毛泽东思想。总之，对外"美人之美"、"求同存异"是文化交流的核心原则。

第二，传统文化对外传播要注意新的"包装"，特别是要挖掘传统文化形式背后的普遍价值。

我们是历史悠久的文明古国，传统文化博大精深，有很多外国人喜欢的文化形式，烹饪、功夫、中医在国外都有很多"粉丝"。我们的孔子学院在世界各国已经遍地开花，许多国家都掀起了"汉语热"。国家也花了很多精力，将中国的传统文化和艺术推广出去，展现给世界。

但是，传统文化形式在国外加速传播的同时，我们发现中国的文化形象并没有相应提升。一般外国人到中国来旅游，都乐于看一些有中国特色的东西，这是游客的共同心理。可是，外国人看到一些非常独特的艺术形式，除了满足猎奇心理以外，还会对中国文化产生什么样的想法呢？反过来想想，我们看了一场日本的歌舞伎表演，或者参观了一场东正教堂举行的弥撒，会自然地对这个国家的文化产生好感吗？一般不会。我们往往留下的只是"他们很特别"的模糊印象。"很特别"在一定条件下会变成"很奇怪"，甚至变成"异类"、"难以理解"、"变态"。

所以，对于大多数普通观众来讲，文化形式本身并不会说话。我们需要推广的不是中国文化形式本身，而是中国文化形式背后的价值观。否则，有的外国人一边喜欢吃中国菜，一边又指责中国人吃猫肉、狗肉，残忍变态；有的外国人迷恋中国功夫，结果却把中国想成一个稀奇古怪的功夫世界，觉得中国人都还穿着马褂，走在大街上随时都可能拉开马步比划开来——你看看西方拍的广告和电影里面中国人是什么形象，就知道这一点并不夸张；甚至有的外国人学了汉语，还用汉语说中国不好。西方政坛会讲汉语的"中国通"，好多都是反华人士。汉语本身并不能让他们喜欢中国。

实际上，世界文明群星璀璨，各有丰富多彩、大相径庭的文化形式，可是所有文明背后最根本的价值观是一致的。儒家讲的仁义忍让和基督教讲的柔和谦卑是相似的，欧洲的骑士精神和中国武术讲的"武德"也是相通的。我们给外国人传播中国的古典文化形式，一定要挖掘到其背后的人类普世价值，才能达到"美美与共"的效果。否则，从公共外交的角度上看，不如不要拿出来，各自"存异"更好。

第三，文化交流要注重个人沟通，善讲故事，激发人所共有的人性、德行和情感共鸣。

平时我们一说到文化交流，好像都是政府部门、专业机构和艺术团体的事。但实际上，要改变外国人对中国人的文化偏见，最强大的力量在于每一个普通的中国人，是每一个人的文化特性构成了中国的文化特性。也只有个人与个人之间的交流，才能形成真正深入的文化理解和情感沟通。

可是我们普通中国人和外国人沟通，往往不知道怎么开口；有时候一开口，就想讲大格局、大道理，讲你们美国怎样，我们中国怎样。其实，讲道理不如讲故事，说"你们""我们"不如说"你和我"，就从自己的经历、思想和情感讲起，多和对方寻找共鸣。

有许多朋友会问，我一个中国人和外国人能有什么共同点呢？实际上，人与人最大的共性就在人性相通，在人的情感、道德和理想。谈到这些深层次的东西，往往能引发共鸣，并且得到真正的理解和尊重。

前面谈到的前驻英国大使傅莹，公共外交做得好，也是跟外国人讲"小故事"的高手。她在外国报纸上发表文章，讲西藏问题，会从女儿写给她的信讲起；讲中国60年的进步和发展，会回忆小时候她的母亲用一块手帕包裹着粮票交给她保存的故事，并由此引出了中国曾经经历过的物质匮乏的年代。这些个人的经历，真诚袒露的情感，能够让外国读者产生共鸣。

2012年初，时任国家副主席习近平访问美国时，专门到27年前曾经访问过的东部乡村小镇与接待过他的美国家庭叙旧。习近平面对17位重聚在一起的美国朋友，感慨地说："你们给我留下如此深刻的印象，你们都不会体会到，因为你们是我见到的第一批美国人，我对美国的第一印象来自你们，对我来说，你们就是美国。"

这种真情实感的透露，感动了美国人。美国主妇艾琳诺后来回忆当时会面的情景说："每个人都有机会站起来说几句话，习近平始终带着微笑，他的记忆力很好，居然还记得我是纽约出生的。在我看来，他更像一个多年未见的老朋友，而不是端着架子的政客。我们都很放松，他也是。"艾琳诺的丈夫汤姆·德沃夏克问习近平是否还记得他当年带来的礼物。习近平说是一瓶中国白酒，汤姆感叹那是他喝过的最烈的酒，惹得大家哈哈大笑。"他甚至记得临走前我送他一包爆米花！我自己倒忘了。"①

这些家长里短的细节通过美国媒体的传播，达到了非常好的正面效果。其实，公共外交的最高效果就是情感沟通，人性和情感是全世界所有人的最大共性。在共同的人性和情感方面，每个人都能和外国人找到某种共鸣。我们的国家领导人和驻外大使都做得很好，对普通人来说，更应该用真诚、质朴、轻松的个人经历和思想情感，跟外国人交流。每一个中国人都能交到一个外国朋友，全世界就遍地都是中国的朋友了。

总而言之，中国的文化形象问题太重要了。解决不好文化沟通的问题，中国的崛起就很难让西方接受。而文化沟通又太难了。我们不可能变成西方人那样，但是我们至少要让西方人知道：我们没有那么不一样。这是对外文化沟通一个需要进一步明确和具体落实的总思路。

---

① 参见《习近平访美：外交背后的温情》，载《新民周刊》，2012 年，第 7 期。

书人书事

独向遗篇吊拜伦

○ 沈大力

上初中时，我在天津宁园图书馆读了拜伦的长诗《海盗》，后又看了据之改编的同名电影，深为这位英国诗人的愤世情怀和自然忧郁所感染。1986年2月我泛舟莱蒙湖上，经天鹅岛特地去了那座兴建于13世纪的锡雍古堡，搜集到了《锡雍的囚徒》英法两种版本。拜伦当年跟雪莱一同游此，为被监禁在水牢整整六载的自由斗士波尼瓦尔写下了这一首激昂的抗暴诗篇：

> 锡雍！你的监狱成了一隅圣地，
> 你阴郁的地面变为神坛，
> 因为波尼瓦尔在那里……

尔后，我每次下榻罗马市中心维奈朵的街使节大旅馆，傍晚都必步行至附近的波盖斯公园。那里竖立着一座拜伦全身雕像，刻工细润之至，生动显现了拜伦的俊美容貌和清教的郁悒气质。久久伫立在这尊石像前，我默读基座上的一段铭文，它摘自《恰尔德·哈罗德游记》，表达了拜伦对自由意大利的崇仰和对专制暴政的彻底唾弃。2001年春，我和妻子董纯在巴黎塞纳河畔旧书摊漫步淘书，恰巧碰到安德烈·莫洛亚写的《拜伦传略——一个唐璜的生涯》，两人遂将其中叙述拜伦生平，尤其是诗人与几位女性的情缘部分翻译出版。由此，我们对关于拜伦传说中的矛盾层面进行了一番探究。

乔治·戈登·拜伦堪称旷世"诗魔"。对他本性中的善恶矛盾，众说纷纭，至今仍是一个待解的斯芬克斯之谜。"诗魔"原为贬义，即"诗坛魔鬼"，出自英国湖畔派桂冠诗人罗伯特·骚塞的语汇。1821年春，骚塞发表长诗《判断的幻象》，在序言里非难拜伦为"诗坛的恶魔派"（The Satanical School of Poetry）。无疑，这是纯意识形态的诅咒，正像此翁也同样辱骂雪莱，却对曾镇压意大利革命的英国海军名将纳尔逊不乏溢美之词一样。同年10月，拜伦写了和骚文同名的讽刺诗，反驳他眼中的这个"诗商"。

1907年，鲁迅借骚塞的咒语，采纳梵文中"摩罗"（或"魔罗"）一词，反其义而用之，作《摩罗诗力说》，曰："摩罗之言，假自天竺，此云天魔，欧人谓之撒但，人本以目裴伦（G.Byron）。"鲁迅视拜伦为"摩罗诗派"的"宗主"，在其文论里详述他"立意反抗"、"为世所不甚愉悦"的短暂生平，评介了《恰尔德·哈罗德游记》、《曼弗雷德》、《异教徒》、《阿比多斯的新娘》、《海盗》、《莱拉》、《该隐》、《天地》和《唐璜》等拜氏名篇，指出这些作品里的主人公康拉德等"以无量罪恶，系一德义之名"，"实即此诗人变相"。

鲁迅肯定拜伦性格"直率"，写诗"极诚"，其诗力"曼衍于欧土"，同时也指出他"虽负摩罗之号，亦人而已"，故"难以求备"。他引用拜伦对彭斯的品评，"高尚而卑，有神圣者焉，有不净者焉，互和合也"，进而强调"拜伦亦然"。可见，鲁迅赞赏拜伦诗篇的"深趣"，并不像尼采那般崇拜所谓"拜伦式"的英雄。《摩罗诗力说》中论及"裴伦去其妇，世虽不知去之之故，然争难之"，断言这无异于"颂高官而厄寒士"的东方恶习，反映了营营世人的顽愚，造成了拜伦之祸。鲁迅此论似有失偏颇，故需要借鉴法国作家安德烈·莫洛亚所著的《拜伦传略》。

安德烈·莫洛亚（1885—1967）为法国康德派哲学家阿兰的弟子，1938年进入法兰西文学院，著有《心理气候》等小说，以文笔流畅隽永驰名。他的贡献主要在文学传记领域，曾陆续为夏多布里昂、雨果、乔治·桑、巴尔扎克、大仲马、小仲马、拉法耶特夫人、屠格涅夫和普鲁斯特等人作传。他以渊博的知识和生动的笔触革新了传记小说体裁，明智而绝少幻想地勾勒了不少文豪韵客的真实面貌和心路历程，矫正了文坛的各种偏执，破除了艺苑里的偶像崇拜和诸多流传广泛的虚浮神话。

莫洛亚依据翔实的资料，聚焦折射出拜伦人格上几个鲜为人知的侧面，而且叙文中直接引用大量有关当事者的书传和说白，客观遵守了人物传记应有的真实性，为读者的判断提供了可靠基础。他特别追述了一个"魔罗诗人"爱的幻灭过程。泰西群芳谱里，有诗人少年时代的初恋玛丽·恰沃斯和最后表示愿陪他一同去支持希腊民族独立斗争的黛莱莎·基齐奥里，有缠人的卡洛丽娜·朗勃、放浪的奥克斯弗尔夫人、腼腆的金发少妇弗朗切丝，有跟他仅有一夜之欢的克莱尔·克莱赫蒙、威尼斯商人之妻玛丽亚娜，以及有天后朱诺般身段的玛嘉丽塔。一系列的艳遇都充满恋爱与自由的冲突，显示了难免让诗人失望的悬殊。对一些读者来说，面对这样一个拜伦，如眼见地府升魔，不甚理解他为何要自寻魔障。然而，莫洛亚不属于蓄意诽谤拜伦之辈，并非要揭露一个对女性一贯始乱终弃的无行文人，更无意以此分辨善恶。至少，这绝不是一个西方现代文论家的道德标准。他将拜伦比喻为唐璜，但他笔下的唐璜不是《塞维利亚志》里的放荡之徒和欧洲传说中的色魔，既没有莫里哀《唐璜》的虚伪无情，也没有莫扎特《唐·乔万尼》的滑稽可笑，更不像普希金《石客》的荒诞不经，而恰是拜氏自己塑造的《唐璜》，"一个在湿雾气候里长大，离开雨雾就难受的人"。莫洛亚眼光敏锐地看透了拜伦的秉性，说他"不能承受幸福的阳光"，"在一座长满黑压压柏树丛的花园里囿于伤感，似乎永远停留在少年时代的心态，梦想着光荣的奇遇和自由骑士的业绩，在向约翰牛展示尘世某一种境遇"。

所谓"某一种境遇"，乃是从现实人类境遇中摆脱出来的另一个宙宇。用莫洛亚的话说，就是："他需要找个无人之处躲避，但又要一个充满精神的地方去创造，过一种有创造性的、更充实的生活。"确实，拜伦义无反顾地离开了向他喷吐仇恨泡沫的祖国英吉利，流亡到意大利水都威尼斯，在那儿写出了《恰尔德·哈罗德游记》的终篇，又开始创作讽刺史诗《唐璜》，通过主人公漫游欧罗巴的历程来揭露当时欧洲旧大陆的封建专制和金钱统治。其时，拜伦游历希腊、西班牙和土耳其等国一系列城市，两部长诗都是作者见闻的实录，只不过是用浪漫的笔触再现出来。

《唐璜》仅16章，是一部未完成的长诗。1821年2月16日，拜伦致函友人约翰·莫莱，透露他的初衷是要让唐璜在欧洲旅行一番后去参加法国大革命，正像诗人自己最终作为"世界公民"，在拉文纳加入意大利烧炭党人的队伍，为意大利和希腊人民的自由献身。莫洛亚归结拜伦笔下的唐璜生涯说："诗人和斗士战胜了纨绔公子、上流社会人物和情种。"不过，这位清醒的传记作家之后又疑惑地问道："若拜伦再受到'绫罗绸缎和琳琅宝石海洋'波浪的冲击，他能经住诱惑吗？谁知道呢？"

在这之先，莫洛亚曾有过一种回答："拜伦想成为什么样的人呢？当哈姆莱特，还是堂·吉诃德？做个勇于行动、甘愿承受失败者，还是热爱正义、想入非非、一事无成的梦幻家？他自己心中难道很清楚吗？"

显然，拜伦当不了堂·吉诃德那样胸襟宏大的理想主义骑士。若说他像哈姆莱特，那他可远比丹麦王子造成了更多奥菲丽娅的不幸，首当其冲者，自然是简称安娜贝拉、始终忠实于他的妻子安娜·伊萨贝拉·密尔邦克。安娜贝拉姑娘在一场舞会上初遇拜伦时，她已婚的表姐卡洛丽娜·朗勃正狂恋着这位异常秀气的年轻诗人，一周之内就成了他的情妇。拜伦与卡洛丽娜的私情闹得伦敦满城风雨。为摆脱困境，这个自认的"堕落天使"转而向自己最初觉得"过于完美"的安娜贝拉小姐求婚，不意遭到了拒绝。继而，他向姐姐奥古丝塔的女友、长着一对杏眼的夏洛蒂提亲，亦被对方父母回绝。恼火之余，他于1814年9月9日第二次向安娜贝拉求婚，终于娶到了一位无比端庄贤惠的妻子。夫妇俩生有一女，取名艾达。

安娜贝拉从事数学研究工作，被拜伦谑称为"平行四边形公主"。一位数学家与一个深受蒲柏影响的浪漫诗人结合，本身就潜伏着不祥之兆，加上拜伦把在英国社会压抑下对人世的厌恶都发泄在妻子身上，对女方频作粗鲁暴戾之态，到了令人难以忍受的程度，连他自己都承认"脾气暴躁"、"行为不端"，导致安娜贝拉在结婚不到一年半后就通过法律诉讼，正式提出并确立双方分居，直至拜伦客死异邦。

拜伦曾对安娜贝拉说："您会发现自己嫁给了一个恶魔。"他婚后跟妻子勉强周旋，度过了"苦厄的蜜月"，从伤性到伤伦。但是，更伤新娘心的，是他竟和同父异母的姐姐奥古丝塔乱伦，触犯了人类最古老的戒律。世人有理由斥责他伤害风化，是不折不扣的"败伦"，故莫洛亚在他的《拜伦传略》里用了相当篇幅贯穿此事的缘起和波澜，其中也流露出对罪孽双方的一定体谅。

在同拜伦有染的诸多女性中，奥古丝塔几乎是唯一不曾惹诗人厌烦的少妇。她身上有着经久不衰的新鲜魅力，被拜伦呼为"奥古丝塔之谜"，而她则称弟弟为"拜伦宝贝"。二人同父异母，拜伦16岁上方得见这位漂亮的姐姐。其时，奥古丝塔已跟其表兄乔治·莱赫上校订了婚。可是，莱赫上校结婚后整日泡跑马场，还在外寻花问柳，无暇顾及夫妇的感情生活，造成了家庭的不幸。

莫洛亚这样解释奥古丝塔委身拜伦的心态："她最突出的感情是心善。她的善心几乎不受任何道德和社会规范约束。只要她心爱的人高兴，即使去犯最严重的罪行，她也不会认为是件坏事。为此，她十分纯洁的灵魂能做出最癫狂的举动。再说，事过之后，她一下子就会忘记了。"至于拜伦，莫洛亚分析他的心理说："在这一事件中，拜伦肯定心知有罪。他将自己想象得比实际还恶劣，从中体味有罪的乐趣。人们几乎可以说，正是他，是他个人将乱伦称为自己对陌生异母姐姐产生的自然爱情，从而把过失变成了罪孽。"这一点，从他的自传作品《帕瑞希纳》里可以明显看出来。

尽管奥古丝塔对安娜贝拉非常友善，但姐弟乱伦，毕竟给拜伦夫人改善家庭关系的愿望蒙上一层阴影，成了日日纠缠这位可怜妻子的梦魇。安娜贝拉时而主动拥抱奥古丝塔，时而想杀死她，过后又将仇恨化为怜恤，想拯救这个造成她痛苦的女子。让她尴尬的是，拜伦姐弟乱伦还生了一个女儿，叫梅朵拉，跟《海盗》主人公康德拉的爱妻同名。据说，拜伦望着小梅朵拉时表情格外美，还露骨地对自己的妻子说："知道吗，她是我女儿。"这种场面，实令虔诚的女基督徒安娜贝拉吃惊，甚至以为丈夫患了精神病，不时陷入绝望，最后下了与之分手的决心。

夫妻离异后，拜伦从多佛尔港出国漂流海上。出发前夕，他写信给安娜贝拉："我将走得很远。无论去何方，您和我今生来世都不会再见面了……万一我出了什么事，求您对奥古丝塔好些。如果她也辞世，烦请照顾她的几个孩子。"有的拜伦传记中说，诗人在垂死时最后想见情妇黛莱莎，即基齐奥里伯爵夫人一面。其实，读完莫洛亚的《拜伦传略》，就可以肯定，拜伦一生从心底最爱恋的是姐姐奥古丝塔，有一首情诗为证：

> 我不出声，
> 也不书写，
> 我不低唤你的名字。
> 这爱情里有罪孽，
> 这名字里有苦痛。
> 我脸颊上
> 那滴滚烫的泪水，
> 让我恍见沉埋心底的，
> 思想的深邃……

　　记得，有一种幻象，近看是骷髅，远视是美人。瑞士作家哈缪曾远见一位红裳佳丽，趋近一瞧，不禁大失所望。拜伦追求女性，结果大抵如此。反之亦然，树拜伦为偶像者，难免会在真相面前感到困惑。此一现象表明，形神矛盾是普遍而恒久的。只有舍形存神，才能葆有事实的真谛。莫洛亚在其书里善恶悉载，实而不俗，情高意雅，难能可贵。

　　综观拜伦短促一生，他的形象绝不局限于恋爱与自由的悖论，而更本质地体现了自由与暴政的斗争。他作品的抗暴本质影响了普希金、密茨凯维支、裴多菲等世界诗坛的自由斗士，对人类的精神解放起到了极大的推动作用。更为可贵的是，他在英国产业革命进程中，于1812年就奋起谴责统治者对参加"卢德运动"的工人群众实行血腥镇压的暴行，冲决了自身阶级意识的局限，并非像有的国际共运领袖片面批判的那样。在文学上，雪莱、司各特、歌德、拉马丁、缪塞等一齐肯定他对欧洲浪漫主义的巨大影响。德拉克洛瓦、柏辽兹、威尔第陆续用绘画或音乐表现他创作的深邃艺术震撼力。他给后世留下的《科林斯之围》(1816)、《但丁预言》(1819)、《东方叙事诗》以及受歌德启迪的戏剧作品,皆为缪斯的晶莹珠玑,至今在世界文坛闪耀明澈的辉光。

1824 年 4 月,拜伦患疟疾在米索隆基逝世,正当他跟希腊独立战士一同反抗土耳其统治之时。希腊临时政府下令举国致哀,鸣炮 37 响,声震山河。今天,凡到瑞士滨湖名城蒙特勒一游的旅人,去附近参观锡雍古堡,可在那座"人间水牢"一角的石块上看见拜伦自己刻下的姓名。这块碑石被镶边保留至今,表达后世对拜伦的景慕。

在我国,苏曼殊早于 1909 年春就将拜伦的《去国行》、《大海》、《哀希腊》等名篇译成中文,最初编进 1911 年刊印的《潮音》。据传,苏曼殊生时曾在日本东京附近一座湖上划船,一边苦吟拜伦的《哀希腊》,一边为逝者哭泣。他赞扬拜伦"虽与日月争辉可也",特赋绝句一首:

秋风海上已黄昏,
独向遗篇吊拜伦。
词客飘蓬君与我,
可能异域为招魂。

此诗由我翻译成法文,录入巴黎伽利玛尔出版社 1989 年发行的《天涯红泪记》,以示拜伦精神在中国有过深远影响。

"去远行，去远行，在意义的天际"

○ 薛庆国

在当代阿拉伯诗人中，阿多尼斯是以一位卓越的思想家诗人而独步诗坛的。如果说，豪放不羁的诗人阿多尼斯让逻辑"倚着一根断杖入睡"，任由诗歌的精灵欢舞不眠，那么，作为思想家的阿多尼斯，却在笔下唤醒了逻辑和理性。在丰富的诗歌创作之外，阿多尼斯著有大量关于文化思想与诗歌理论的著作，并常年为报刊撰写文化、政治评论与随笔。迄今，他已出版了二十余部这类散文著作，展示出富有理性、精深广博的大思想家本色。

日前，外研社推出了阿多尼斯第一部中文版文选《在意义天际的写作》，中国读者得以从中领略作为杰出思想家的阿多尼斯，领略其散文作品荷载的深邃思想和浓郁诗意。这部文选共收入三十余篇文章，分为三辑：第一辑包括作者深入反思阿拉伯文化、社会与政治的杂文；第二辑纳入作者谈诗论艺的若干篇什，还包括作者几部重要理论著作的前言或绪论；第三辑收入作者的追忆杂感、短章随想以及在多地游历后撰写的诗体散文。

阅读第一辑的 13 篇杂文，读者可以发现，阿多尼斯对阿拉伯社会、文化与政治的批判，是异常尖锐、猛烈的。在他的笔下，阿拉伯"已沦为一个纯地理的概念"，是"被西方玩得团团转的一只皮球"，甚至"在文明创造的意义上，阿拉伯人已濒临死亡"。阿多尼斯坦言，他和当代大多数阿拉伯知识分子的深刻区别，在于他对阿拉伯文化的根源与问题"发出根本性的质疑"，因为"一种文化，不经过分析、批判去重新审视其根源与问题，终究是僵化和封闭的文化"。思想家阿多尼斯犀利激烈的言词带有强烈的诗人色彩。他的表述未必全面公允，他的立论也不以严谨缜密见长，但他鲜明的立场注定要在阿拉伯思想史上留下清晰的印记。他的作品向人们展示了一个危机四伏的阿拉伯世界，但这也是一个不无希望的世界，因为来自一种文化内部的深刻反思与批判，恰恰说明此种文化具有革新与进步的可能性。因而，尽管阿多尼斯屡屡谈及"阿拉伯人之死"，但他的在场，他的呐喊，却让人看到阿拉伯民族与阿拉伯文化绝地再生的希望。

阿多尼斯作品中的批判意识极为鲜明，因此，在阿拉伯世界许多人的印象中，他是传统文化的全盘否定者。这是一种令人遗憾的误解。其实，阿多尼斯对阿拉伯文化遗产的深厚学养，对发掘、重估阿拉伯文化遗产的重要贡献，在当代阿拉伯文坛与学界都是罕有其匹的；同样不多见的，是他对传统文化之利弊所持的清醒冷峻的认识。他较早就意识到要去除传统的弊端，必须借用传统内部的工具，借以达到超越传统的目的。因此，自20世纪60年代开始，他就致力于完成一项宏大的文化工程：重新审视阿拉伯传统文化和诗歌，在此基础上建立阿拉伯新文化、新诗歌。

除了丰富的诗歌创作以外，阿多尼斯迄今为止的文化与思想生涯中，有几个重要节点值得一提，这在文选的第二辑中也有所呈现。

1957年，他和友人共同创办《诗歌》杂志，此后又独立创办《立场》，两刊成为阿拉伯新诗理论和实践的首要阵地，对于阿拉伯新诗的发展厥功甚伟。60年代，他编辑出版三卷本《阿拉伯诗选》，这是诗人以现代性的独特眼光审视阿拉伯诗歌传统的成果，"业已成为阿拉伯诗歌艺术和美学上的首要参考"。1974年，他在博士论文基础上完成了四卷本皇皇巨著《稳定与变化》，旨在重新解读阿拉伯文学史、文化史。他据研究得出结论：稳定与变化是阿拉伯历史中相随相伴的两个因素。变革与创新的思想代表了阿拉伯文化最为宝贵的成分，但与之相对的稳定、因袭思想，却在阿拉伯历史中一直占据主流并延续至今。阿拉伯民族的出路在于"将阿拉伯人从复古主义中解放出来……然后，在真正的人文意义上将人视为创造者和变革者，而不仅仅是继承者和因袭者"。这部巨著出版后引起震动，被公认为阿拉伯文化与诗歌研究的当代经典。1992 年，阿多尼斯出版论著《苏非主义与超现实主义》，在他看来，苏非主义的重要性在于它重新解读宗教传统，赋予这一传统以新的意义，这使得阿拉伯人能够从伊斯兰教内部找到将宗教从教条主义中解放出来的宝贵精神资源。2011 年，在经过多年努力之后，他又编选了四卷本《阿拉伯古代散文选》，让阿拉伯读者走进这座"在艺术方面几乎不为人知的大陆"，特别是其中丰富而珍贵但一向被文学史所遮蔽的苏非主义散文遗产。由上述可见，与其说阿多尼斯是阿拉伯文化的"逆子"，毋宁说，他是这一伟大文化最有价值部分的"传人"。

为实现阿拉伯社会的变革，阿多尼斯主张根本地、全面地撼动社会制度赖以建立的文化基础。对以文艺尤其是诗歌促进社会的变革，他有着传教士般的信念和执着。在《阿拉伯诗歌导论》、《诗歌时代》、《世纪末的开端》等大量诗论著作中，他提出了一系列诗学观念，认为：诉诸政治手段求变，其效应虽然迅猛却难以持久；而诉诸文艺改变世界，其方式虽然柔和，但潜移默化中影响更为深远。因此，文艺与诗歌体现的不仅是审美的问题，而是一个重大的文化问题，是一个"关乎人、存在、人道与文明的问题"。新诗应该表达对人生、社会的全新认识，其核心是探寻、撄犯：探寻未知和未来，撄犯落后的文化与社会制度。诗歌应激发读者自由、革新与进步的能量，为他们照亮新的天际。诗人应该"以最优美的形式，对人与世界作最深刻的展望"。简而言之，"诗歌，既是政治又是艺术，既是道德又是忤逆，既是破坏又是建设。"

阿多尼斯曾多次表明："自由，是诗人的祖国。"文选第三辑（以及《代前言》）中的多篇作品，都以自由的思想为基点，对祖国与流亡地、东方与西方、自我与他者等主题作了富有哲理、耐人寻味的探索。在阿多尼斯看来，流亡既是一种真实的生活境遇，更是一种精神状态的隐喻。如何走出流亡地？他选择的方式是对自己所属的文化作根本性的质疑，成为这个文化的叛逆者和主动的流亡者，"把自己从这个流亡地流放。不是流放到国外，而是流放在这个流亡地的内部——在我的民族、文化和语言内部。"他要在"祖国与流亡地之外，创造另一个所在"。诗歌，便是他赖以栖身的"既在流亡地和祖国之内，又在流亡地和祖国之外"的所在。在这些作品中，我们还能体会到阿多尼斯面对东西方问题时的困惑。一方面，他对母语文化的落后充满焦虑，对西方现代精神充满渴求；另一方面，他对东方文化蕴含的精神价值（尤其是苏非思想）极为珍视，对现代化、机械化造成的人的异化又满怀警觉。因此，在他的著作中，我们既能读到对颇具"前现代"特征的阿拉伯文化的批判、对西方现代理性价值的倡导，也能读到对具有形而上本质的苏非主义的钟情、对抗拒现代资本主义的象征主义和超现实主义思潮的心仪。对自我与他者的思考，也始终贯穿于阿多尼斯的作品，伴随着他游历世界的足迹。在纽约，他看到了纽约，但更看到了自己的祖国；在伊斯坦布尔，他意识到："土耳其伊斯兰应该成为向阿拉伯伊斯兰提出的首要问题"；在北京，他以轻灵的笔触写下沉重的思考："我该把天安门当作一面镜子，以映照我的问题；我该把问题搭成一个舞台，让意义的太阳在台上展示……"对于阿多尼斯而言，"他者让我回归自己。似乎他者是一扇我透过其中看到自己生活情形的窗户，或是一束揭示我状况的光芒。""个体身份独有的深刻意义乃在于他的行动，正是行动，使他有别于他人、特立于他人。"换言之，与其说身份取决于过去，不如说它取决于未来。

作为杰出的诗人和思想家，阿多尼斯对当代阿拉伯文化的贡献是巨大的。他让阿拉伯当代诗歌走向世界，并让世界领略了阿拉伯文化不为人知的深度与活力；更重要的，是他为当代阿拉伯文化输入了新的价值观念和美学标准，激发了这一文化内部的变革力量。尽管阿多尼斯的远见卓识，尚未引起阿拉伯文化界足够的共鸣，这位注定属于"明日"的思想家诗人，还屡遭停留在"今日"甚至"昨日"床榻上的人们误解与非议，但是，公允的论者应该会作出判断：阿多尼斯，不仅是当代阿拉伯诗坛乃至世界诗坛的一位大师，他还是矗立于阿拉伯当代文化顶峰的极少数巨匠之一。

2009 年，阿多尼斯的第一部中文版诗选《我的孤独是一座花园》出版，并在迄今的三年多时间内七次重印，创造了新世纪诗歌出版的一个小小奇迹。可以预料，《在意义天际的写作：阿多尼斯文选》的出版，也会受到中国读者的关注和欢迎。那么，就让我们在阿多尼斯创造的"意义的天际"中再作一次远行吧。

金斯堡、《嚎叫》与抗议文化

○ 张　剑

一

　　1984 年，艾伦·金斯堡随美国作家代表团访问中国，在北京和上海与中国作家广泛接触并座谈，还在北京外国语学院等地举办诗歌朗诵会，到苏州和西安参观，整个行程历时 10 天。之后，金斯堡没有随团回国，而是在河北大学讲学一个月。在中国期间，他写下了包括《北京即兴》、《一天早晨，我在中国漫步》、《读白居易》等作品，被收录于诗集《白色裹尸布：1980—1985 诗抄》。金斯堡是中国读者较为熟悉的美国诗人，他给人的印象是离经叛道、狂浪不羁、酗酒、吸毒、同性恋、无所不为的"坏孩子"、美国联邦调查局在案的"危险分子"、"垮掉的一代"的杰出代表。在哥伦比亚大学读书时，他曾经因在窗玻璃上涂写下流文字而被停学；返回哥大之后，与尼尔·凯萨迪建立同性恋情；在宿舍藏匿同伴的盗窃赃物而被逮捕，最后被判精神失常而被关进哥伦比亚大学精神病医院。对于一个诗人来说，这并不是一个很好的开端，他后来的人生历程也并不比这好多少。这么一位人物为何能够成为 1984 年美国作家代表团访华的成员呢？为何在美国文学史上占有重要一席呢？为何对中国读者具有如此的"魅力"呢？这些问题都值得人们思考。

二

金斯堡的成名作《嚎叫》（1955）是最能体现他的风格和思想的作品，绵长的诗行是惠特曼影响的结果，惊世骇俗的细节是他个人的人生写照。第一部分用现实和超现实的手法表现了所谓的青年精英在美国现代社会的境遇。"我看见我这一代的精英被疯狂毁灭，饥肠辘辘赤身露体歇斯底里"（文楚安译），见证了他们的叛逆、恐怖、古怪、愤怒、眼泪，见证了他们的希冀、祷告和欢乐。诗歌表现了这些年轻人"默默无闻"和"被遗忘"的命运、他们的"挫败感"和"垮掉感"，也表现了他们在冷漠和充满敌意的现代文明之外去寻找精神寄托的心路历程。在诗中，我们可以看到由于理想幻灭而沉迷于酒精、毒品和性变态的美国 20 世纪五六十年代"垮掉的一代"的生存状况。他们诡异、犯罪，充满了暴力和自残倾向，他们的经历如此骇人听闻，以至于诗人威廉·卡洛斯·威廉斯告诫女性读者："女士们，hold 住你们的裙子，我们正在下地狱。"

诗歌第二部分继续以激烈的语言和激昂的声调控诉美国现代社会对所谓的"最优秀人才"的迫害和打击。诗歌将可怕的社会力量比喻为一头巨兽摩洛神（Moloch）：它正张开大嘴，吞噬着人才、生命和想象力。据《圣经·旧约》记载，古代腓尼基等地崇拜摩洛神，信徒曾经用焚烧儿童的方式向其献祭。后来人们用它来比喻造成巨大牺牲的可怖的事物，如战争。这一头可怕的、代表美国现代工业文明的巨兽，残酷地吞噬着一代人的个性和创造力。它代表了这个嫉妒天才的社会制度，代表了总体上的权威力量，代表了一个"巨大的、无所不包的社会现实，其最好的情况就是冷漠，最坏的情况是吞噬人们的个性和差异"。

1955 年 10 月 13 日晚，金斯堡在旧金山的一个叫"六艺人画廊"

的废弃汽车修理厂里，面对 150 位听众朗诵了这首长诗。他声音激昂，铿锵有力，恰似犹太唱诗班的领唱人。在场所有的人都被他的诗歌所震撼，杰克·克鲁亚克不断地尖叫"继续！继续！"，肯尼斯·雷克斯罗斯感动得流下了眼泪。金斯堡的表演获得巨大成功，几乎使他一夜成名。诗人、出版商劳伦斯·费林格蒂写信给金斯堡，口气像当年爱默生写信给惠特曼，说："在你的伟大事业的开始，我向你表示敬意。什么时候我能够得到你的手稿？"刚刚离开哥大精神病医院、到加利福尼亚投奔诗人雷克斯罗斯的金斯堡，从此与"旧金山诗歌复兴运动"结了缘，与"垮掉的一代"紧密联系在一起。

三

　　《嚎叫》的题目告诉我们，它是一首抗议诗，是这批所谓的青年精英在最痛苦的时候发出的声嘶力竭的呐喊。如果把它还原到它诞生的年代，我们看到那是美国的"嬉皮士"年代、"青年激进主义"年代。20 世纪 50—60 年代给美国留下的文化遗产是"抗议文化"和"青年叛逆"。年轻人对体制和正统文化的抵抗，扩大到对美国的现代工业文明的反叛。《嚎叫及诗歌选集》（1955）中有一首《向日葵箴言》，它描写了诗人和朋友在洛杉矶的一个码头上观看日落的景象。坐在火车头的阴影之中，面对布满油污的河流，以及河流之上的弗里斯科山脉，诗人突然发现有一株向日葵在废墟中生长出来，它的美丽与四周的破铜烂铁形成了鲜明对比，仿佛在这个钢铁和水泥构成的工业废墟中，终究有一种生命力顽强地延续着，没有被彻底掩埋。

　　这个景象是金斯堡经历的为数不多的幻象之一：在哥伦比亚大学期间，在朗读英国浪漫主义诗人布莱克的《啊，向日葵》时，他曾经看到了布莱克像先知一样向他走来。布莱克给他的启示是，他和他那一代人的灵魂没有幻灭，在他们的灵魂深处有一朵向日葵。虽然他们置身于美国这个巨大的废弃工场，他们全身布满了工业的尘埃和油污，但是在他们心中有向日葵一样鲜活的灵魂。他们不是美国工业文明的"疯狂的火车头"，而是一朵鲜花——"我们不是那布满油污的外表，在里边我们都是金灿灿的向日葵"。诗歌题目中的"箴言"来自佛教，常常指先知或佛陀传递真理的预言。显然，金斯堡是在暗示他的诗歌是关于美国社会的具有真理性质的预言。

无论是摩洛神还是工业废墟，都是金斯堡传递思想的诗学比喻，借助这两个比喻，他为我们描写了一片精神荒漠，以及这片精神荒漠对灵魂的吞噬。在这样一个压迫性的环境中，对抗是他所代表的这一代人的第一反应，他们吸毒、酗酒、淫乱、流浪、犯罪，以此来对抗代表美国工业文明的正统文化，同时也以此来宣誓他们不同的价值观，建立他们的"对抗文化"。由于抵制正统和体制，《嚎叫》在发表之初就遭到起诉，被指为"淫秽之作"，"与诗歌没有任何关系，就像脱衣舞与性行为没有关系一样"，"既不优雅，也无创见，像驴子的交配"。法庭虽然没有判金斯堡有罪，但这个插曲足以显示叛逆与遏制之间的激烈较量。

四

应该说，嬉皮士式的叛逆并不是那一代人的救赎，金斯堡自己也许明白这一点。毒品和淫乱仅仅是制造兴奋状态的手段，也许可以引导他们进入某种诗学境界，产生某种诗歌灵视，像布莱克一样，看到天使，但这拯救不了他们。在《嚎叫》的第三部分中，金斯堡描写了他与卡尔·所罗门的爱，并视之为奇迹。在所有挫败感和恐怖经历中，这份爱给了他力量和信心。卡洛斯·威廉斯认为，《嚎叫》

一诗证实了这样一个观点："在生活给予个人的最有辱人格的经历中，只有爱能够使生命崇高，只要我们有智慧、勇气、信心和技艺坚持下去。"

从 20 世纪 60 年代开始，金斯堡的注意力逐渐转移到东方文化。在他的传记《达摩雄狮》（*Dharma Lion*，1992）中，作者迈克尔·舒马赫讲述了金斯堡到印度和亚洲寻求智慧的经历，他慷慨地赞扬印度是"地球上最伟大的民族"。在那里他研读了藏传佛教经典，认为西藏文化是"地球上最大的文化，如此独特，不可能在任何其他地方开花结果"。这次经历对金斯堡的冲击是巨大的，他在笔记中写道："我突然感到不愿意受制于那种非人的力量，那种拓展认知范围的道德责任，只想随心所欲，做自己，生活在现在……我突然感到能够自由地爱我自己，也爱身边的人，爱他们本身，爱我自己本身。"

虽然金斯堡没有放弃叛逆的姿态，仍然在吸食大麻、为同性恋合法化而呼吁，虽然他仍然在参加激进活动，如抗议越战的示威游行，访问古巴、苏联和东欧，但是佛教的仁爱似乎在这位"地狱天使"身上产生了一些作用。1967 年，他在意大利拜访了著名现代派诗人埃兹拉·庞德。作为犹太人，金斯堡不可能不知道庞德在二战期间的反犹思想。他的拜访表现了一种佛教式的宽宏大量，在庞德发出悔恨的自白时，他还引用了《易经》来宽慰他，并将自己描述为一个"犹太佛教徒"，为庞德献上了"祝福"。20 世纪 70 年代他结识了一位定居美国的西藏喇嘛，参加了后者举办的禅习班，奉他为精神导师，向他学习坐禅和冥思，尝试他所提议的即兴创作。在佛教中，金斯堡找到了新的精神寄托。正如诗人北岛在《失败之书》（2004）中写道："东方宗教使他那狂暴的灵魂安静下来，像拆除了引信的炸弹。"

五

到 1984 年，金斯堡已经不再是从前的叛逆青年。他时年 58 岁，不再以正统文化为敌，甚至他还被允许查阅了他在联邦调查局和中央情报局的"危险分子"档案。虽然他仍然被新一代叛逆的年轻人视为精神领袖，被辍学青年奉为崇拜对象，但是他作为诗人的名声和作用正在被体制所认可，叛逆精神正在消减。他已经是美国文学艺术院成员（1973），美国全国图书奖的获得者（1974）。虽然他仍然参加了20 世纪 80 年代的朋克运动（Punk Movement），参加各种各样的集会，没有放弃激进思想和行为，但是他已经不再被视为一种"威胁"，至多是上一个时代的遗老。

入选美国作家代表团访问中国，是否说明金斯堡与体制之间的某种和解呢？可能也不能简单地这么理解。美国作家代表团的访华更准确地说是一次回访。中国作家代表团 1982 年访问美国时，金斯堡是美方交流作家之一。另外，金斯堡与佛教的姻缘可能使他无法拒绝中国的诱惑，毕竟在某种意义上中国代表了他用以对抗正统、寻求精神救赎的东方文明。放弃西方的正统宗教、转信佛教这件事本身也可以被理解成一种叛逆，只是它的力度和影响更加温和。在 20 世纪 70 到80 年代，他曾经多次在多个场合以弹奏簧风琴为伴奏，口念《般若波罗蜜多心经》和《摩珂迦罗颂》，表演他的佛教信仰。

赵毅衡在《对岸的诱惑》（2007）中记载，1982 年，中国作家代表团访美期间，作家张洁规劝金斯堡说，要有人生目标，过正常生活，思想才不混乱。金斯堡回答说，"我的头脑总是混乱的"，口气中似乎有一种得不到理解的愤懑。1984 年访问中国时，他对中国的"性禁忌"表现出了强烈的不解，说你不能吃饱了、喝足了，然后去告诉一个没吃没喝的人应该做什么。应该说，即使是在事业的后期，金斯堡的精神实质也没有改变。有人说金斯堡在人生最后阶段回归了体制，有人说他的叛逆最终修成了正果，但使他成为一个著名诗人、被文学界推崇的不是体制，也不是正果，而是一种精神，即抗议和不妥协的精神。

六

2000 年，诗人萧开愚发表了《艾伦·金斯堡来信》一诗，通过金斯堡的口吻，描写了金斯堡与他的华裔恋人的亲密关系。在诗中，金斯堡被中国壮美的历史与文化所倾倒，同时也无法抵御恋人的致命诱惑，"亲爱的，我与你们国家的命运 / ——牡丹花——在一起"。虽然诗中的金斯堡对于中国的认知只停留在一些表面符号之上，但是这并不妨碍他表达对中国和恋人的深厚情感，"了不起的他，啊，蠕动的皮肤，一块真实的三明治 /（让我亲吻你，中国的大地！）"。根据杨小滨的《中国当代诗中的文化转译与心理转移》（2011），诗歌并没有将"主、父、创造者"的权威角色赋予金斯堡，而是想象中国诗人与西方大师融为一体，颠覆了"创造者"与"模仿者"的传统模式。

金斯堡留给中国诗歌的遗产不能简单地归结为影响。虽然金斯堡的诗歌已经被翻译成中文，虽然金斯堡在中国的知名度相当地高，但是他的诗风在中文里似乎很难模仿。萧开愚的风格与金斯堡在诸多方面有所不同，金斯堡的影响可能更多地存在于精神层面。2004 年，四川大学与美国威斯康星大学共同主办了一个题为"垮掉的一代与东方相遇"的国际学术会议，聚集了威廉·罗洛尔、戈登·波尔、钟玲、文楚安等中外著名学者。会议的副标题为"关于'情感自发时代'的跨学科国际会议"。金斯堡和垮掉一代的精神实质也许就是"情感自发"（spontaneity），不受任何约束和压制。正如诗人北塔所说："中国诗人对金斯堡的认识和接受是超越具体文本的，具有更加隐秘而高妙的精神性。"

　　在改革开放的大背景中，中国诗歌在市场经济的冲击下日益式微，以至于到了不被大众问津的地步。中国诗歌在 20 世纪 80 年代的繁荣景象似乎一去不复返，诗歌界为此屡次发出过叹息。在这个日益物质化和商业化的社会，能够对高尚情感进行不懈追求，对艺术境界进行不懈探索，能够在布满灰尘和油污的外表里面保持一株鲜活的向日葵，这也许就是金斯堡的遗产，是金斯堡给中国诗歌的启示。

一双冷眼阅南华

——乔冠华有关庄子的博士论文

○ 李雪涛

一、引子

可能有很少人知道中国著名的共产主义者、外交家乔冠华（1913—1983）曾经在德国蒂宾根大学（Eberhard-Karls-Universität zu Tübingen）做过有关庄子哲学的博士论文。多年前我指导一个学生做有关维克尔特（Erwin Wickert，1915—2008）的《从内部看中国》（*China von innen gesehen*）一书的本科论文时，曾经读到过其中的一段，讲的是 1976 年 9 月 2 日作为中国外交部长的乔冠华在接见作为联邦德国第二任大使的维克尔特时的情景：

乔冠华：您什么时候第一次来到中国的？

维克尔特：1936 年，那时我还是大学生。

乔冠华：那我们就没有什么差别了，我那时在蒂宾根学习。

维克尔特接下来解释道："他属于哲学学院，他的博士论文是有关《庄子》的，《庄子》也许是先秦道家哲学中最为重要的一部著作了。但是我避免谈这一题目，因为眼下道家遭到唾弃，并且在左派的意识形态家看来，这是乔生平中非常黑暗的一面。"后来他们开始谈毛主席诗词的翻译。

此后我在韩尼胥（Thomas Harnisch，1952—2003）有关在德中国留学生的论文和专著中，也读到了有关这部博士论文的论述。韩尼胥对这部博士论文作了概述，同时也作了评价：

> 乔认为庄子哲学的决定性进步在于它成熟的伦理学，他在文中写道"庄子是一个独立的思想家，并且在本质上区别于老子及其同时代的人"。不过依乔氏的观点，这种进步也仅限于道家内部的一种进步而已。……

乔氏的论文得到哲学系教授马克斯·冯特（Max Wundt）的赞赏。冯特认为，乔氏在其论文中向大家介绍了一位迄今为止在欧洲很少被重视的思想家，并且作者在论文中成功地"突出一些独有的观点"。乔氏的依据是 1912 年出版的卫礼贤的《庄子》译本。由此，可以从冯特对乔氏的评介推测到，当时大学哲学界很少关注欧洲以外的思想家。就这点而言，乔冠华的论文对扩大哲学界的视野作出了贡献。然而对于汉学界来说，乔的论文并不具备值得一提的新意。基于这一原因，没有发现一篇汉学界对这篇论文的相关专业评论似乎也就变得可以理解了。

论文出版后几乎没有任何相关的书评，德语世界的哲学家和汉学家很少提到这篇博士论文。2001 年，维廷霍夫（Helmolt Vittinghoff）在他编写的《古代中国哲学最新目录》（*Recent Bibliography in Classical Chinese Philosophy*）中将此书收录在了第四部分《道教和道家创始人》之下的第三《庄周和〈庄子〉》下。此下又包括：《权威著作》（"Standard Works"）、《提供补充信息的著作》（"Works with Additional information"）、《专业性的比较研究》（"Specialized Studies of a comparative nature"）。乔冠华的著作被列在了《专业性的比较研究》之中：

CHIAO Kwan-hua [JIAO Guanhua] "Darstellung der Philosophie des Dschung Dsi." Diss. Tübingen 1937.

维廷霍夫将乔冠华名字的拼音搞错了，显然他根本不知道此人是谁。

此外，有关乔冠华的博士论文，茆贵鸣在《早年乔冠华》一文中称："乔冠华在图宾根大学匆匆地写了一篇所谓的毕业论文，并交给了他的指导老师——一位与他关系很不错的德国哲学教授，尔后'就放手一心一意地到柏林去搞抗战工作'了（后来得到校方通知：他以优异成绩获得哲学博士学位）。据德国鲁尔大学海尔默特·马丁教授回忆，1972 年他找到了当年乔冠华撰写的这篇关于《史记》的博士论文，并于 1976 年在德国出版了这一论文。"

该文作者显然根本没有见到这篇博士论文，而是从马汉茂（Helmut Martin，1940—1999）那里听到相关文献的。实际上，论文早在 1937 年就在蒂宾根作为博士论文印刷出版过了。波鸿鲁尔大学的卫礼贤翻译中心（Richard Wilhelm-übersertzungszentrum）在 1999 年重新排印了这部论文。不过，作者为了强调乔冠华的抗日爱国热情，认为他在蒂宾根大学"匆匆地写了一篇所谓的毕业论文，并交给了他的指导老师……"。现在从乔冠华的博士论文本身来看，茆贵鸣的说法也许是有其道理的。

二、乔冠华的博士论文

乔冠华的博士论文是 1937 年由在符登堡（Württenberg）州的 Urach 的 Bühlersche Buchdruckerei 印刷厂印行的。封面的内页记录了他口试的时间：1937 年 2 月 18 日（这是德国的博士论文格式要求的），同时还列出了哲学学院的院长 Kroh、评阅者 Wundt、第二评阅者 Hauer 三个人的名字。

博士论文的正文一共 46 页。从标题来看，共分为四个部分，具体目录如下：

一、导论

二、作为自由精神的庄子

1. 共同进入无穷变化之中的漫游者

2. 解牛而非劈剁

3. 在世间，而非出世间

4. 不为所动（无情）

5. 天才的概括

三、理论

1. 顿悟

2. 体系的结构

3. 普遍的制约性（齐物）：a）物世界的一般特征；b）进化论；c）生命与死亡；

4. 学说之本质：a）历史概览；b）宇宙论；c）本体论（作为无界限的界限，界限的无界限的永恒之本质；作为真理及其对自由之道认识的永恒之本质；作为道德／政治诉求的永恒之本质）；d）伦理学（对整体的概览；关于生命与精神；关于外在与内在关于精神解放的障碍：屈从于冲动；关于知识的力量以及精神的自由）；e）文化批判（自然主义；道德：对大盗的防护）

四、评论

所使用文献

在上面的结构中，可以看得出，最重要的是第三章，作者以西方哲学的结构，将庄子哲学纳入了宇宙论、本体论、伦理学以及文化批判四个范畴之中。没有办法纳入这四个方面的内容，特别是通过《庄子》一书而对庄子本人所作的描述，作者给放在了第二章。乔冠华自己认为，他的博士论文最主要的也是这两个部分：其一是第二章《作为自由精神的庄子》，这一章是描述一个作为人的庄子，乔试图不借助任何理论描绘出庄子的生命观。这一章的资料来源是《庄子·内篇》。其二是第三章《理论》，以系统的方式阐述庄子的思想过程。按照庄子自己的说法，他的著作的十分之九是寓言，乔指出，他的任务在于用思想—概念的方式解释庄子的深意。其目的在于将庄子看作是独立的思想家（selbständiger Denker）。

庄子哲学产生的背景及其特点

在导论中，乔冠华主要阐述了庄子其人、其书产生的历史背景，特别提到当时在中国历史学界盛行的疑古思想，认为五经并非全都可信，其中的《书经》和《诗经》可以作为这一历史时期的佐证。他同时引用了《诗经·小雅》中的两首（"昊天不佣"以及"浩浩昊天"），对当时社会动荡、民不聊生的现状，以及在乱世之中人们对宗教和神的质疑进行了描述，目的是为进一步阐述庄子思想提供历史背景。我们知道，如果要想领会庄子的思想，就必然要对其历史背景和文化环境有所了解。对完全不了解中国历史的西方读者而言，这一介绍就尤显重要了。

乔冠华认为，正是由于庄子所处的是一个历史大变革的时代，旧的信仰受到了怀疑，所有的文化遗产都受到批判，因此庄子跟尼采（Friedrich Wilhelm Nietzsche，1844—1900）一样，其哲学是反时代的。"作为道德和喜悦赐予者和保障者的神，在满足不了人们的期望时，一种新的运动就产生了，这可以被称作一切价值的重估。"他同时认为，庄子的思想受到了杨子、墨翟、惠施和孟子的影响，庄子的使命在于架设一座沟通大师以往已经存在的学说与同时代的思想间问题的桥梁。因此，庄子的学说可以说是中国文化最高潮时期的集大成者。

在引述过司马迁对庄子的简短记载之后，乔冠华认为，庄子跟斯宾诺莎（Baruch de Spinoza，1632—1677）或康德（Immanuel Kant，1724—1804）一样，他们个人的生活跟他们的学说几乎没有关系。作为历史学家，司马迁对庄子的描述太少，实际上从《庄子》一书中，更能看出一个真实生动的庄子来。乔冠华认为，"庄子并非一个体系的创造者，他从来没有有意地创立什么体系。"也正因为如此，《庄子》一书中多用对话的方式，他概括自己著作的特点十分准确："寓言十九，重言十七，卮言日出，和以天倪。"（《庄子·寓言》）

之后，乔冠华对《庄子》一书的构成作了解释：《内篇》、《外篇》、《杂篇》。他在论及北宋（11 世纪）时提到，苏东坡对《杂篇》中最后的 6 篇提出过质疑，因此后来的版本便删除了这 6 篇，之后的版本的27 篇，就是从此而来的。实际上，苏轼仅认为《让王》《说剑》《渔父》《盗跖》四篇与庄子的思想有抵牾，是出于后人之手的。

乔冠华同时提出，庄子不是一位理论家，他总是用比喻和形象的方式来言说。他恰当地认为，"庄子的魅力并不在于其理论，而在于其对生活的态度。在这里我们同时也必然将他看作是一位诗人。"

乔冠华认为，能证明其为独立的思想家并能与老子及其他同时代哲学家区别开来的关键一步，是庄子形成了自己的伦理学。他认为，庄子的世界图景已经分裂为物的和超验的世界，这样他的学说便可以分为三个层面：现象学（普遍的制约性）、本质学说（在这里很大程度上依赖于老子）以及伦理学。

乔冠华认为，尽管庄子现象学的主要源头在老子那里已经出现，但很多思想到了庄子的时候才真正得以领会。他通过《道德经》中的"视之不见，名曰夷。听之不闻，名曰希。博之不得，名曰微。此三者不可致诘，故混而为一。其上不皦，其下不昧。绳绳不可名，复归于无物。是谓无状之状，无物之象，是谓惚恍"（第十四章）与《庄子·天道》中"子欲虑之而不能知也，望之而不能见也，逐之而不能及也"的对比，指出："经过庄子的阐释，老子的思想无疑有了进步。直到经过庄子的这种表述，老子那常常既神秘又晦涩的词句和箴言才具有一定的学术性的形式。""而伦理学我们可以毫不夸张地说，是庄子自己的创造。"跟老子不同，庄子不再认为"道"仅仅是形而上的，同时也是跟人世的伦理发生关系的，因此他比较详细地探讨了"责任"（Sollen）方面的问题。

乔冠华同时以《齐物论》中的例子说明普遍价值观之不可能。既然不可能存在评判的普遍有效性，那么人与人之间也不可能相互一致。因此任何一种绝对的标准都是会引起争论的。

对庄子哲学的批判

乔冠华在第三部分的最后指出："我们现在正处于这样的一个时刻，人类对于其无与伦比的能力尽管深深感到失望，对所有他们的自由并不感到喜悦，抛弃了迄今为止的道路，朝着相反的方向向前挺进，也就是说从终日忙忙碌碌、所有参与的行动中，进入绝对退隐，从而完全放弃了自由。结论是，他们所追逐的并不仅仅是具有浪漫色彩的、原始的状态，甚至是无生命的状态，尽管这并非是庄子自己得出的结论。庄子同时代的一位哲学家，不是很有名的慎到（约前395—约前315，乔误作 Scheng Dau，下面写作 Schen Dau 是对的——引者注），其自身也超过了另外的文化批评家的学说，最终导致荒谬性的结论：他认为一切的知识，一切的"我"都不重要，只遵循不容拒绝的、明确的必然性；他认为值得去追求的是完全无意识的物化状态。只有在遭遇变故之时，他才会随顺而动。似乎是被一股旋风所推动，就像是一只羽毛，被吹得到处乱飞，或者像一个自己在转动的磨盘。积极的人们在谈到他时却说：'慎到的学说并不是为活着的人来讲的，而是很奇怪地只是为死者准备的法则。'这难道不也适合庄子的整个文化哲学吗？"

乔冠华认为，不论是庄子还是慎到，他们的"无为"之道都是为了死人的，是不可取的。真正的人生之道应当是有意的行动，这一点他在后来专门提出过。庄子继承了老子的观点，认为人的行为要效法大道，顺应自然，不可随意妄为。乔冠华认为这样的主张忽视了人的能动性。因为按照庄子的思想推演，有意的行动实际上是自我的扩张，最终必然要跟大道相违背。乔冠华所认为的"进入绝对退隐，从而完全放弃了自由"，并非庄子真正追求的，因为这依然是刻意的、有目的的修养功夫，必然是远离大道的。

乔冠华通过卫礼贤的翻译，认为庄子所要表达的并非"遁世"的思想，尽管这一思想在中国会被多数人归于庄子的名下，而实际上庄子的看法是，生命本身是制约性的现象，永远逃脱不掉这一局限性。乔冠华通过庄子"螳螂捕蝉，黄雀在后"的故事，指出了在此世而超脱现实的程度，而不是逃避。他认为获得真理的必要前提是：在生活之中来观察生活，而没有丝毫的盲目；在世间来观察世界，作全面的把握，而不是逃避，是应当看透之。

除了以上的观点之外，乔冠华还认为：

庄子哲学的主要缺陷在于它将绝对仅仅作为本质来看待，而不是作为主体与精神来理解。正是由于这一原因，庄子拒斥所有的文化创造。庄子对人们进行启蒙教育，但却停留在对普遍的从属性的认识方面。精神从事物中解放出来的目的，是为了听任摆布。我们从对个体的认识再进一步来看的话，庄子的世界观并没有进入从尘世已经解放了的对"自由精神"的创造。

黑格尔在百科全书中说："在绝对被确定为本质的时候，否定性常常仅仅以抽象化的意义为所有限定的论断接受"，这句话完全适用于庄子，如果有谁如此突兀地区分物的世界和超验的世界的话，而在其中，物的世界被断然地标明为"有条件决定者"，在其中根本没有逐级发展的可能性。因此，对庄子来说，作为超验和本真世界的准则，缺乏任一（确定）的说法。

如果在伦理学领域提出质疑的话，可以说庄子并没有给予一种根本的自由。只有继续被阐明的无为学说可能是其结果而已。在《庄子》一书中，没有哪个地方谈到了真正的行动，尽管他是停留在此世间的。

因此这也是一个本来的进步，这是老子的哲学透过庄子而体验到的，但仅仅是道家内部的进步。因为从文化史的角度来看，人类提升为自由精神仅仅是一个错觉而已。自我意识仅仅是"能回忆得到的意识"，自由只是被承认的必然性。人们避免外在的强制，而改为内在，而在其中依然得不到绝对的自由。庄子的自由并不是一个战士的自由，而是一个奴隶的自由。

不过在道家的前提下，我们没有什么反对的理由。他将道家发展到了极致，并且将其体系尽可能科学地加以处理。庄子是道家所有积极和消极方面的集大成者。

庄子对儒家的批判，对仁义的要求，实际上要高于儒家。他之所以谴责、揶揄儒者，最主要的原因是因为儒家受制于各种规则，没有办法发挥自己的才智，无法达到充分的自由。乔冠华之所以认为庄子既在世间——但没有提出真正的行动，并且其自由也不是一个战士的自由，而是一个奴隶的自由，其原因是"从 1936 年起，我很大一部分精力，发挥在抗日运动中"。他写论文的一年多的时间（从他 1935 年秋季在蒂宾根注册，一直到 1937 年 2 月 18 日的博士口试），正是东三省被日本占领、中国军民奋勇抗战的一段时间，当时中国各阶层在民族危亡的刺激下，掀起了空前的抗日高潮。正是在这样的背景之下，乔冠华认为庄子的内在的自由，对于当时的中国来讲实际上是没有太大的作用的。实际上，乔冠华的思想更接近儒家有为的主张，认为要有意地行德治教化于天下，才可能达到救世的目的。

而庄子却一直在强调，必须要放弃所谓"必须胜利"的欲望，他在"纪渻子为王养斗鸡"的故事中对此作了很好的描述。如果斗鸡还"虚骄而恃气"、"应向景"、"疾视而盛气"的话，那是没有办法必胜的。最厉害的斗鸡是"鸡虽有鸣者，已无变矣，望之似木鸡矣，其德全矣，异鸡无敢应者，反走矣"。（《庄子·达生》）可惜，庄子这样的思想，跟当时如火如荼的抗战是完全不相符的，因此我们很容易理解作为热血青年、爱国者、共产主义者的乔冠华要对庄子思想进行批判的历史原因和时代背景。

尽管在文中乔冠华引用了一些如黑格尔、卢梭等西方哲学家的引语，同时也将庄子的某些思想与尼采、康德等相比较，但在《所使用的文献》中，他只提到了两种：其一是卫礼贤 1912 年翻译出版的《庄子》德文译本，他的论文便是以这个译本为基础展开的；其二是里雅格的《中国圣书》中的第一、二部分。

三、对论文的评价

冯特在评语中写道：

　　这部论文涉及一位迄今为欧洲所很少关注的中国思想家，自己同样作为中国人的作者想要引起人们对这一思想家重要性的注意。尽管庄子是以老子的五千言作为出发点的，但他还是显示出了独立的特征。特别值得关注的是他的努力，亦即将老子创立的本体论，借助于现象以及同时在伦理方面的真实生命的方式予以解说。现象的普遍制约性学说的形成以及伦理方面的思想可以作为庄子最主要的贡献了。

　　作者很成功地突出了庄子学说固有的特点。在任何一次转述中国哲学的时候都有着特别的困难，这就是将中国思想的隐喻性语言，翻译成欧洲式的概念性语言。一定的不恰当性在这里总是可以注意到，这在两种思想世界的巨大差别中是必然要予以容忍的。作者准确无误地使用我们的概念，并且懂得如何将他家乡的哲学家的思想以我们的概念语言传授给我们。而在他之前已经有了先行者，如卫礼贤。在很多的地方，作者都能修正至今为止一些习以为常的观念，并将之予以延伸。

　　我提议，作为博士论文来接受这一论文，并给予"良好"（gut）的评分。

　　辅修：教育心理学、宗教史

　　M. 冯特

整个来看，乔冠华的博士论文实际上没有太多的新意，基本上是将庄子哲学用西方哲学的范畴加以重新梳理而已。不过这也是大部分当时在德国作博士论文的中国人惯常的做法。这篇论文对大部分的汉学家来讲，意思不大。但乔冠华是在哲学系做的论文，因此还是得到了他的导师、著名哲学家马克斯·冯特的首肯，因为对于当时的西方学者来讲，东亚哲学无疑向他们展示了另外一种思维的范式。

南宋学者叶适（1150—1223）曾说过："自周之书出，世之悦而好之者有四焉：好文者资其辞，求道者意其妙，泊俗者遣其累，奸邪者济其欲。"《庄子》一书实际上是仁者见仁智者见智。叶适的这段评论，有点像鲁迅先生对《红楼梦》的评论："经学家看见《易》，道学家看见淫，才子看见缠绵，革命家看见排满，流言家看见宫闱秘事。"作为革命者的乔冠华，在日本占领东三省后，认为庄子思想的消极遁世是应当受到批判的。此外，早在清华读书时就接触过马克思主义哲学的他，一定对马克思著名的论断"哲学家们只是用不同的方式解释世界，而问题在于改变世界"不陌生，这句马克思在《关于费尔巴哈的提纲》中的名言常常也被概括为马克思主义哲学的本质特征。马克思哲学强调人的主观能动性，认为客观世界是我们需要去改造的对象，并且只有在实践中才能认识对象。即便是 1937 年以后，中国大陆的思想史家，除了肯定庄子思想中的"朴素的辩证因素"外，大都将庄子看成是中国思想史上的消极现象，是与无产阶级的革命理论背道而驰。因此，马汉茂在 1999 年重印乔冠华的论文的前言中认为："在这部论文中可以清楚地看到，当时的这位博士生无论如何没有受到较深的马克思主义研究的影响。"我认为，这样的一个论断并不是完全恰当的。

1937 年，乔冠华在蒂宾根大学以研究庄子的论文获得博士学位后，他的一生再也没有研究过中国哲学。他在博士论文中特别强调的一点是，庄子不是一位理论家，同时他也反对庄子内在的无为，认为在世间应当有所作为。这跟后来大陆知识分子普遍认为庄子是没落奴隶主阶级消极哲学家的看法，是有一定的关联性的。我想这样的观点也跟后来一直投身中国革命事业的乔冠华是相符的。

易社强和《战争与革命中的西南联大》

○ 谢 韬

一口气读完一本中文书，已经记不起是多少年前的事了。读完后思绪万千、爱不释手，给所有的朋友极力推荐，并且厚着脸皮主动要求写书评，生平第一次。

我是在北京到上海的高铁上一口气读完了《战争与革命中的西南联大》（以下简称《联大》）。五个小时的旅程，好像是一次时空穿越：北平的硝烟、湘西的"蛮荒"、贵州的"神秘"、云南的"灿烂"，而把这一切凝聚在一起的，则是联大师生在战火中坚决捍卫学术自由和不懈追求学术卓越的精神。

2012 年 3 月，《联大》一书的中译本出版，立刻引起了不小的轰动。我的感觉是，很久没有一本书能够引起这么多国人的关注和讨论了。它就像一阵不经意的微风，给中国学术圈带来了一丝新意。

半年多过去了，书评也日见增多。用好评如潮来形容一点也不夸张，而最具代表性的应该是历史学家何炳棣先生的"迄今最佳联大校史"。我不是历史学出身，并且在这本书之前，对联大只是神往而没有读过任何一本相关著作，因此不敢从专业的角度对该书妄作评论。但是作为在高校言传身教的知识分子，我看了此书后感触颇多，并且有强烈的一吐为快、不吐不快的冲动。承蒙编辑厚爱，于是就有了下面的文字，权当是读后感，而不是传统意义上的书评。

联大的自由主义教育传统

联大是由北大、清华和南开三所大学临时组成的。尽管这三所学校风格各异，但是它们在昆明的时候都遵循了自由主义教育，这是联大的特色之一。用作者的话来说，"联大师生颇受英美政治理念和教育思想的影响，广义上说，他们都可称为'自由主义者'"。之所以有这样的自由主义传统，是因为"在联大179名教授和副教授中，只有23人未曾留洋"。

所谓自由主义教育，来源于英美，其目的是培养有教养、有文化的社会成员，而不是培养各行各业的专门人才。用我们现在流行的语言来说，自由主义教育就是通才教育或者全人教育，"是使学生接触尽可能广阔的知识世界"。正如时任清华校长梅贻琦所说，"通才为大，而专家次之"。通才教育侧重学生的基本思维和交流能力、解决问题的能力及道德价值观。美国的通才教育起源于哈佛和耶鲁，至今仍处于主导地位，遍布全美各地的文理学院（liberal arts college）就是最好的佐证。著名的《1828年耶鲁报告》可以说是文理学院的宣言。该报告呼吁文理学院建立广泛的课程体系，并强调文理学院"不是教授某一个行业所需要的专门知识，而是所有行业都必需的基础"。

联大的通才教育最好地体现在课程设置上，即"有意放宽口径，让每个学生都能自由选择"。用我们现在流行的话来说，这就是跨学科教育。联大文法学院的学生"至少必修一门自然科学，但可以在数学、物理、化学、生物、生理和地质学中任选一门，而两门必修的社会科学可以在经济学、政治学、社会学中选择"。同时，每个文法学院的学生"都得学习哲学入门和科学概论"。一位联大校友多年后这样评价联大的教育模式："因为年轻人的爱好和长处是多种多样、各不相同的。对他们的教育，应该是因材施教、因势利导，尽可能使他们每个人的爱好和长处得以充分发展"。

当然了，自由选择并不等于"松懈散漫"。联大能够名垂青史，与其严格要求不无相关。"在联大，就像战前的清华，大考小考不断……"。作者的数据显示，8000 学生通过了联大的入学考试，仅有3800 人顺利毕业。这么多人被"自然淘汰"，恰好反映了联大宽进严出的教育模式。

联大的学术自由

在很多国人心目中，联大是学术自由的代名词。读了此书，更是深有体会。当时的教育部试图通过各种手段控制联大，如控制校长任命、推行"党化教育"，统一各个院校的课程表、利用经济手段胁迫学生、派三青团渗透大学校园、直接使用暴力，等等。然而，直到最后解散，联大誓不低头，捍卫了自己的学术独立和自由。

对国民政府来说，要让联大学生少闹事，就必须加强对他们的控制。然而要控制学生，必须经过教授这一关。无论是陈果夫停办文学院的建议，还是陈立夫强制推行的"统一的教师资格、统一的毕业考试、统一的课程设置及统一的教材"，最后都不了了之。以三民主义课为例，当时的教育部下令此课为必修课，但是"让学生对三民主义产生兴趣，是一项艰巨的任务"。一位校友后来回忆，"忠诚的三青团成员也不把它放在心上"。尽管教育部规定只有通过这门课才能毕业，但是"联大从未遵守过，而是自行授予学分"。很多校友"根本记不得有过这样一门课，更别说是一门公共必修课，也就不奇怪了"。

课程设置是学术独立的一方面，而教授的言论自由则是另一方面，并且后者是一所大学学术独立的最好体现。联大汇集了战时中国的学术精英是人所共知的，而这些精英往往个性独特，观点迥异，大放厥词，但这并不影响他们在联大的学术生涯。联大历史九年，只有两名教授被解聘，一个是自由主义者罗隆基，另外一个是"鸦片君子"刘文典。作者因此写道，"由此看来，联大学术自由的记录在民国史上已属例外"。最让人惊讶的是，即使在专制的高压下，联大教授们仍然能够当家做主，决定校长人选。书中这样写道："学术独立的传统是如此强大，以至于北大和清华的教授任凭己意挑选校长，教育部别无选择，只能盖章批准。"

与《联大》及其作者的"约会"

我自己从来没有想到，有一天会与该书作者有这么近的距离。现在回想起来，自己与这本书注定有一个"约会"。

最先知道这本书，大约是 2012 年 7 月份吧。一位勤奋好学的研究生到我办公室，我随口问他最近读什么书，有什么新书可推荐。他笑笑说，有一本书最近在网上很火，是关于西南联大的，作者是美国人，并且该书在中国出版不久。一听西南联大，并且是美国人，我就多了个心眼，马上问他书的作者是谁。他说记不住了，但是可以在豆瓣网上查到，并且当场在我的电脑上把作者给找出来了，他就是 John Israel，中文名叫易社强。

其实我认识易先生，并且明年还会在一起短暂共事，但遗憾的是从未谋面，并且没有拜读过他的任何著述。得知此书时，我们已经通过电子邮件交往了三个多月，已然是老朋友的感觉。我知道他是美国弗吉尼亚大学的退休历史教授，曾经师从哈佛的中国研究泰斗费正清教授，专长为中国研究。虽然他已退休，并且年过花甲，但是对西南联大的痴迷丝毫未减，以至于每年大约有一半的时间住在当年西南联大所在的昆明。8 月份他要回美国，建议我们在上海浦东机场见一面。我欣然答应，于是买了张火车票，带上《联大》一书，踏上了生平第一次"朝圣"之旅。

早上从北京出发，见到易先生时已是下午 5 点多。见面一个深深的拥抱，我仿佛觉得和他已经是几十年的老朋友了。他和我想象中的一样：细心、热情、和蔼、幽默、坦诚。为了我们好聊天，他把自己事先订好的房间退了，换到我的隔壁。从 6 点多吃晚餐开始，我们一直在聊。饭后还未尽兴，我们又换到了宾馆顶楼的酒吧。直到 10 点，我们才依依惜别。什么是相见恨晚，什么是"人逢知己千杯少"，那天我都体会了。

第二天一早，他登上了去美国的航班，我也坐飞机回北京了。这就是我和易先生的第一次见面。我期待着明年和他在美国再相见。

当然了，去上海之前我专门买了两本书，请他签名。一本给自己，一本给我的学生。他听了后高兴坏了。

冯友兰《中国哲学史》的英译本

○ 顾　钧

冯友兰的《中国哲学史》是 20 世纪中国学术史上的一部名著，也是最早被翻译成英文的著作之一。冯先生在谈到这本代表作时说："听说一直到现在在西方各大学中，讲中国哲学史的，都还以这部书为依据。这是因为一直到现在，还没有新的外文的《中国哲学史》出现。"（《三松堂自序》）冯先生说这些话的时候，离《中国哲学史》上册英文本问世（1937 年）已将近半个世纪了。

一

冯著《中国哲学史》分上下册，上册（《子学时代》）由神州国光社于 1931 年出版，1934 年上册和下册（《经学时代》）全部由商务印书馆出版。该书出版后，不仅受到中国学界的高度评价，也引起了海外学者的关注。随着英译本的出现，它逐渐成为西方学者研究中国哲学的必读书。

冯著上册的英译本于 1937 年由北京法文书店出版，下册的英译本于 1953 年由美国普林斯顿大学出版社出版。前后两册的出版时间相隔如此之长，主要是由于战争和动荡的政治局势。英译者是美国汉学家布德（Derk Bodde）。

布德于 1930 年哈佛大学本科毕业后继续留校攻读汉学方向的研究生，1931 年获得哈佛燕京学社的资助来到北京进修，从此在北京度过了六年时光。布德进修的主要科目是中国哲学史，所以一到北京就去拜访冯友兰，并在清华旁听他的相关课程。冯先生回忆说："我在清华讲中国哲学史的时候，有一个荷兰裔的美国人布德，在燕京大学当研究生。他的名字挂在燕京，但是来清华听我的课。那时候，《中国哲学史》上册，已经由神州国光社出版。布德向我建议说，他打算用英文翻译我的《中国哲学史》，请我看他的翻译稿子。他翻译完一章，就把稿子给我看一章。到 1935 年左右，他把上册都翻完了。那时候，有一个法国人 Henri Vetch（魏智）在北京饭店开了一个贩卖西方新书的书店，名叫'法国书店'。他听到布德有一部稿子，提议由他用法文书店的名义在北京出版。布德和我同意了，他拿去于 1937 年出版。"（《三松堂自序》）布德的译序写于 1937 年 5 月 18 日，离卢沟桥事变不到两个月。抗日战争爆发后，冯友兰随清华向内地迁移，布德则返回美国，下册的翻译工作只得高高挂起。

抗战胜利后，机会来了。冯先生回忆说："到 1945 年日本投降，我在昆明接到布德的来信说，他现在美国本薛文尼（宾夕法尼亚）大学，已经向洛氏基金请到一笔款子，算是捐给这个大学。这个大学用这笔款请我于 1946 年去当个客座教授，讲中国哲学史，主要是同他合作，继续翻译《中国哲学史》的第二部分。我答应了，于 1946 年 9 月到本薛文尼（宾夕法尼亚）大学，继续翻译工作。……到 1947 年暑假，布德的翻译工作没有完成，但是我的任期已满，不得不离开。"（《三松堂自序》）翻译工作又一次中断。

好在 1948 年秋布德获得了富布莱特奖学金，作为访问学者再次来到了北京，下册的翻译工作得以继续。当时中国正处于大变局时代，冯友兰和布德的合作注定还要经历一番波折。冯先生继续回忆说："布德住在北京，经过平津战役，在围城之中，继续他的翻译工作，到朝鲜战争爆发的时候，他已经翻译完毕。他看见中美关系不好，恐怕交通断绝，就带着稿子回美国去了。此后音信不通。一直到1972 年邮政通了，我才知道，这部《中国哲学史》英文稿，包括以前在北京出版的那一部分，都已经由普林西顿（普林斯顿）大学出版社于 1952 年（按：应为 1952—1953 年）出版。"（《三松堂自序》）冯友兰大约未必知道，其大著的英译本自出版后不断重印，到 1973 年已经印刷了七版。

Habent sua fata libelli.——这句拉丁文的意思是说：书也有命运。至于人的命运，则更是风云莫测。1978 年 10 月，第一个美国学术代表团访问中国，布德是成员之一，据代表团团长余英时记载，"自从代表团组建以来，冯友兰就是他最想见的人。尽管我们反复要求，但冯从未露面。"（《十字路口的中国史学》）直到 20 世纪 80 年代冯友兰走出"文革"阴影，两位合作者才于 30 年后再次见面。

二

《中国哲学史》本来是为中国学人而写的专著，现在要翻译成英文，内容宜乎有所调整。

为了便于西方读者接受，布德在征得冯先生同意后，在翻译中对原著作了一些增删。首先是在正文之外增加了五个辅助部分：译者前言、中国哲学家年表、参考书目、索引、战国地图。正文中增加的主要是背景知识，有些直接加在正文中，有些以译注的形式放在页下。如讲到墨子的时候，布德有页下注云："墨子的本名是墨翟，放在很多哲学家名字中的这个子（Tzu）字——如墨子、庄子等等——并不是他们名字，而是一种尊称，意思是'墨大师'、'庄大师'。"除了这一类介绍背景的文字，布德也会偶尔就翻译问题出注，例如关于人性问题，告子有一个重要观点："生之谓性"（《孟子·告子上》）。布德将这句话译成"That which at birth is so is what is called nature"，又出一注释道："这句话意思含混，是中国哲学文献中最难确切传达的观点之一，关于对它的多种解释，读者可以参阅理查兹（I. A. Richards）的《孟子论心性》（*Mencius on the Mind*）一书的第 23 至 28 页。他这句话大概就是说人性就是人生下来的时候所具有的性情，其中不含有孟子所说的那种道德品质。"

直接加在正文中的内容可以举论述孔子的一章为例。布德在第四章《孔子及儒家之初起》的一开头增加了一段介绍文字："我们对于中国早期哲学家的生平一般知道得很少，孔子则相对要多一些，这主要得力于《史记》卷 47《孔子世家》中的专门记录。根据这一记录，我们知道孔子生于公元前 551 年，他是鲁国人，出生地在今天山东省曲阜市附近。……孔子和后来几个世纪中出现的不少哲学家和政治家一样，都属于破落贵族阶级。……他的本名是孔丘，字仲尼。……他死于公元前 479 年，葬在曲阜。他的墓直到今天依然存在。"

与增添相比，删节较少，主要是冯友兰的三份序言没有翻译，《绪论》中介绍哲学的内容和方法的几节也没有翻译。"哲学本一西洋名词"，正如冯友兰开篇所说，这些内容对西方人来说是常识，就没有翻译的必要了。

冯著的一个重要特点是大量抄录原文，冯友兰说自己这样做是继承了中国以往的学术传统："中国人所写此类之书几皆为选录式的。"（《绪论》第十节）这样写有它的好处，但也有学者批评冯友兰"直用原料的地方太多"而线索不清（张荫麟书评，1931 年 5 月 25 日《大公报·文学副刊》）。作为译者的布德倒没有这样的感觉，他在前言中写道："冯著大量引用原始资料，这使本书不仅成为中国哲学的一个有价值的文献选编，而且让这些古老的文本表达自己的观点，这非常重要，因为关于这些文本的解释往往是多样的。"

根据布德在文中作的注释和最后列的参考文献，他参考过多种已有的英文翻译，例如就四书五经而言，他的主要参考对象是理雅各（James Legge）的五卷本巨译《中国经典》（*The Chinese Classics*），其他重要参考文献包括：翟理斯（H. A. Giles）的《庄子》译本（*Chuang Tzu*，1926）、德效骞（H. H. Dubs）的《荀子》译本（*The Works of Hsuntze*，1928）、魏理（Arthur Waley）的《老子》译本（*The Way and Its Power*，1934）、梅贻宝（Y. P. Mei）的《墨子》译本（*The Ethical and Political Works of Motse*，1929）。至于没有现成译本可以参考的，如《公孙龙子》、《韩非子》等，布德提供了最早的译文。

理雅各是布德最为敬重，也是在翻译中借鉴最多的前贤，但仔细对比每一段译文，就会发现，布德都会多多少少作一些修订。例如，关于人性善，孟子有一段著名的论述，以"人皆有不忍人之心"开始，最后得出这样的结论："恻隐之心，仁之端也；羞恶之心，义之端也；辞让之心，礼之端也；是非之心，智之端也。人之有是四端也，犹其有四体也。"（《公孙丑上》）。对这段话，理雅各译文是：

The feeling of commiseration is the principle of benevolence. The feeling of shame and dislike is the principle of righteousness. The feeling of modesty and complaisance is the principle of propriety. The feeling of approving and disapproving is the principle of knowledge. Men have these four principles just as they have their four limbs.

布德的译文修订为：

The feeling of commiseration is the beginning of human-heartedness. The feeling of shame and dislike is the beginning of righteousness. The feeling of modesty and yielding is the beginning of propriety. The sense of right and wrong is the beginning of wisdom. Man has these four beginnings just as he has his four limbs.

对比两份译文，可以看出虽然句式几乎没有变化，但几个关键词的翻译差异很大。理雅各将"端"译成 principle，不是十分贴切，布德译成 beginning，应该说更好。更重要的是，理雅各把"仁"翻译成 benevolence，用的是一个现有的英文词，而布德则使用了一个新的生造的词 human-heartedness。两者孰优孰劣，很难判定，但布德的修改无疑反映了他的独立思考。

"仁"是孔子思想中最重要的概念之一，如何翻译，不仅牵涉到语言问题，更牵涉到思想问题，所以历来众说纷纭，比较常见的有 morality、virtue、goodness、altruism、humanity、true manhood 等。布德的译本出版后，像理雅各的 benevolence 和其他"仁"的译法一样，human-heartedness 也遭到了质疑，布德在《中国哲学史》下册译本中改用了 love 一词，但同样不能让所有人满意。

曾长期在美国教授中国哲学史的陈荣捷在 1963 年比较了各种译法后认为 humanity 最好（详见 *A Source Book in Chinese Philosophy* 一书附录），但当代最新的儒学研究者认为，"仁"在不同的语境中意思是不一样的，任何一个固定的译法都无法涵盖所有的语境，所以他们倾向于直接用音译 ren 而不是用英语中现有的某个词来对应"仁"。（参见 1998 年版 *Original Analects: sayings of Confucius and his successors* 一书）这或许不失为一个平息争论的办法。

三

布德的译本出版后，受到国际汉学界的广泛好评。1937 年上册在北京出版后，著名汉学家魏特夫（Karl A. Wittfogel）第一时间就读到了，他后来在书评中说："西方学术界应该感谢布德博士将这样一本书很准确地翻译了过来。他所做的注释、索引以及列出的参考书目也是不可或缺的，对阅读正文起到了很好的帮助作用。"（见 *Pacific Affairs*，1941 年第 4 期）魏特夫在书评最后表示非常期望读到下册的英译本。但好事多磨，下册直到 1953 年才在美国问世。

上下两册出版后，当时旅居美国的胡适很快就看到了，并特别撰文予以评论（见 *The American Historical Review*，1955 年第 4 期），他赞扬布德的翻译是"非常忠实于原著的上乘之作"（most faithful and excellent job），这应该可以看作是最有权威性的评价了。当然，对于其中的一些词语，特别是一些重要概念的翻译，胡适也提出了商榷意见。比如他认为布德把"灾"、"异"翻译成 visitations 和 prodigies 是不太恰当的，建议使用 calamities 和 anomalies。

在与译者布德商榷之后，胡适把批评的矛头主要指向了作者冯友兰。胡适认为冯著中给予道教和禅宗的部分过少，与它们在中国思想史上的地位不相适应。造成这一状况固然有篇幅的原因，但更重要的还是由于冯友兰"正统派"的观点——以儒家为中国思想的正统。作为"五四"健将的胡适显然是反对正统派的，早在冯著中文本上册出版时他就表示过不满，但那时的读者还是中国人，现在英文本出版了，读者扩大到整个西方世界，胡适更加感觉到重申以前观点的必要。

除了学术观点的不同，还存在一个学术话语权的问题。胡适在美国的博士论文《先秦名学史》（*The Development of Logical Method in Ancient China*）1922 年由上海亚东图书馆出版后，作为中国人最早的英文哲学著作，一直是西方汉学家的案头之作。但该书只讨论中国古代哲学方法，时间范围也只与冯著上册相当。冯著上下两册英文本出版后，大有取代胡著之势。从胡适这段时期的日记来看，他一直希望把自己计划中的《中国思想史》写完，并出版英文本或英文简本。他计划中的英文本显然是以冯著为对手的。可惜胡适成名太早，一生受累，长期杂务缠身，直至去世也没能完成计划中的中英文本的《中国思想史》。

冯著英文本出版以来，不仅为西方学者广泛使用，也成为中国学者研究和教学的重要参考。历史学家何炳棣在回忆自己早年求学经历时特别提到他对1937年英译本的感激之情："从30年代起，我对英文字汇就相当用心。历史这门学问的字汇要比其他专业的字汇广而多样，但中国哲学、思想方面字汇，英译的工作困难较大，并非历史学人所能胜任。所以七七事变前夕，我以15元的高价在东安市场买了刚刚出版的布德英译的冯友兰《中国哲学史》上册，奔波流徙中始终随身携带。没有它，中国哲学史的字汇英文很难'通关'。布德这部英译'杰作'大有益于我在海外的中国通史教学。"（《读史阅世六十年》）1937年上册的英文本现在已经难得一见了，好在就正文来看，1952年的版本并无丝毫改动。对于1937年版的印刷错误和其他不足之处，布德没有在新版正文上直接改动，而是另外列出了一个《修正和增补表》（Revisions and Additions），放在正文之前。这实在是一个聪明的办法。

华兹生的《庄子》英译

○ 顾 钧

美国学者华兹生（Burton Watson）的《庄子菁华》（*Chuang Tzu: Basic Writings*）自 1964 年出版以来，一直备受好评，读者甚多。所谓菁华就是并非全译，而是选择有代表性的，除全部内篇（《逍遥游》、《齐物论》、《养生主》、《人间世》、《德充符》、《大宗师》、《应帝王》）外，作者选译了外篇中的《秋水》、《至乐》、《达生》和杂篇中的《外物》，共 11 篇。

19 世纪后半期以来，英语世界出版了多部《庄子》译本，水平参差不齐，但都为华兹生的翻译提供了参考。最早的译本是巴尔福（Frederic H. Balfour） 的 *The Divine Classic of Nan-hua:Being the Works of Chuang Tsze, Taoist Philosopher*，出版于 1881 年。巴氏是英国人，1870 年来华经营丝绸和茶叶，后来弃商从文，先后担任过《通闻西报》、《华洋通闻》、《字林西报》等报纸的主笔。除了把《庄子》译成英文外，巴尔福还翻译了《老子》，看来他对道家情有独钟。对于他的《庄子》翻译，著名汉学家翟理斯（Herbert A. Giles，剑桥大学第二任汉学教授）评价不高，认为巴尔福的汉语水平完全不足以胜任这一工作（the knowledge of the Chinese language possessed by the translator was altogether too elementary to justify such an attempt）。相比之下，另外一位著名汉学家理雅各（James Legge，牛津大学首任汉学教授）则要宽容得多，他认为翻译《庄子》实在太难，第一个尝试的人毕竟勇气可嘉（it was no small achievement to be the first to endeavour to lift up the veil from Kwang-dze）。

巴尔福的译文确实不能细看，有些地方错得离奇。如《庚桑楚》有云："介者侈画，外非誉也"。"介"就是"兀"，指被斩足的人；"侈"训弃；"画"指装饰自己。这两句的意思是说，一个遭受酷刑被砍掉脚的人，也就不自顾惜，对于"非"和"誉"全都不在乎了。俞樾在《庄子平议》中讲过这两句，一般认为最确切。陈鼓应先生将这两句译为"刖足的人不拘法度，超然于毁誉之外"，极得要领。巴氏不大理解原文，翻为 Servants will tear up a portrait, not liking to be confronted with its beauties and its defects（仆人撕毁画像，不管画得好还是不好），完全不知所云。

巴尔福的汉语水平确实有些问题，而翟理斯对他评价不高，可能还有一个原因：他本人是《庄子》的第二位英译者，难免有所谓"影响的焦虑"（anxiety of influence）吧。翟理斯的译本（*Chuang Tzu: Mystic, Moralist, and Social Reformer*）出版于 1889 年，水平当然要高出很多，上面那句"介者侈画，外非誉也"他翻译成：a one-legged man discards ornament, his exterior not being open to commendation，与原意比较接近。总体来讲，翟理斯能够抓住《庄子》原文的精神，因此其译本也成为华兹生认真参考的第一个译本。但翟译也不是没有问题，华兹生认为翟理斯太过于迁就维多利亚时代英国人的阅读口味。如"北冥有鱼，其名为鲲"被他翻译成：in the northern ocean there is a fish, called the Leviathan。《尔雅》说"鲲"是"鱼子"的意思，明人方以智说："鲲本小鱼之名，庄用大鱼之名。"（《药地炮庄》）但无论是大鱼还是小鱼，都很难和《圣经》中力大无穷的巨兽 Leviathan（利维坦）对应起来。佛教刚传入中国时曾经有过一段"格义"的时期，就是用中国的思想，特别是道家思想去比附佛教教理。翟理斯这里的做法可以说是用基督教去"格义"道家了。

说来有趣的是，肯定巴尔福首译之功的理雅各恰好是《庄子》的第三位英译者。理氏早年埋首儒家典籍，将四书五经翻译成英文，产生巨大影响。只是到了晚年才开始着手翻译道家的作品，他收于《东方圣书》(*The Sacred Books of the East*)系列中的《庄子》译本出版于1891年。理雅各的汉学功力无疑是一流的，但可能浸淫于儒家太久，华兹生认为他翻译的《庄子》尽管非常忠实于原文，但对于《庄子》的精神实质却常常把握不住(miss Chuang Tzu's point rather often)。

到了20世纪，又有几种《庄子》译本出现，它们对于华兹生同样具有参考作用。冯友兰1933年的译本(*Chuang Tzu, a new selected translation with an exposition of the philosophy of Kuo Hsiang*)最大的好处在于其中包含了郭象的注释。英国汉学家魏理(Arthur Waley)的《庄子》译文包含在《古代中国的三种思想》(*Three Ways of Thought in Ancient China*, 1939)一书中，虽然只有不多几篇，但质量上乘，足资借鉴。让华兹生比较失望的是他的同胞魏鲁男(James R. Ware)的译本(*The Sayings of Chuang Chou*, 1963)。在译者前言中魏鲁男竟然把庄子说成是"儒家的一派，而且是进步、有活力的一派"，这让华兹生感到莫名其妙，在这样的理解下翻译出来的《庄子》恐怕只能充当反面教材了。

除了《庄子》外，华兹生还在20世纪60年代翻译过《墨子》等其他几种子书。他说他在翻译这些子书时基本采用意译，不太拘泥于原文。但是译《庄子》时却非常谨慎，对原文亦步亦趋，尽量贴近。因为在他看来庄子使用的虽然是散文，但却像诗人一样驾驭文字。举一个例子，《德充符》中有句话："使之和豫通而不失于兑。使日夜无隙而与物为春，是接而生时于心者也。"其中"与物为春"是一个非常诗意的表达，对此翟理斯的翻译是：live in peace with mankind，冯友兰的翻译是：be kind with things。华兹生认为他们的翻译没有表达出原文的意象，让人感觉到庄子使用的是"陈腔滥调"（cliches），而实际上，庄子使用语言的方式是前无古人的。华兹生将这句话译成：make it be spring with everything，以诗译诗，堪称后来居上。

华兹生的译者前言主要谈翻译问题，但也论及《庄子》的主题思想，华兹生认为简而言之可以说是"自由"（freedom）。中国上古的哲学家关注的是同一个问题：如何在一个混乱、痛苦的世界里生存下去？其他人提出了一些具体的行动纲领，庄子的答案是"从这个世界解放你自己"（free yourself from the world）。在华兹生看来，庄子对这个病态和充满恐惧的时代的表述最好地体现在这样一个比喻中："厉之人夜半生其子，遽取火而视之，汲汲然唯恐其似己也。"（《天地》）基于这样的理解，华兹生将《庄子》开篇《逍遥游》译成"Free and Easy Wandering"，1993 年克里雷（Thomas Cleary）在自己的译本中则仅用"Freedom"一词，更加直截了当。

除了《庄子菁华》外，华兹生还在"菁华系列"中翻译过《墨子》、《荀子》、《韩非子》。在华兹生看来，这几子所讨论的政治和道德问题虽然也具有普世意义，但更多的还是与当时的政治和社会联系在一起；相比之下《庄子》的高论则不局限于他那个时代，而是面对所有的时代、所有的人。华兹生认为《庄子》最难译，但也最值得译，因为它具有永恒的价值（a text of timeless import）。从销售的情况来看也是如此，华兹生在《庄子菁华》1996 年新版前言中指出，30 年来其他三子之英译本的阅读和购买者基本是学习亚洲文化的学生，而《庄子》的受众，范围那就广大得多了。

华兹生是当今英语世界首屈一指的翻译家。他生于 1925 年，

1956 年凭借有关司马迁的研究论文获哥伦比亚大学博士学位。其后他将主要精力投入翻译，除了先秦诸子，他还翻译过《史记》、《左传》等历史著作，以及杜甫、苏东坡、陆游等人的诗歌。《庄子菁华》是华兹生最负盛名的译作，他的其他译作也精彩纷呈，有兴趣的读者可以一一欣赏和检验。

"一个民族已经起来"

——读《在彼处：大使演讲录》有感

○ 吴子桐

一

第一次拜读傅莹女士的文章，是在三年前的春天。彼时，拉萨"3·14"打砸抢烧事件阴霾不远，伦敦、巴黎、旧金山的奥运火炬传递受阻，CNN等西方主流媒体针对中国发布歪曲丑化甚至无中生有的报道……这些仿佛早春时分从西伯利亚裹挟而来的沙尘暴，让正默默期盼北京奥运盛会的国人心头一阵憋闷。在这样的心境下，读到时任中国驻英国大使傅莹女士的那篇发表在《星期日电讯报》上的《奥运火炬传递后的思考》，顿有"浇胸中块垒、吐不平之气"之感。

她面对窗外漫天飞舞的雪花陷入沉思："挡在中国与世界之间，有一堵厚厚的墙"；"为什么在涉及中国的问题上，笼统的批评能够被西方公众轻易接受？为什么没有人质疑这些批评到底涉及哪些具体问题，确切情况如何？为什么一些报道和数字能够在毫无事实依据的情况下连续数日在新闻中出现？"傅莹讲述了奥运圣火在伦敦传递遭到干扰带给中国人尤其是年轻一代的情感冲击，也用数字和事实充分详实地介绍了西藏经济、社会、文化发展的现状，向世界说明了中国的立场，也充分表达了期待中西方相互理解与尊重的愿望——"世界曾等待中国融入世界，而今天中国也有耐心等待世界认识中国"。

十年前，笔者在北大聆听钱其琛副总理作国际形势的报告，他在结尾处引用了苏轼《留侯论》里的话，至今依然记忆犹新："匹夫见辱，拔剑而起，挺身而斗，此不足为勇也。天下有大勇者，卒然临之而不惊，无故加之而不怒。此其所挟持者甚大，而其志甚远也。"钱副总理借此来说明在复杂的外交斗争中"要斗智斗勇"，"不要斗气"，"不图一时之痛快，不争一日之短长"。傅大使的这篇雄文可谓"斗智斗勇"，虽笔调温婉，却字字珠玑，有着千钧的重量。文章以英文写就，按照梅仁毅教授对傅氏英文的评价，"没有艰深术语，没有老生常谈，从听众熟悉的事物说起，娓娓道来，如细雨入土，很容易便将听众吸引了过来"。

今天，越来越多的中国外交官在西方主流媒体上接受采访、撰写专文，给国人以李杜文章"至今已觉不新鲜"之感，这一点却恰恰证明了：傅莹大使是中国公共外交实践的先行者，《奥运火炬传递后的思考》一文也有着"开风气之先"的意义。正是在内容、形式和语言等三重意义之下，这篇雄文的一纸风行，便也不足为奇了。

二

傅大使回国履新已近两年，她任中国驻澳大利亚和英国大使期间的英文作品结集为《在彼处：大使演讲录》，以英汉对照形式于近日出版。《在彼处》共收有作者英文演讲 20 篇、在英国主流媒体发表的文章 5 篇和访谈实录 3 篇，并附有其关于演讲技巧体会的文章。

书名《在彼处》朴素平和，却饱含深意。诚如傅大使本人在伦敦离任招待会上的演讲："作为外交官，又是蒙古族人，我是个天生的游牧者，似乎一生都不断在履新和离别之间徘徊——在布加勒斯特、金边、雅加达、马尼拉和堪培拉，都有过美好的岁月，每次告别都依依不舍。"身在彼处，念兹在兹的，却无时无刻不是故国。这是游子的情怀，更是外交官的担当。

全书文字行云流水，但却"形散而神不散"，紧紧围绕"向世界说明中国"、"沟通中西"的主题而阐发。在这个主题下，无论是中国抑或是西方的读者，皆可找到对这些问题的答案：中国是一个什么样的国家？为什么中国的制度如此不同？为什么这个国家会有如此强大的生产力？中国怎样融入世界？怎样向世界介绍一个真实的中国？

无论是在中华人民共和国 60 周年国庆招待会、四川地震灾区死难者哀悼仪式等使馆官方活动，还是在莎士比亚诞辰纪念午宴、"中国茶文化展"开幕式等特色文化雅集；无论是在英国皇家国际事务研究所、伦敦政治经济学院等科研机构严谨的学术研讨，还是在澳大利亚国立大学、牛津学联等与大学师生愉悦的交流；傅莹女士的演讲涵盖政治、经济、社会、文化、历史等方方面面，但其主题都是"致力于把中国介绍给全世界，并向全世界敞开中国的大门"（英国前首相托尼·布莱尔语）。

笔者尝试用一个问题来梗概全书，那就是：中国是一个什么样的国家？傅莹在 2009 年 4 月 29 日于牛津学联的演讲当中，举了这样一则颇有意味的事例。很多外国学者和民众认为中国已经是世界第二强国，仅次于美国，中美 G2、"中美共治"等成为国际政治领域的热门词汇。但大部分中国人不同意这个看法，纷纷列举各种事实和数据，说明中国仍然是一个发展中国家。傅莹接着提问：那么哪个国家在世界上排名第二位呢？在场的听众给出的答案不一而足。笔者曾经有幸在国内大学听过几次傅莹女士的演讲。她面对中国大学生也多次提问这个问题，青年学生的答案也很相似，赞成中国世界第二者有之，但也有更多的人给出他们心目中世界第二强国的答案，也有答案认为俄罗斯、中国、德国、英国、法国等都实力均衡，都有成为世界第二强国的资格。这也印证了当今世界真是一个"一超多强"的多极化时代。

傅莹为什么一而再、再而三地就这个问题测试和发问？为什么中国和外界对这一问题呈现出两种截然不同的认识，孰是孰非？笔者以为，这不但反映了外界和国人对中国的心态，更体现了如何从一个多元的角度更加客观地去认识一个真实的中国。

邓小平同志在向外国客人介绍中国的时候，曾经用"既大又小、既强又弱"的表述来说明中国的特点。温家宝总理也曾这样比喻：在中国这样的人口大国，任何小的困难只要乘以13亿就会成为大难题，任何成就除以13亿就变得微不足道。傅莹在演讲中说明一个改革开放、和平发展的当代中国，并非只介绍中国成就和中国奇迹，同样也向国外听众陈述中国在发展中存在的诸如贫困问题、就业和民生问题、资源和环境问题、产业结构不平衡问题等等各种严峻挑战。她在自序中慨言："像中国这样，取得很多成绩却得不到外界认可，面临许多挑战也得不到充分理解。"我想，这正是她针对当下世界对中国认识的歪曲、片面的时弊所发，也是她在演讲中一以贯之地介绍二元中国的原因所在。布莱尔在为本书作序时也非常清醒地认识到这一点："这就是中国所面临的两难境地——它既是发展中国家，也是世界强国。"一个"既大又小、既强又弱"的中国，一个"既是世界强国，又是发展中国家"的中国，这就是当下中国的事实。我们对此要有清醒的认识，既不能妄自菲薄，也不要夜郎自大。

傅莹的演讲撰文，不照本宣科，而是采用能够让受众认可的说话方式，通过人们感兴趣的问题来介绍和说明中国。这种出色的沟通能力使她成为在海外颇有影响、代表了中国形象的外交官之一。她对自己演讲的总结体现了关于公共外交的深刻理解，就是"要实事求是，要早说话、要多说话、说明白话"，要让世界理解和尊重中国。

三

掩卷沉思，眼前浮现起另外两位中国驻英使节的形象：郭嵩焘与顾维钧。

郭嵩焘，首任中国驻英国公使。1876 年 1 月（清光绪二年冬），为清王朝交涉英国驻华使馆翻译官马嘉理在云南被杀事件，郭嵩焘衔命赴英"通好谢罪"并担任公使。郭嵩焘不久受谤而去，其在驻英公使任上只有短短不到三年的时间，且受当时中国国力所限，郭氏在英的外交活动乏善可陈，但他却"放眼看世界"，深入考察以英国为代表的西方现代工业国家在政治、经济、社会、文化、教育等各个方面的历史和现状。我们今天通过郭嵩焘的《使西纪程》和《伦敦与巴黎日记》，仍然可以清晰地感受到他置身西方文明对中华古国在世界化浪潮中向何处去的深邃思考，其理论深度远远超越了当时在国内领导洋务运动的诸位"中兴名臣"。

顾维钧，1941 年 7 月担任中国驻英国大使。那时候，太平洋战争尚未爆发，正是中国抗日战争最为艰难的岁月。英国正在同纳粹德国作殊死较量，伦敦成为西欧武装抵抗轴心国的中心。顾维钧在回忆录中这样袒露其心境："最重要的是要让西方民主国家的人民了解，中国不仅是为了自己的独立自由而战，也是为了全世界的自由事业而战"，"应当广泛宣传中国抗战对于自由世界的真实意义和重要性"，这样，"各友好国家的政府方能认识到中国的抗战和西方世界的自由事业是利害与共的"。顾维钧明确地把"宣传中国的抗战事业"和"寻求物质上的援助"作为其驻英大使的任务，并为此开展了一系列的外交活动。

从郭嵩焘、顾维钧到傅莹，从《伦敦与巴黎日记》、《顾维钧回忆录》到《在彼处：大使演讲录》，中国一个多世纪风雨兼程的外交史草蛇灰线，伏脉千里。三者同为中国驻英使节，皆为出色的外交官，这些文字凝聚了他们对中国与世界的思考，但不同的是他们所处的时代和国运。从郭嵩焘"走向世界的挫折"，到顾维钧为争取援助而折冲樽俎，再至傅莹"介绍一个真实的中国"的公共外交，中国外交史从晚清、民国一路铺陈，直至今天新中国的和平发展，这背后是一个民族崛起的足音。我想起穆旦先生的一首诗。

那时候，穆旦先生还是西南联大外文系的学生，他在抗战的烽火中思考故国的命运，写下诗篇《赞美》：

> 走不尽的山峦的起伏，河流和草原，
> 数不尽的密密的村庄，鸡鸣和狗吠，
> 接连在原是荒凉的亚洲的土地上，
> 在野草的茫茫中呼啸着干燥的风，
> 在低压的暗云下唱着单调的东流的水，
> 在忧郁的森林里有无数埋藏的年代。
> ……
> 然而一个民族已经起来，
> 然而一个民族已经起来。

是的，一个民族已经起来。
一个民族已经起来。

2011 年 9 月 20 日清晨于梅轩草堂

娱乐化的时代，诗安在？

○ 郑思明

清晨，你可会领略"宿鸟动前林，晨光上东屋"的静雅？黄昏，你可曾羡慕"月上柳梢头，人约黄昏后"的浪漫？初春，你可懂得欣赏"天街小雨润如酥，草色遥看近却无"的美丽？严冬，你可怀有"冬天来了，春天还会远吗"的希冀？表达爱情，你可曾忆起"山无陵，江水为竭，冬雷震震，夏雨雪，天地合，乃敢与君绝"的千古绝唱？说到离别，你能否体会"春蚕到死丝方尽，蜡炬成灰泪始干"的寸断肝肠？

也许你要说，"这样的人岂不是老古董或是神经质？"的确，现代社会快节奏的生活已经把诗歌排除在我们的心扉之外，诗歌似乎离我们越来越遥远，越来越不切实际。其实，早在一百多年前，黑格尔就发出了令人震惊的预言："艺术终结了"（《美学》）。不过，黑格尔所说的艺术终结并不是完全否定艺术，而是认为艺术已不再像古典时期那样，在人们心目中占据至关重要的位置，他认为，艺术应该让位于哲学。黑格尔作出了艺术、宗教、哲学三阶段的预言。之后，阿多诺、丹托、德里达、希利斯·米勒等人也相继讨论了艺术终结的问题。阿多诺认为工具理性和现代技术的强制同一性生产了"顺从的"大众艺术，也即麻醉人的艺术，艺术的自律性、批判性和本真独特性遭到破坏，艺术已丧失其个人性特征，艺术作品可以由机器大量复制，成了廉价的商品（《美学理论》、《启蒙辩证法》）；丹托从后现代的立场表明：在当代，艺术品和日常物品之间的界限被打破，"美"已不再是艺术的本质规定，艺术不再拥有确定的标准，一切皆可为艺术，人人皆可为艺术家（《艺术的终结》）；希利斯·米勒则借德里达的话阐述了电子媒介时代文学将要面临的"悲惨"命运："……在特定的电信技术王国中，整个的所谓文学的时代将不复存在。"（《全球时代的文学研究还会继续存在吗？》）的确，在当代，随着科学技术的发展，传统的艺术形式，特别是文学，越来越被新兴的影像艺术所代替，典型的就是电影、电视和互联网的广泛应用。它们以其图文并茂、生动有趣的形式占据了我们生活中的大部分休闲时间，我们无暇或懒得去关注文字那呆板的形象。不过，文学艺术被打入冷宫，既有外因也有内因，外因是工具理性和现代科学技术，内因则是人们自己的选择，是人主动放弃了文学。一位中国诗人曾指出，"不是艺术抛弃了大众，而是大众抛弃了艺术。"

人们主动放弃文学艺术有很多冠冕堂皇的借口。有人说：文学解决不了生活问题，人们整天忙得晕头转向，哪有闲心读文学，文学（特别是诗歌）只是有闲阶级的游戏罢了。这一点颇值得商榷，过去，文学艺术（主要指文字之后的书面文学）的确是王公贵族以及有闲阶级的专属。不过，随着社会财富的日益丰富，人们有了更多的休闲时间，从单休到双休，再到各种节假日，人们的自由支配时间逐渐增多，可是，我们却并没有玩起有闲阶级玩弄的"文字"游戏，而是沉浸在电视、电脑为我们营造的五彩斑斓但又有些虚幻的世界里。电视、网络已成为人们休闲娱乐的主要手段，它们以刺激感官愉悦的广告、花边新闻、畅销读物、低俗小说以及骇人听闻的奇闻轶事，来吸引、填充和麻痹人们那越来越不善于和不乐于思考的脑细胞，似乎人们正在走向《美丽新世界》和《娱乐至死》两部书为我们所描述的麻醉世界。当然，我们不能全盘否定电视、电脑等科技产品的作用，它们带给人类极大的方便，也提供了无穷的乐趣。我们不必，也不可违逆历史潮流，但我们需要在娱乐化的时代保持一种自律和清醒，给被边缘化了的文学开拓更广阔一点的空间，以刺激越来越麻木的思想和情感。

当代人不读诗至少还有一个理由，那就是"诗歌很难，很高雅，读不懂！"于是他们就不再难为自己，干脆不读诗。毕竟，影像比文字带给人更直接的感官享乐，而且不需要人们付出太多的思考和努力。霍克海默和阿多诺在《启蒙辩证法》中指出："有声电影远远超过了幻想的戏剧，对观众来说，它没有留下任何想象和思考的空间。"阿诺德·豪泽尔认为："电影可以说是一种适合大众需要的、无需花多大力气的娱乐媒介。因此，人们称电影为'给那些没有阅读能力的人阅读的关于生活的连环图画'。""电视对于书籍，甚至对于戏剧、电影和广播的胜利，可以说是思想的懒惰对于勤快的胜利。"（《艺术社会学》）在波兹曼看来：电视是一种适合于表现具体片段的媒介，它对现实世界的描述缺乏语境、支离破碎，与我们的生活缺少关联，更谈不上逻辑性和连贯性；电视画面以其直观的形式，使得人们不用去思考，而且其瞬间即逝、快速变化的事件和场景也容不得人们思考（《娱乐至死》）。长期和过度看电视的人，他的注意力和思考能力都会下降。渐渐地，我们将既不会思考，也不会表达，更不会批判。

上面谈到的现象正在我们的生活中发生，现在的我们越来越沦为消费的俘虏、娱乐的奴隶，仿佛拼命工作、疯狂消费与享乐成了人们生活的全部。但这是工具理性和消费主义对人性的侵蚀和异化，不是人之存在的根本。那么什么才是人之存在的根本呢？约瑟夫·布罗茨基在1987年的诺贝尔奖受奖演说中讲道："就人类学的意义而言，我再重复一遍，人首先是一种美学的生物，其次才是伦理的生物。因此，艺术，特别是文学，并非人类发展的副产品，而恰恰相反。如果说有什么东西是我们有别于动物王国的其他代表，那便是语言，也就是文学，其中包括诗歌，诗歌作为语言的最高形式，说句唐突一点的话，它就是我们这一种类的目标。"朱光潜先生在《文学与人生》一文中也表达了类似的观点，他说："人之所以为人，不只因为他有情感思想，尤在他能以语言文字表现情感思想。试假想人类根本没有语言文字，像牛羊犬马一样，人类能否有那样光华灿烂的文化？文化可以说大半是语言文字的产品。"丰富多彩的人类文明，都是结在语言文字这颗大树上的累累硕果，诗歌是语言和思想的精华，不读诗，人类的这些精华将会逐渐消失殆尽。在对抗现代科技对人性的侵蚀和异化方面，在带给人智慧和审美体验方面，诗歌有着先天的特质和使命。早在古罗马时代，贺拉斯就曾指出："诗人的愿望应该是给人益处和乐趣，他写的东西应该给人以快乐，同时对生活有帮助"，诗歌"寓教于乐，既劝谕读者，又使他喜爱，才能符合众望"。

他的这一观点被后来的很多诗人和哲学家认可，如希德尼、朗杰努斯、狄德罗、莱辛、雪莱，等等。希德尼说："诗的目的是为了导致德行，教导人们从善。"雪莱认为：诗人是"真和美的导师，……是未经正式承认的世界立法者"。陀思妥耶夫斯基说："艺术拯救世界。"阿诺德说："诗歌拯救我们。"不论诗歌是否承担起其拯救的职能，但其在塑造高尚的人性上的作用，从未有人怀疑和否定。T. S. 艾略特说得好："诗歌时刻都在执行着类似传递关于新经验的信息，或者阐述已知经验，或者表达我们用言辞难于表达的那种感受的这样一类职能。因此诗歌丰富我们的精神世界并磨炼我们认识周围世界的本领。绝不能忽视诗歌在我们所有人的生活中，在社会生活中，也起着特殊的作用。"

作为一种寓教于乐的方式，诗虽与音乐、舞蹈、绘画等艺术有着相似的美感特质，或以节奏给人以美的听觉享受，或以意象给人以美的视觉盛宴。但诗与乐和画，以及后来的多媒体带给大家的音、视、像合一的娱乐方式有一个很大的不同，那就是，诗歌之美的获得不是直接的，而是通过语言的媒介，经由思维和想象的过程而获得的。这首先需要人们对语言的敏感，对语言的熟练掌握，其次是知识的积累。思考是人的本质，表现情感思想是人的根本需要，而语言是表现情感的直接媒介，英国诗人 W. H. 奥登甚至说："诗人就是语言赖以生存的人。"中国古代历来有"诗传情、诗言志"之说，可是，这如何传、如何言的技巧并不是人人都掌握得好的。诗歌可以训练人们更好地使用语言，更好地传达情感。诗人最善于寓情于景，托物言志，化抽象为具体，而不是直来直去，抽象说教，枯燥乏味。

诗歌把语言的音乐性和图画性发挥到完美的境地，它通过优美的画面，朗朗上口的节奏，向人们传情达意，真正做到了寓教于乐。在当代，诗之所以必要，原因或许就在于此。优秀的诗人必是有情趣的人，而且是语言大师，他们能从平常人们熟视无睹的平淡中发现新奇，并生动地表现出来。对此，朱光潜先生曾有一段精辟的描述：

> 我们一般人对于本来在那里的新鲜有趣的东西不容易"见"着。这是什么缘故呢？不能"见"必有所蔽。我们通常把自己围在习惯所画成的狭小圈套里，让它把眼界"蔽"着，使我们对它以外的世界视而不见，听而不闻。比如我们如果围于饮食男女，饮食男女以外的事物就见不着；围于奔走钻营，奔走钻营以外的事就见不着。诗人和艺术家所以超过我们一般人者就在情感比较真挚，感觉比较敏锐，观察比较深刻，想象比较丰富。我们"见"不着的他们"见"得着，并且他们"见"得到就说得出，我们本来"见"不着的他们"见"

着说出来了，就使我们也可以"见"着。像一位英国诗人所说的，他们"借他们的眼睛给我们看"。

　　这段话可谓讲得鞭辟入里，我们寻常人缺乏的就是诗人的敏感和表达能力。比如，我们很多人去过杭州西湖，但大多只会感叹一声"西湖真美呀！"，抽象至极。相反，如果用苏东坡的诗来描述，则是韵味十足："水光潋滟晴方好，山色空蒙雨亦奇。欲把西湖比西子，淡妆浓抹总相宜。"他把西湖晴天和雨天的美都表现得恰到好处，读完之后，我们会在脑海中形成三幅绝美的画面：碧日掩映下的西湖，山雨空蒙中的西湖，美人西施。这样一来，西湖之美便立觉可感可触了。清晨，各种不知名的鸟儿常在枝头鸣叫，我们却往往听而不闻，而雪莱则这样动情地描写云雀，将其称为"欢快的精灵"：你"从天堂或天堂的邻近，/以酣畅淋漓的乐音，/不事雕琢的艺术，倾吐着你的衷心。"云雀从地面一跃而上，"像一片烈火的轻云"，"掠过蔚蓝的天心，/永远是歌唱着飞翔，飞翔着歌唱。"（江枫译）在诗中，诗人表达了对云雀的无限赞美之情，他渴望成为云雀，希望能像它那样酣畅淋漓地歌唱，无拘无束地飞翔，并且把自己参悟到的美妙真谛传递给大众，"直到普天下的同情/都被未曾留意过的希望和忧虑唤醒"。伟大诗人济慈更是以敏锐的感受力和美妙生动的语言，向人们讲述着大自然的瑰丽与神奇，他不但有热情讴歌秋天的《秋颂》，更有细腻描写昆虫的《蝈蝈和蟋蟀》："大地的歌吟永远也不会消亡：/尽管烈日下的小鸟们晒得发晕，/躲进了清凉的树荫，却有个嗓音/越重重篱笆，沿新割的草场飞扬"，这是蝈蝈在歌唱"盛夏的富丽豪华"，落寞的冬日夜晚，当一切被严霜"冻入静寂"，炉边会响起"蟋蟀的高歌"（屠岸译）。正可谓：春有百花秋有月，夏有凉风冬有雪。对于善于发现的眼睛，生活中并不缺少美。

　　爱情作为人类最美好的情感，历来是诗歌表现的主题。几乎每个伟大的诗人，都有歌颂爱情的力作：有"情圣"之称的唐代大诗人李商隐，留下了一首首爱情绝唱，他的很多名句至今脍炙人口，像"身无彩凤双飞翼，心有灵犀一点通"，"何当共剪西窗烛，却话巴山夜雨时"等；著名词人柳永的《雨霖铃》里"此去经年，应是良辰好景虚设，便纵有千种风情，更与何人说？"；李清照的"一种相思，两处闲愁，此情无计可消除，才下眉头，却上心头"；秦观的"两情若是久长时，又岂在朝朝暮暮"。比起中国含蓄委婉，甚至有些凄楚的爱情诗来，西方爱情诗则大胆奔放，坦率直白。比如彭斯的，"啊，我的爱人像朵红红的玫瑰，/六月里迎风初开；/啊，我的爱人像支甜甜的曲子，/奏得合拍又和谐。"诗人以明艳的比喻，将心爱的人儿夸赞，接着，他又向姑娘直白地表露心扉："我的好姑娘，多么美丽的人儿！/请看我，多么深挚的爱情！/亲爱的，我永远爱你，/纵使大海干涸水流尽。"（王佐良译）这样的感情是多么地真挚而热烈！而叶芝的《当你老了》，则以一种平静和理性的口吻，饱含深情地表达了爱的忠诚："多少人爱你青春欢畅的时辰，/爱慕你的美丽，假意或真心，/只有一个人爱你那朝圣者的灵魂，/爱你衰老了的脸上痛苦的皱纹"（袁可嘉译）。相比之下，当下的我们确是少了太多的浪漫，当然，这一方面也是因为科技的发展缩短了空间的距离。电话、网络使得相隔万里的人可以面对面地交谈，旧时的那种离别与相思之苦被冲得很淡很淡，诗乃有情而发，情不到处很难产生诗意。不过，或许正因如此，方显诗之情真意切，这种情真意切也最值得我们玩味。

　　同样真挚的还有亲情和友情，亲情诗最著名的如孟郊的《游子吟》："慈母手中线，游子身上衣。临行密密缝，意恐迟迟归。谁言寸草心，报得三春晖。"温暖的母爱，拳拳的孝心，越是玩味越是浓厚。西方诗歌里这样的亲情诗也不在少数，西奥多·罗特克在《爸爸的华尔兹》中回忆了小时候喝醉酒的父亲送他上楼睡觉的情景，一老一小跟跟跄跄，仿佛是在跳舞。"蹦喳喳不停地旋转"，"震落了厨房的锅瓢碗盘"。诗歌充满了家的温馨以及孩子对爸爸的无限依恋。父亲"在我头上敲击节拍，/手掌上干硬的泥土沾满，/华尔兹舞步中你送我上床"，字里行间透露出诗人对父亲的思念和至爱。

中国古诗词里面，歌颂友情的诗歌比比皆是："渭城朝雨浥轻尘，客舍青青柳色新。劝君更尽一杯酒，西出阳关无故人"；"海内存知己，天涯若比邻"；"桃花潭水深千尺，不及汪伦送我情"。英语诗歌里歌颂友谊的作品也不乏精品之作，最著名的如彭斯的《友谊地久天长》，丁尼生悼念好友哈勒姆的长诗《悼念集》。此外，莎士比亚、朗费罗、普希金、纪伯伦等著名诗人都有歌颂友情的力作。我们不妨看一下朗费罗的一首关于友谊的温馨小诗《箭与歌》，诗人将看似毫不相关的"箭"与"歌"并置在一起，通过描述两者的相似之处，把抽象的友谊具体可感、形象生动地表现出来：唱出的歌像射出的箭一样，见不着踪影，但它们并没有消失。"很久以后，我找到那支箭，/插在橡树上，还不曾折断；/也找到那支歌，首尾俱全，/一直藏在朋友的心间"（杨德豫译）。生活中，我们有时会随便哼唱一支小曲，或对朋友说句温馨的话，或传递一个善意的微笑，虽然我们不曾留意，时过境迁也会浑然忘却。但很久以后，我们却惊奇地发现，那悠扬的歌声和真挚的友情一直被朋友默默地藏在心间。这是诗人对友谊的感悟与歌颂。可如今，在这个利益当头、见利忘义的时代，真挚的友情似乎成了奢侈的字眼，我们听到太多的坑蒙拐骗事件都是发生在"朋友"之间。"朋友"二字已失去了很多原初的含义，友情不是以"情"维系，而是以"利"维系，利不在则情不在。

诗歌中也往往蕴含着深刻的哲理，正如济慈的《诗人颂》中所言："流畅的诗句蕴含哲理，/金铸的历史和传说掌故/把天堂的秘密娓娓讲述。"在某种程度上，伟大的诗人确是超越时代的智者和预言家，他可以把复杂深奥的哲理融于曼妙委婉的语词中。张若虚的《春江花月夜》一诗即凝结着诗人对历史、人生和自然的思考："江畔何人初见月？江月何年初照人？人生代代无穷已，江月年年只相似。"李白的《行路难》，更是以生动的笔触，慨叹人生的曲折以及直面人生的勇气与执着："长风破浪会有时，直挂云帆济沧海。"

优秀的诗歌还具有时代使命感，向人们折射出正义和自由的光芒。英国浪漫主义时期的雪莱、拜伦等大诗人，都有着很强的社会责任感，他们的诗歌既有对不合理制度的控诉和鞭挞，又有对美好社会的向往与期盼。如雪莱的《给英国人民的歌》一诗，如贯耳的洪钟，震醒沉睡麻木的英国人，让他们意识到自己遭受剥削和迫害的命运："英国人民啊，何必为地主而耕？……何必把那些忘恩负义的懒虫 / 从摇篮到坟墓都好好供奉？ / 吃饭，穿衣，救命，一股脑儿承担，/ 而他们却要榨尽你们的血汗！"诗人以气势磅礴的排比和祈使句式，鼓舞人们奋起反抗："播种吧——但是不让暴君收；/ 发现财富——不准骗子占有；/ 制作衣袍——不许懒汉们穿；锻造武器——为了自卫握在手！"（穆旦译）另一位伟大的浪漫主义诗人拜伦在《本国既没有自由可争取》一诗中，则表达了诗人为自由和正义而献身的豪情壮志："本国既没有自由可争取，/ 为邻国的自由战斗！""为人类造福是豪侠业绩，/ 报答常同样隆重；为自由而战吧，在哪儿都可以！ / 饮弹，绞死，或受封！"（杨德豫译）句句铿锵有力，透着无比的坚定与豪气。车尼尔雪夫斯基和杜勃罗留波夫认为："为自由而战吧，在哪儿都可以！"这行诗代表着拜伦一生的指导思想和行动准则。

我们不一定人人拥有诗人的敏感和才气，但是既然诗人"借他们的眼睛给我们看"，我们就得利用好，借用他们的眼睛去观察世界，思考人生，了解自己，滋养自己。特别是在消费和享乐主导下的娱乐化时代，我们更要学会培养情趣和领略情趣，而诗歌最利于培养情趣。我们首先要多读诗，提高自己的欣赏能力，其实欣赏也是创作的过程，需要欣赏者具有一定的知识水平和语言能力。朱光潜说："每个人所能领略到的境界都是性格、情趣和经验的返照，而性格、情趣和经验是彼此不同的，所以无论是欣赏自然风景或是读诗，个人在对象（object）中取得（take）多少，就看他在自我（subject-ego）中能够付与（give）多少，无所付与便不能有所取得。"欣赏力的高下，欣赏时能够给予多少，与个人的平时修养和训练有很大关系。人们所说的"诗高雅，诗很难"，原因就在于此。越是不读诗，就越难领会诗之美。诗歌语言最讲究含蓄，最讲究一词多义，读诗既可以检验和提高我们的语言水平，又可以培养我们的情趣，不读诗是偷懒的表现。在读诗的同时，我们最好也尝试着写诗，就当自娱自乐，生活有了诗的参与，才会更有情趣。

当然，有了读诗的意识，还要有读诗的心境。华兹华斯说："诗是宁静中回忆起的情绪。"也即是说，诗人有了情绪，还需要内心在宁静中对其玩味、思考，进而把这种情感融于语词，通过意象、韵律的综合作用把情感发之于外。同样，欣赏诗歌也是如此，读者要在宁静的心境中玩味语词，展开想象，体会诗人为我们传达的那份情愫。纪伯伦在《沙与沫》中写道，"如果你嘴里含满了食物，你怎能歌唱呢？／如果你手里握满金钱，你怎能举起祝福之手呢？"只有我们抛开（哪怕是暂时抛开）世俗的羁绊和无止境的欲求，才能求得"结庐在人境，而无车马喧"的内在闲适，也才能达到"竹杖芒鞋轻胜马，一蓑烟雨任平生"的洒脱与超然。在闲暇之余，何妨关掉电视，走入大自然，拿出一本诗集，在清风暖阳里展开遐想，体味天人合一的妙境；或者坐在书桌旁，沏上一杯香茶，翻开墨香的扉页，与诗人先哲来一次倾心的交谈；或者在嘈杂的地铁上，在通勤的班车上，默默吟诵一首喜欢的诗歌，你将会在嘈杂与烦躁中获得一份独有的安宁！

外研社近期正在推出一套《英诗经典名家名译》丛书，其中包括《莎士比亚十四行诗》、《布莱克诗选》、《彭斯诗选》、《华兹华斯诗选》、《拜伦诗选》、《雪莱诗选》、《济慈诗选》、《叶芝诗选》、《狄金森诗选》、《纪伯伦诗选》、《弗罗斯特诗选》。这套丛书选取了英诗中最经典的诗人诗篇，并选用了国内广受好评的经典译本，比如袁可嘉、穆旦、王佐良、冰心、屠岸、江枫、杨德豫等诗人学者的译作，以中英双语对照的形式呈现给读者。在真正阅读诗歌的群体日渐萎缩的年代，这套诗集的出版，能为读者提供一个严谨、精致，同时又充满诗歌之美的读本，从而推动经典诗歌与英语文学的传播。

最后，让我们引用朱光潜先生的一段话来结束本文，他说：

> 诗的疆土是开发不尽的。因为宇宙生命时时刻刻在变动进展中，这种变动进展的过程中每一时每一境都是个别的，新鲜的，有趣的。……诗人和艺术家的眼睛是点铁成金的眼睛。生命生生不息，他们的发现也生生不息。如果生命有末日，诗才会有末日。到了生命的末日，我们自无容顾虑到诗是否还存在。但是有生命而无诗的人虽未到诗的末日，实在是早已到生命的末日了，那真是一件最可悲哀的事。"哀莫大于心死"，所谓"心死"就是对于人生世相失去解悟和留恋，就是对于诗毫无兴趣。读诗的功用不仅在消愁解闷，不仅是替有闲阶级添一件奢侈；它在使人到处都可以觉到人生世相新鲜有趣，到处可以吸收维持生命和推展生命的活力。

周恩来公共外交艺术

○ 张　颖

公共外交是中国和平外交的重要方法，这种润物细无声的外交实践不但可以多交朋友，赢得舆论与道义的广泛支持，也可以树立中国友好的国家形象，改善中国的外交环境，并为和谐世界的营造创造有利的外部条件。胡锦涛同志在党的十八大报告中专门提出要大力推动公共外交。在当今国际环境下，中国努力加强公共外交，从而不断提升国家软实力，营造良好的外部舆论环境，塑造中国民主、进步、开放、和平的负责任大国形象，其意义十分重大。

周恩来总理是新中国首任外交部长，是举世闻名的外交家。他的外交思想与实践不仅影响了一个时代，对现在的中国外交也有着重要影响。周恩来外交思想与实践中有一个重要而突出的特点，就是他在外交实践中对公共外交进行了积极的、有益的探索并成功地进行了一系列公共外交活动。中国很多公共外交活动都是在周恩来的个人努力下或领导下进行的。虽然在周恩来时代，还没有公共外交的概念，但周恩来运用公共外交的实践，有效地改善了中国同世界各国的关系，堪称中国公共外交的典范。周恩来丰富的人生阅历和渊博的学识素养铸造了高超的外交艺术，尤其是公共外交艺术。正是因为如此，周恩来公共外交艺术值得我们进行深入的研究和探讨。

2011 年，我校公共外交研究中心启动了"周恩来公共外交思想与实践"项目，采访了 10 多位曾经在周恩来总理身边工作过的外交官和工作人员，包括吴建民大使、中日友好协会王效贤副会长、梅兆荣大使、原外交部礼宾司唐龙彬司长，以及周恩来总理的秘书钱嘉东、马列和卫士高振普将军等。他们讲述了亲身经历和亲眼所见的周恩来总理的公共外交活动和思想，通过他们的讲述使人们对周恩来的公共外交艺术有了一个更深入的了解。在此基础上我们编辑出版了《周恩来公共外交访谈录》，从中人们可以管窥周恩来公共外交的主要特点。

一、原则坚定、政策灵活

周恩来总理严格要求外交干部，提出"站稳立场、掌握政策、熟悉业务、严守纪律"的 16 字方针，他要求外交工作既要坚持原则，又要保持政策的灵活性。

1971 年 1 月 25 日，亚乒联主席后藤钾二来中国访问，目的就是邀请中国派乒乓球运动员赴日参加在名古屋举行的第 31 届世乒赛。后藤钾二来了以后，就跟中国讨论怎样提出邀请我们参赛的问题。因为"文化大革命"，中国连续两届没有参加世乒赛。双方在商谈会谈纪要的内容上发生激烈争执，我方人员坚持要把台湾问题写入纪要，并且要求把中日关系政治三原则内容放在纪要的第一条，连顺序都不能变。谈判陷入僵局。后来，经周总理亲自过问和及时纠正，双方才得以圆满达成协议。这是周总理坚持原则性和灵活性相结合的一个范例。

二、充分准备，态度严谨

例如，周总理要求工作人员接见外宾前要认真了解情况，熟悉外宾来的目的、一贯的主张、当时的国际形势等，要对情况有深入的了解。周恩来本人就对中国和世界有着全面、开阔、客观的了解，他认为只有有了这种了解，才能把握全局，处事精确，对人对事看得准，所以他同人交往能一下子抓住关键，同别人交谈能一下子说到对方的心里。如在与缅甸进行边界谈判时，他能指着地图一个一个地点讲得清清楚楚，简直就是一个专家。周总理对日本的情况更是如数家珍，有时候比日本朋友了解得还多，这让日本朋友也很惊奇。周总理接见外宾，非常重视事先的准备工作。

周总理要求外交工作必须精确，不能打马虎眼。为了确保外事活动顺利进行，在工作人员回答问题表示不确定的时候，周总理总会说，"不能说不确定的话"。原礼宾司司长鲁培新对我们讲过这样一个故事。一次接待外宾时，周总理的警卫来叫他，说总理约见他。他推门进去，看见周总理在批阅文件，总理也知道他进去了。批完后，总理问了他三个与接待外宾相关的问题。在回答时，他对一些没有完全敲定的事情用了"可能""差不多"这样的字眼。周总理很不满意，便说，"什么叫'可能'？什么叫'差不多'？作为礼宾司的人，必须力求精准，不能用这种模糊性的词。"这件事给鲁培新留下了非常深刻的印象。

三、细微之处打动人，真诚之中感动人

周恩来总理作为一个大国总理，在和别人打交道的时候非常注意细节。我们在采访吴建民大使时，他跟我们讲，周总理和人打交道时，很注意细节。记得有一次，日本一个相扑代表团访华，那时中日之间没有外交关系，日本经济也没有发展起来，但周总理很注意做日本的工作。第二天日本相扑运动员要去爬长城，因为他们始终是穿着拖鞋，周总理发现后就说，你们穿的这种鞋爬长城不合适，再买鞋也

来不及了，就立刻安排制鞋厂，给每一个相扑运动员脚的尺码量了一下，第二天一早，每人门前一双新鞋。当时有的运动员哭了。吴大使跟我们讲，这些年他去日本的时候，离周总理逝世已经30多年了，提及周总理，日本人依然非常敬佩。我们可以想象，只有周总理这样的魅力才能使外交的影响持续这么久。

四、既重视大人物，也关心小人物

周总理重视做好各国、各阶层人士的工作。总理1963—1964年访问索马里期间，索马里没有文字，它原来是意大利的殖民地，官方用意大利文，当地老百姓却只懂索马里语，所以这里没有报纸，没有电台。在摩加迪沙的群众大会上，周总理讲话，先翻译成英文，然后再翻译成意大利文，之后再翻译成索马里当地语言。因为意大利文当时的官员都能懂，知识分子也懂，但老百姓不懂。周总理真的是很考虑当地的老百姓。

尼克松在访华结束后曾表示："周总理很细心地关注着每一棵树，但是，他也注意到森林。"

五、不循规蹈矩，具有很强的创造性

1956年底，周恩来访问缅甸。这次访问有一个特点，除了仰光、曼德勒等大城市外，周恩来绝大部分时间都在访问缅北少数民族地区。这次访问中有一个外交史上的罕见之举，即12月15日，周恩来和缅甸总理吴巴瑞一起，从陆路坐汽车，开到边界桥，下车步行进入中国境内，共同参加了在云南芒市举行的有15,000人参加的中缅边境人民联欢大会和中缅边境少数民族公众领袖座谈会。两国总理携手走过边界，这在世界上是从来没有过的。当时，缅甸的一些人对新中国还不是很了解，甚至有恐惧心理，担心中国有大国沙文主义倾向。缅甸首任总理吴努曾说过，"中国好比大象，缅甸好比羔羊，大象会不会发怒，无疑会使羔羊常常提心吊胆。"周恩来通过公共外交的形式，不但解决了中缅边境问题，有效地缓和了周边国家对中国的疑惧，而且也加深了与缅甸政府及领导人的关系，赢得了中缅边民的团结与互信，为中缅边界的长久、稳定的和平与友好打下了坚实的基础。

六、利用多种载体开展公共外交

日内瓦会议是新中国第一次以大国身份参加的重要国际会议，当时世界不了解新中国，在日内瓦会议期间，周恩来巧妙地运用公共外交的形式向世界展示新中国，拉近了中国同世界的距离。他的一个重要方式就是招待外国记者、朋友观看被为誉"中国的《罗密欧与朱丽叶》"的《梁山伯与祝英台》。周总理当时建议在请柬上写上一句话：请您欣赏一部彩色电影——中国的《罗密欧与朱丽叶》。一句"《梁山伯与祝英台》就是中国的《罗密欧与朱丽叶》"，使那些一开始对中国的这个戏剧片弄不懂的外国人看得如痴如醉，起到了点石成金的作用。请外国记者和官员观看电影这一举动，增加了他们对中国文化的了解。在日内瓦会议期间播放《梁山伯与祝英台》是周恩来实行公共外交的成功范例。

七、抓住一切机会，推动外交

1962 年中日备忘录贸易开始，1963 年便有了兰花外交。有一天，松村谦三突然给廖承志来了一封信，想要邀请中方一个兰花代表团访问日本。松村确实很喜欢兰花,每次到中国来都要去参观广东的兰园,买中国的兰花;松村还喜欢和同样爱好兰花的朱老总交流,看朱老总家里的兰花。但这个时候邀请兰花代表团访日,周恩来总理断定,日方是醉翁之意不在酒,肯定有要事要跟我们谈,于是立刻派出了兰花代表团,去了之后解决了延期付款的问题。

八、坦诚相见,感动世界

我们大家都知道非常有名的乒乓外交,在接见美国乒乓球代表团时,美国运动员代表科恩突然站起来问周总理如何看待嬉皮士,周总理坦诚的回答让远在千里之外的科恩母亲感动不已。科恩的母亲从加州托人通过香港,将一束深红色的玫瑰花送给周恩来总理,感谢他对她儿子讲了一番语重心长的话。

九、细致周到,赢得信任

1966 年阿富汗查希尔国王访华,在宴请查希尔国王时周总理坐在王后霍梅拉旁边,很关切地问她在北京适不适应,住在钓鱼台国宾馆是否习惯、方便。王后在闲聊时谈到自己睡觉时必须要拉上窗帘,遮住光才能睡好,而宾馆里的窗帘太薄。第二天她便发现自己房间的窗帘全部被更换成了遮光性好的厚窗帘。周总理的细致周到令阿富汗方面十分感动。

十、尊重习俗,毫不马虎

周总理说,尊重一国的习俗,实际上是对这个国家的尊重,他十分尊重别国的宗教信仰。70年代，巴基斯坦总统齐亚·哈克访华期间，毛主席想要会见他，但此时他正在做祈祷，周总理知道后，特地安排推迟了毛主席与齐亚·哈克的会见。

十一、方式巧妙，妙语连珠

在外交谈判中，发生分歧是常有的事情，出现僵局也很正常，关键在于如何巧妙地化解僵局，达成共识。周总理以巧妙的方法化解僵局——"粗茶淡饭"婉拒巨额援助要求，就是教科书一般的案例。周总理在同阿尔巴尼亚客人——当时是中国最亲密的朋友——的会谈中，尽管一度出现僵局，但没有相互争吵，而是经过巧妙安排，通过实地参观，增进了阿方的理解，解决了问题。周总理运用礼宾活动安排打破会谈僵局，充分显示出他高超的外交艺术。

我们在采访吴建民大使时，他给我们讲述了这样一个故事。1970年3月，柬埔寨首相朗诺趁西哈努克出访苏联和中国的机会，发动军事政变。政变发生时西哈努克亲王正好结束了对苏联的访问飞往中国，周总理亲自到机场迎接，并陪西哈努克亲王一同去钓鱼台国宾馆，中午和西哈努克亲王一块儿吃午饭，午餐的氛围比较悲沉。周总理一边分析形势，一边非常形象地指出，"金边上空的乌云，不过是暂时的现象，我相信乌云必将散去，阳光会普照大地。那个时候亲王一定能够返回金边，重新领导国家。"西哈努克的亲眷们一听中国支持他们，并听到周总理对形势的分析，心情好了很多。

以上可以看出，周恩来的公共外交特点鲜明，独具特色。第一，塑造了新中国形象。当周恩来刚刚出现在日内瓦会议时，在西方记者眼里"他面孔显得冷淡，带着一种蔑视的神情"[1]。然而在会议结束时，

---

① 迪克·威尔逊：《周恩来传》，解放军出版社，1999年，第198页。

正如顾维钧所言，"中共已经最大限度地利用出席日内瓦会议的机会来提高他们的国际地位和威望"①。美国人迪安·艾奇逊称周恩来跟丘吉尔一样，是世界上"最有才干的外交家"②。第二，改善了国际舆论。1955年亚非会议召开时，几乎所有与会国家都不同程度地"带着对新中国的成见而来"③。缅甸总理吴努曾认为共产党中国的领导人是像"希特勒那样的人，会拍着桌子高喊"④，锡兰总理科特拉瓦拉称共产主义为"红色威胁"⑤。但是会议结束后，中国不仅打消了他们的顾虑，而且交到了许多新朋友。巴基斯坦总理阿里说："现在成见打消了，只有伟大的中国才能派出这样伟大的代表团"⑥；柬埔寨西哈努克亲王在万隆会议后顶着被美国批评为"粉红色国家"的压力访问了中国；尼泊尔、锡兰、叙利亚、埃及等国家会后不久都与新中国建交。

在实践中可以看出，周恩来公共外交具有三个特性。一是亲民性。虽然仅仅是穿缅甸服，步行走过中缅边境线，但它有效地展示了周恩来公共外交亲民性的特点，这为接下来的中缅边境谈判创造了良好的情感基础。二是弱功利性。通过公共外交时间，拉近了中国与一些国家的关系，塑造了中国良好的国家形象，营造了友好的国际舆论环境。三是灵活性。周恩来与吴巴瑞携手走过中缅边境等公共外交实践，是国际外交礼仪和规则的一种创新，并起到了传统外交无法达到作用。周恩来的这些外交实践充分说明公共外交可以不囿于外交礼仪的限制，具有极大的灵活性。

---

① 顾维钧：《顾维钧回忆录》（第十一卷），中华书局，1990年，第88页。

② 迪克·威尔逊：《周恩来传》，解放军出版社，1999年，第198-199页。

③ 傅红星：《周恩来外交风云》，文汇出版社，2003年，第46页。

④ 陈敦德：《周恩来飞往万隆》，中国青年出版社，1998年，第64页。

⑤ 同上，第102页。

⑥ 傅红星：《周恩来外交风云》，文汇出版社，2003年，第46页。

逝水年华

联合国与新中国大学的首次合作

○ 张中载

20 世纪 70 年代初，发生了两件改变世界政治格局的大事：1971 年，中华人民共和国恢复在联合国合法席位；1972 年，美国总统尼克松访华，中美关系实现正常化。

一

1972 年，联合国致函我外交部，提出拟委托我国的大学为联合国培训中文同声传译和笔译人员。这原本是一件双赢的好事，我国有关部门积极回应，乐见其成。但是，当时正值"文化大革命"，极"左"思潮泛滥，此事历尽波折，直到"四人帮"垮台后，才终底于成。

事虽小，却以其多个"首次"的特殊意义在我国教育史和公共外交史上留下了记忆。

它的几个"首次"是：一、新中国的大学首次与联合国合作办学。二、新中国首次接受联合国援助。联合国开发计划署（UNDP）向受委托办学的北京外国语学院（北京外国语大学的前身）提供 65 万美元的援助。三、UNDP 任命笔者为"联合国援华项目主任"，负责这一援助项目的实施，这也是 UNDP 首次任命新中国的大学教师担任这一职务。四、任命笔者为 UNDP 赴日考察团团长，考察日本外语教学，并为"译训班"以及第三世界采购电教设备，代表团成员为联合国教科文组织（UNESCO）官员。五、在我国创建了第一个同声传译教学基地，为我国培养同声传译人员奠定了基础。六、新中国首次向联合国成批量输送本土培养的新生代中文同声传译和笔译人员。在我国改革开放初期，此事涉及方方面面，其影响和象征意义则远远超越了译训班本身。

二

新中国恢复在联合国的合法席位后，我国随即派出代表团出席联合国大会，并任命了中国驻联合国常驻代表。

一个新的问题出现了。

联合国的六种工作语言是：英语、法语、汉语、俄语、阿拉伯语和西班牙语。会议为这六种语言提供同声传译，联合国所有文件也都采用这六种文字。1945 年，联合国成立后，中国国民政府代表以及后来的台湾当局代表在会议期间的发言都用英文，不用中文，中文同声传译人员形同虚设。新中国恢复联合国合法席位后，中国代表在联合国大会的发言一律用母语中文。中文同声传译译员的紧缺和业务荒疏一下子凸显出来，引起联合国秘书处极大关注。此外，联合国原雇用的中文同声传译译员和笔译人员多来自中国台湾、香港，或是美籍华人。他们对新中国成立后大陆常用的许多新用语、词汇，尤其是政治性词汇很不熟悉，导致误译、漏译频仍。不少中文译员年龄老化，已难以胜任高强度、高速度的同声传译工作。

外交部在接到联合国的请求后，遂与教育部商谈，两部决定联合国译员训练班由北京外国语学院承办。

三

1973 年，联合国副秘书长格拉布携夫人为此事专程来华，与我外交部国际司和北外代表会谈培训译员有关事宜。此前，联合国副秘书长助理已先期访华，与我方进行了初步协商。格拉布与我方会谈顺利，就相关问题达成口头协议。会谈结束后，外交部在北海公园"仿膳"设宴招待格拉布夫妇。格拉布对北海公园的景色、"仿膳"的佳肴赞不绝口，几杯茅台下肚，更是谈兴大增。他同我碰杯时说，"张先生，这将是联合国历史上与中国大学的第一次合作。为它的成功干杯！"

事情离成功似乎只有一步之遥，但这小小的一步却走了六年之久。

由于"文革"时期国内的混乱局势，此事一直被搁置到 1975 年。

1975 年，小平同志复出，任国务院副总理。他立即着手拨乱反正，很快批准了这一项目。相关筹备工作随即展开。但是，让人痛心的是好景不长，"四人帮"掀起了针对小平同志的"反击右倾翻案风"运动，小平同志再次被"打倒"，项目筹备工作再次搁浅。

四

1976 年 10 月，正当我们望满天秋色、愁情无数时，却惊喜地迎来了"最是橙黄橘绿时"的一年好景："四人帮"垮台了，"文革"结束了。1972 年，外交部、教育部正式发文批示北外承办联合国译员训练班。1978 年，北外院长刘柯赴纽约。在与联合国官员签约前，对方曾提出，若中方办译员训练班有难以克服的困难，可把中国学员送到纽约培训。刘柯说，有很多困难，但中方可以克服。

1979 年 3 月，国务院发出《国务院批转外交部、教育部关于联合国译员训练班招生问题的请示报告》（国务院1979年87号文件）。招生工作随即开始。北外派员分赴北京、上海、广州三地招生。因有国务院"红头文件"，招生工作得到三市有关部门的大力支持，一路"绿灯"。拟招收的第一期学员计25名，对象是大学毕业生，学制一年（第一期实际用了一年半），学员享受研究生待遇。

这是我国历史上首次为世界上最大的国际组织培训工作人员，加之发生在十年"文革"之后，500多名青年踊跃报名，是预料中事。经过笔试、初审，进入面试的有50人。面试在北京国际俱乐部举行，考官共14人，7人来自联合国，另一半出自中方外交部官员及北外教师。面试中我们注意到，联合国派出的考官关注的不仅是应试者的英语水平，他们对考生的举止、谈吐、风度也有要求。有一名考生的口语流利，英语和回答均佳，中方考官原以为他能顺利过关。但联合国官员在评议中首先发言，一致否决了他的入学资格。"unpleasant personality"（"举止让人不快"）、"affected"（"做作"）三个词的英文评语撕破了他的入学梦。而在"文革"时期，所谓的举止、谈吐、风度等往往是同资产阶级联系在一起的，因此被弃之若敝屣。这位考生也许至今也不太明白他为何未被录取。

五

第一期译训班于1979年9月开学。

十年"文革"使我国经济濒临崩溃，在百废待兴的1979年，译训班在重重困难中开学。

众所周知，任何形式的办学必不可少的是教师、教材和包括教室在内的硬件设施。而译训班中的同声传译培训却面临一无师资、二无教材、三无电教设备、四无经验的困境。可喜的是UNDP为我们提供了65万美元的援助，其中35万美元用于第一期的培训，30万美元用于购置电教设备，这使我们得以有足够的外汇聘请外国专家，派教师出国接受同声传译培训，并购买急需的电教设备。没有教室，就先从北外英文系借用。

根据双方达成的协议，UNDP提供65万美元的资助，中方负责建筑一栋面积5000平方米的电教大楼。国家计委向北外拨款178万元，用于建楼和楼内设施。国家计委请国家建委和北京市革命委员会把兴建北外电教楼列入1980年年度专项建筑计划。施工单位是解放军工程兵部队。大楼于1980年动工，1983年落成。译训班终于有了自己的专用教学楼。此时，第一期学员已毕业，奔赴联合国工作。

我们要特别感谢当时任国家计委主任的余秋里同志。正是这位在解放战争年代被称为"独臂将军"的计委主任，快速、及时地批准了这笔建楼用款。文件送到他手中时，他正卧病于解放军总医院（301医院）。

此外，还要感谢联合国开发计划署驻北京代表处的官员。在援助资金的及时到位、支持购买电教设备等诸多方面，他们都以极大的友好热情、极高的工作效率积极配合。正是在他们的配合下，北外使用部分援助资金派遣了十余年未迈出国门的外语教师出国考察、进修。

六

1980年，在电教大楼动工的同时，UNDP决定组团赴日本考察外语教学，并为译训班和第三世界学校购买电教设备。代表团主要成员为联合国教科文组织官员，团长由笔者担任。在日期间，东京联合国大学校长约翰逊应UNDP要求，为代表团提供了许多帮助。在东京最难忘的一夜是在约翰逊家中度过的，他在家中设晚宴招待我。约翰逊是苏格兰人，他的妻子是黎巴嫩人，他的妻子掌勺做了一桌兼有苏格兰和黎巴嫩风味的晚餐，晚餐后他们的三个子女为我们演唱了苏格兰和黎巴嫩歌曲。这是一次颇具"联合国"色彩的聚会：地点在东京，主人是东京联合国大学校长，中国客人是联合国开发计划署派出的代表团团长，参加聚会的有苏格兰人、中国人、黎巴嫩人。正如约翰逊先生所说："它是一个小型联合国聚会。"

在东京期间还发生了一件有趣的事。代表团拟为第三世界学校采购的电教设备数量多、金额大，引来日本松下、索尼、日立等电器公司的激烈竞争。即便是在松下公司内部，也出现了竞争。为争夺联合国代表团的接待权，松下国际科提出，代表团是联合国代表团，理应由他们接待。松下中国科则认为，代表团团长是中国人，代表团理应由中国科接待。双方相持不下，最后由松下领导决定：两科联合接待。代表团与松下签下采购大单，两个科遂能在评功论赏中分享业绩。

北外正是使用 UNDP 提供的当时我国十分紧缺的外汇，从挪威和日本购买了当时最先进的电教设备，使后来建成的电教大楼成为上世纪 80 年代初我国大学中电教设备最先进的电教大楼。

1986 年，译训班更名为"联合国译员训练部"，至 1993 年培训终止，共培训 12 期学员，计 227 人。1994 年 6 月，在此基础上，北外成立了研究生层次的高级翻译学院。

永远保持一颗中国的灵魂
——悲怀追思女作家韩素音

○ 沈大力

　　暮秋，原《文艺报》总编辑金坚范来访，带来他精心翻译的韩素音自传三部曲里《凋谢的花朵》中文版本，谈及韩素音近况，其对英籍华人女作家的深厚情谊溢于言表，也勾起我难忘的回忆。前日，突然传来韩素音逝世的噩耗，不免悲怆追感前事。

　　初识韩素音女史，还是 20 世纪 80 年代的事。她明言："文化交融是重要的，不同的文化成就了今天的我。"由此，她提议并资助设立"文学翻译彩虹奖"，由中国作家协会主持。作为该项奖评委，我开始接触这位胸次爽朗、热情慷慨的国际知名女作家，切感"其容蔼然，其言与揭"，实为高士之阡。几次颁奖之际，她亲来中国，在北京饭店等处设宴款待宾客，席间频频跟中国文艺界交流，了解"文革"后的民情。一次，她特意到我坐的餐桌前，问及有关影片《红高粱》的事。她以为该片系根据巴黎斯多葛出版社印行的同名法文书《红高粱》拍摄的，对之颇有微词。我据实说，此《红高粱》非彼《红高粱》，影片依据的是莫言的小说《红高粱》。她这才恍然大悟，表示自己对当代中国文学现况还有所不知，造成此等混淆。另一回，她一如既往每年访华，在北京"文采阁"摆宴席会友，走过来跟我和《红楼梦》

英译者杨宪益先生碰杯。我发现，杨宪益先生对跟周围人寒暄毫不感兴趣，独自默默饮酒，一遇韩素音却霎时容光焕发，谈兴甚浓，显示对伊由衷的敬佩，全无社交场合的虚与委蛇之态。可见，韩素音在中国老一辈传统知识分子心目中的地位。杨宪益先生和夫人戴乃迭一生致力于将中国文学经典译成英语，深知译事之难，自然对韩素音在这方面的特别关注心生感激。确实，除"彩虹奖"外，韩素音还在中国翻译工作者协会范围里资助"青年翻译奖"，企望这项并不那么受人重视的事业后来有人。

韩素音的作品译成中文的很多，如《青山青》、《盼到黎明》、《无鸟的夏天》、《凋谢的花朵》、《伤残的树》、《再生凤凰》、《寂夏》、《吾宅双门》、《凡花》、《瑰宝》等二十来部，在我国读者甚众，至少有一亿人听到过她的名字。1999年，华文出版社约人翻译韩素音少见的用法文写的作品《明天的眼睛》（Les yeux de demain），我欣然接受，用最短时间完成了译稿。

《明天的眼睛》犹如一部"世说新语"，作者凭丰富的人生阅历，以如炬眼光洞观世界的历史与共时，将华夏五千年文化树为高标，远嘱人类社会的"明天"。同时，其中一章也用一颗海外赤子之心对中国的时弊痛下针砭。以译者所观，国人读之当思其愦愦，但在书稿付梓时竟被整章删除。我觉得此举欠妥，提出至少也应征求原作者的意见。但审查者坚持己见，按删节稿出版，甚至没有通知本人。多年以来，我跟法国人打交道，知道他们写的文章，一般都不允许旁人改动哪怕一个标点符号，否则就大发雷霆。出我意料，韩素音这样有国际影响、蜚声天下的作家，对人这般"砍伐"她的作品，并没有追究，而是表现出了异乎寻常的雅量。或许只缘这发生在她总是竭力维护的中国。

须知，二十多年来，韩素音在西方被划定为最"亲华"的作家。

在法国，她的《目的地重庆》、《大潮晨涌》、《寂夏》、《魔力城邦》和《向阳花》等多部作品一度十分畅销，影响远超过获得诺贝尔文学奖的美国女作家、小说《大地》的作者赛珍珠。然而，由于"过于亲华"，她在六角国几乎遭到全面封杀。一直热心出版韩素音作品的原法国斯多葛出版社文学部主任玛丽－彼埃尔·贝女士在巴黎拉丁区一家西餐馆请我吃饭时曾说："韩素音的小说都是由我们翻译出版的，在法国曾赢得大量读者。但是，随着中国'文化大革命'真相的披露，她的亲华立场和言行受到指责。迫于舆论，我们不得不停止出版她的作品。不过，她的《瑰宝》确是一部十分感人的爱情小说，讲述了她跟英国年轻记者莫里森的一段恋情，后者1950年在朝鲜战争中乘吉普车触雷身亡。我十分欣赏这部作品，准备近期在我任职的法国水星书局重版。"

玛丽－彼埃尔·贝女士提及的《瑰宝》堪称"文学珠玑"，被视为韩素音一系列小说中的代表作，于上世纪50年代由美国20世纪福克斯影业公司搬上银幕，荣获奥斯卡奖。该片在世界传为佳话，尤其博得瑞士人青睐，这使韩素音尔后在被李光耀拒之新加坡国门之外时，来到莱蒙湖畔的洛桑屏居。

韩素音在瑞士积极从事文化交流，通过"儿童园地基金会"主持了一项国际性的儿童文学艺术评奖。1994年，我和妻子董纯应她邀请从巴黎到位于瑞士罗纳河与德朗斯河交汇处的旅游袖珍名城玛尔梯尼（Martigny）参加一项颁奖活动。当时获奖的是中国女导演王君正拍的影片《天堂回信》，其中尤以人情造境的特点令人感动，该电影颇得韩素音赏识——更因为该作品来自中国。韩素音亲自为不同国家的来宾安排了一连串活动，先在玛尔梯尼一家闻名遐迩的中餐馆宴请，她挨桌问寒问暖，待人本以至诚，又谦卑不亢，让我们夫妇感到宾至如归，全无法国文化界的那种虚浮气氛。接着，我们乘车前去造访昔日歌德、拜伦和雪莱下榻的一家旅店，参观嘉纳达基金会收藏的毕加索等大师精品展，恰如一次文化之旅。晚上，韩素音举办了关于当代中国的报告会，这也是她累年在世界各地不知疲倦地进行的一项工作，旨在让西方人摆脱偏见，认识一个真实的中国。静观韩素音对当晚踊跃前来的瑞士听众充满自信、抗声击节的演讲，我觉得她澹于荣利，正直不阿，虽在西方世界受攻于人，但绝不屈服于一帮意识形态偏执者的淫威而"改弦更张"，去谋违心忤意之事，更不屑像略萨之辈那样在法国电视台谄媚西方取宠，一味讨强者欢心。

　　1997 年 6 月，我作为中国作家代表赴洛桑出席国际奥委会的"文化论坛"，发表了题为《奥林匹克主义，文化的灵泉》的演说。韩素音女士闻讯电话邀请我在莱蒙湖畔的和平大饭店共进晚餐，她的印度夫婿陆文星作陪。那晚，莱蒙湖在繁星闪烁下波涌，宾主重逢，又适值韩素音八十寿诞，彼此心情格外激动。韩素音首先回忆她 1985 年 9 月看到我直接用法文写就的长篇小说《悬崖百合》的情景。当时她提笔致函发行该书的巴黎斯多葛出版社，畅谈了自己的读后感，为她眼中的"中国儿童长征"自豪。《悬崖百合》描述的是 1947 年 3 月胡宗南占领民主圣地延安，宝塔山下三百多名小学生在老师带领下长途行军至河北麒麟岩的往事。法国、瑞士、比利时、加拿大及北非媒体广泛报道，居《费加罗女性》组织的女读者投票榜首，令常以中国革命为写作题材的韩素音心喜。因缘辐辏，当时法国阿舍特出版集团还给《悬崖百合》冠以"中国孩子的奥德修记"之名，连同韩素音的小说《魔力城邦》一并向全球推荐，自然更加深了女作家当时的印象。

　　在莱蒙湖的静谧中，韩素音百忙中暂得宽余，向我回溯了她动荡的生涯历练。坐在她一旁的原印度上校陆文星文质彬彬，因无烈酒通体不适，端坐一语不发，妻子则不时唤他名字"文森特"，都已是耄耋老人了，还仍然相昵似凤凰于飞。韩素音本人为欧亚混血儿，母亲是比利时淑女，父亲是中国铁路工程师，有一半中国血统。可是，用小说《凋谢的花朵》里一个人物赫斯的话说，韩素音是"想比中国人还中国人"。她始终怀着"中国情结"，在日本发动侵华战争时她毅然决然从海外奔回中国，在四川省为苦难深重的中国民众效劳。新中国成立后，她年年访华写文章，为一个受尽西方列强凌践的民族的崛起讴歌。迟暮之年，她在莱蒙湖畔对我说："中国是我最倾心的国度，我始终保持一颗中国的灵魂，矢志不渝。"这番话让我联想到一位在中国解放时远赴法国的谦谦君子，他几十年全靠中国文化于异邦居于荣显，却在巴黎电视台大言不惭地宣称："我的灵魂全是法国的。"只可惜，他并没有法兰西人的拉丁血统，而且皮肤仍旧是黄色的。

相比之下，可见韩素音人品之高洁。其实，她对中国的爱是与反抗压迫、崇尚自由的志向密不可分的。她告诉我，自己原名周光瑚，之所以要起"素音"的笔名，就是要通过写作为世间的卑贱者呐喊。这也促使她跟共产主义的理想产生共鸣，而且不因社会革命在全球遭受严重挫折而颓唐。她特别坚持独立思考，家中没有电视，常年订阅八种报刊，每天对世界各类不同新闻进行对比分析，得出自己的结论，避免现代传媒的"一统效应"。

2008年夏天，瑞士瓦莱州政府出资在圣彼埃尔·德·克拉日镇为韩素音立了一座半身塑像。在雕像的基座上镌刻有女作家表达自己终生奋斗目标的座右铭："吾欲在书中引入普世的人性。"这座圣彼埃尔·德·克拉日图书中心规模虽小，文化交流活动却在欧洲相当活跃。镇中八面玲珑的罗曼古教堂钟楼掩映于青松翠柏中，天趣盎然。韩素音的塑像就置放在教堂前面，供来往行者瞻念。我撰写了《山岗中的塑像》一文，在《人民日报》上刊载这座由罗马尼亚著名雕刻家科尔奈里乌斯·利戈曼雕铸的青铜像照片，向国人报道韩素音仍健在的讯息。同时，瑞士儿童园地基金会会长玛丽-让娜·卢耶专程到巴黎会晤我和董纯，说她的基金会和一些瑞士友人已经出资复制了坐落在该图书村的韩素音塑像，期望能将之竖立在中国的一块"风水宝地"，以表故人的"乡土之恋"。我俩立即将瑞士文化界人士的心愿传递给韩素音的挚友金坚范先生，由他约我回京跟国内一直热忱负责接待韩素音访华的卞晓春女士见面，商量具体落实此事。我们设想了几种方案。韩素音1933年曾入读燕京大学，北大校园是个安置老校友的理想之地，亦可选址在北京台基厂的"对外友协"，或由中国作家协会等曾跟女作家来往密切的单位出面安排……令人万分遗憾的是，几年中这些方面均无积极响应。我清楚记得，1980年时，正是韩素音女士亲赴巴黎中国驻法大使馆，恳切倡议在"光明城"第13区戈德弗鲁瓦街中国总理周恩来故居前置一逝者的浮雕像，以兹纪念。这个浮雕像由法国罗丹派大雕刻家保尔·贝尔蒙多完成，安放仪式于当年10月中旬在法国总统吉斯卡尔·德斯坦和时任中国国家主席华国锋共同主持下隆重举行。至今不断有游览巴黎者前往凭吊，但很少人知道此事原来是由韩素音发起促成的。

在中国一隅安放韩素音塑像的事，一拖数年都没有结果，瑞士儿童园地基金会会长玛丽-让娜·卢耶再度到巴黎约见我和董纯。这一回，她带来韩素音病重的消息。更让人忧心的是，韩素音的夫婿陆文星为其印度子女挪走了女作家几乎全部稿费积蓄，陷对方于经济困境。而且，韩素音还因重病被置于"监护"之下，失去了独立支配财产权。对此，卢耶女士焦虑异常，希冀中国方面能向她落难的年迈女友伸出援手。韩素音曾经慷慨资助数批中国年轻科学工作者到欧洲进修，为新中国培养人才，因此获得中国人民对外友好协会授予的"中国人民友好使者"称号。据玛丽-让娜·卢耶在巴黎透露，韩素音几年前还曾立下一份遗嘱，想将部分家产留给中国儿童救助及教育事业。在她病重无助时，由中方出面救急，应在情理之中。我们于是跟国内有关单位联系，不料也均无回音。

11月5日，中国媒体宣布："国际知名英籍华裔女作家韩素音11月2日在家中无疾辞世。"客观报道寥寥数语，似乎过于轻省了些。时下，人们关心为中国在国际舞台上争取更大话语权。韩素音一生都在中国遭西方一些"教师爷"诋毁时挺身为正义抗辩，我想，她才是一位最让人尊敬、最值得我们追怀的华夏优秀儿女。

《佩利亚斯与梅丽桑德》

——纪念德彪西诞辰 150 周年

○ 沈大力

　　"对我们来说，德彪西代表着真正的音乐美学希望。他比任何人都更勇敢地面对了一个令他深感不安的动荡时代。正由于他，另一位乐音炼金术士韦伯恩业已瞥见的微光开始照耀可能为恐惧攫获的暗夜。"1918 年 3 月 25 日，德彪西溘逝时，他的小女儿哭泣道："现在，长夜来临，爸爸死了。"

　　在巴黎拉雪兹神父公墓，作曲家克洛德·德彪西的石墓上又添鲜花。今岁是他诞生 150 周年，巴士底大歌剧院再度公演《佩利亚斯与梅丽桑德》，由菲利普·若尔坦担任乐队指挥，鲍勃·威尔逊执导。饰梅丽桑德的音乐剧演员埃莱娜·查拉戈瓦歌喉婉转，塑造了女主人公凄美的悲辛形象。

　　在德彪西的歌剧里，梅丽桑德迷失在一座森林里，偶遇老国王阿赫盖勒丧妻的长子戈罗，成为其续弦。然而，梅丽桑德跟戈罗的弟弟佩利亚斯真心相恋，二人幽会拥抱被戈罗撞见。哥哥妒火中烧，杀死了弟弟。梅丽桑德原谅了夫婿的残忍行径，产下一子后死去。整个情节与瓦格纳的歌剧《特里斯丹与伊索尔德》均得意于克尔特传说《特里斯丹与伊瑟》。

不过，德彪西的歌剧更直接取材于比利时诗人梅特林克的同名剧本《佩利亚斯与梅丽桑德》。德彪西曾想将梅特林克的《玛莱娜公主》谱成音乐剧，写信给作者未得明确答复。1893 年，他在巴黎创造剧院观看梅特林克的《佩利亚斯与梅丽桑德》首演后，深为其忧郁诗意所动，不顾挚友彼埃尔·卢伊思反对，委托作家亨利·雷尼耶向梅特林克请求，同意向他转让将《佩利亚斯与梅丽桑德》改编为音乐剧的版权。梅特林克这回明确答复："请转告德彪西先生，我很愿意向他转让《佩利亚斯与梅丽桑德》的改编权。既然您赞成他的作为，我在此感谢他的良好意愿。"三个月后，德彪西亲自赴根特市对梅特林克进行礼节性拜访，征求对方对改编的意见，彼此达成完全一致。许久以来，德彪西想创作音乐剧，几经试探后皆放弃了。他不喜欢传统的技巧美，认为那是知识精英们的嗜好，觉得音乐应该有比任何艺术都更多的自由，不能局限于再现自然原貌，而要表达自然与想象神秘的应和。他说："正剧《佩利亚斯与梅丽桑德》虽然笼罩在梦的氛围里，但比所谓的生活文献包含更多的人道，令人赞赏，正合我意。它的话语富有召唤力，其敏感性能够延伸到音乐，即管弦的境界里。我还想遵从一项特别在戏剧音乐中似乎被遗忘的美学规律。这出正剧中的人物恰恰去除了陈旧传统的专断语言，而尽力自然地歌唱。"

德彪西曾想谱写十来部音乐剧，其中有维利耶·德·里拉唐的大型诗剧《阿克塞尔》，但实际完成的只有《佩利亚斯与梅丽桑德》，而且可谓"十年磨一剑"。十年间，他为创作这部歌剧历尽艰辛。他的父亲、陶器匠马努埃尔－阿契尔·德彪西因参加 1871 年春天的"巴黎公社"，遭梯也尔之流逮捕监禁，造成儿子的噩梦。另一场噩梦则是他谱写《佩利亚斯与梅丽桑德》。

全剧五幕十三场，作者从第四幕第四景开始谱写。1893 年 9 月，他首先完成了这一部分，发现其中似乎有不断遭他非难的瓦格纳魅影在游荡。他一气之下将已成型的曲谱撕了个粉碎，全部另起炉灶，呕心沥血地揭开音乐的薄纱，寻觅极具个性的乐句，乃至巧用"休止"元素表达，以取得此时无声胜有声的效果。然而，他对重写的此一场景仍不满意，于是又重来。像这样，德彪西在作曲过程中进行了"一千零一次"变动，脚本整章整节被舍弃，最终完成的总谱与最初的设想截然两样。他采用民歌风谱写第三幕开始的"梅丽桑德之歌"，竭力要让听众同时感受到音乐节奏和人物心境的波动，与他们的欢乐和悲痛充分共鸣。为此，他于1894年5月31日在友人彼埃尔·卢伊思家里试演第一幕的"喷泉"一场，自己哼唱并弹钢琴伴奏。尔后，他每写成一部分，都这样观察旁人的反应，甚至进行很大幅度的修改，特别在男主角佩利亚斯的唱段上下了很大工夫。

1895年一个春日，德彪西在巴黎大街上碰见友人戈岱，兴奋地向他宣布自己完成了《佩利亚斯与梅丽桑德》的总谱。接着，他相继赴伦敦和布鲁塞尔联系演出事宜未果，回巴黎后竟想毁掉全部手稿，被卢伊思及时制止。音乐家安德烈·麦萨热非常欣赏德彪西的早期作品《意中小姐》，亲自指挥过他的杰作《牧神午后序曲》，他一直关注着《佩利亚斯与梅丽桑德》的创作。麦萨热担任着巴黎轻歌剧院的乐队指挥，他出面征得该院总经理卡雷同意演出德彪西精心创作的新歌剧，于六个月后开始排演。正在这时，突然出现了一个始料未及的障碍：梅特林克一直以为德彪西会让他的新婚妻子、女歌唱家乔艾特·勒布朗饰女主角梅丽桑德。可轻歌剧院经理卡雷荐举在歌剧《路薏丝》里有卓绝表现的玛丽·嘉登扮演这一角色，并征得德彪西认可。

乔艾特·勒布朗及众演员由麦萨热召集到家中，一齐聆听德彪西弹琴和演唱全剧，听至最后梅丽桑德惨死时，满座垂泪，激动万分，个个急切希冀投入剧情中。1902年1月13日，排练开始，梅特林克获悉自己妻子的角色被人取代，宣布收回版权，并指责作曲家篡改了他的作品，将之告上法庭。2月27日，法庭依据梅特林克先前写的版权转让信函判其败诉。梅特林克不服，气冲冲登门要跟德彪西决斗。他找女巫占卜，算定卡雷不日会暴死，还于4月14日在《费加罗报》上刊登了一封公开信，声明德彪西的歌剧是对他原作的亵渎，必遭惨败。

在麦萨热的支持下，歌剧《佩利亚斯与梅丽桑德》于当年4月27日彩排，一伙年轻人前来闹场，公然发出阵阵嘘声。到第二幕时，捣乱观众的喧哗几乎压倒了乐队。舞台上，梅丽桑德哀怨唱道："我不幸福"，台下立即起哄，应声叫嚷："我们也不幸福呀！"幕间休息时，搅局者与支持德彪西的人竟然发生了肢体冲突，导致警察赶来干预。一出歌剧吵成一场闹剧。全靠着麦萨热在乐池冷静地坚持指挥，演出才没有中断，而且得到梵乐希、米尔波、雷尼耶和杜莱等文坛雅士们的称赞。可笑的是，巴黎音乐学院院长泰奥朵尔·杜布瓦风闻剧中有涉"床笫"的对话，下令禁止作曲系学生去看《佩利亚斯与梅丽桑德》的演出。今天，观众坐在巴黎巴士底大歌剧院里欣赏此剧时，很难想象作曲家德彪西当年在时髦社会里所处的尴尬局面。法国观众也更难理解他们这位最富创新精神的杰出音乐家竟然一度成了中国"文化大革命"中全国群众大批判的靶子。

迄今为止，《佩利亚斯与梅丽桑德》已在巴黎、布鲁塞尔、米兰、纽约、波士顿、慕尼黑、柏林、伦敦、罗马等全球许多大都会演出过，公众好评如潮。德彪西曾对《费加罗报》的采访记者说："不应该忘记，一个寻求美的艺术作品总会触犯不少人。我不能肯定自己在《佩利亚斯与梅丽桑德》里洞见了一切，但确实企望开拓一条新路给其他人来走，扩展个性，或许能使戏剧音乐摆脱长久以来的沉重束缚。"他又强调："我设想另一种戏剧形式，即在难于言表之处求助于音乐。音乐恰是在话语无力时发声的，我愿赋予它冲出暗影的个性意态。"这里，德彪西所谓音乐的"意态"，就是"乐中有画"。他从年轻时在罗马游学时就觉得"画中有乐"，产生了以乐绘画的念想，这体现于后来《佩利亚斯与梅丽桑德》的谱曲过程里。这一进展说明，音乐家日益从他所代表的19世纪"音乐印象派"浓雾中脱胎，卷进逆浪漫主义而生的象征思潮。他品味维亚尔、勒东、波纳尔和卡米伊·克洛岱尔等人的美术作品，热衷为罗塞蒂、魏尔伦、波德莱尔和马拉美的象征诗歌谱曲，还用音乐背景映衬加吉列夫和尼金斯基的"俄罗斯芭蕾"，与他们一起合作演出《塞巴斯蒂安的殉难》和《游艺》。德彪西特别偏爱视觉艺术，相信音乐能让人看见一切，立志在乐坛创造不乏诗意的"联觉艺术"，其《意象》、《牧神午后序曲》和《大海》就是最闪耀光彩的结晶。

音乐史家让·巴拉盖在他所著《德彪西传略》的序言里断言："德彪西无疑是最伟大的法国音乐家，其作品是音乐历史上的辉煌成果，无可争辩当列于前三四位。"他进而肯定："对我们来说，德彪西代表着真正的音乐美学希望。他比任何人都更勇敢地面对了一个令他深感不安的动荡时代。正由于他，另一位乐音炼金术士韦伯恩业已瞥见的微光开始照耀可能为恐惧攫获的暗夜。"

1918年3月25日，德彪西溘逝时，他的小女儿哭泣道："现在，长夜来临，爸爸死了。"这个巴黎公社社员的儿子一生为音乐革命鞠躬尽力，死前留给友人戈岱一封信嗟叹："待到何时，才会停止把民众的命运交托给一帮利用人道来自己发迹的人！"

乔姆斯基的抉择

○ 沈大力

在中国，语言学界言必称乔姆斯基，广泛传播他关于转换生成语法的理论及关于语言"深层结构"的普遍性，乃至上升为"乔姆斯基革命"，就中难免有追随西方、人云亦云的因素。其实，仅从语言学理论上说，乔姆斯基的"创见"就颇受质疑，反全球化运动发言人克里斯多夫·阿基顿声明："我们不需要像乔姆斯基这样的偶像。"法国语言学家希尔万·奥鲁宣布："所有乔姆斯基的认知模式都毫无道理，或含糊不清，或荒谬之极。"话说回来，乔姆斯基本人就拒绝所谓"乔姆斯基的"一说，不赞成在科学领域里将学术个人化为偶像，更不愿将科研功利化，他曾坦言关于语言"深层结构"与"表层结构"的说法是"胡扯"，令宣讲他此一理论，一跃而成"语言学权威"，实则有术无学者都一时无所适从。须知，乔姆斯基原来是个无政府主义者，反对一切既立秩序，包括在认知范畴里。

诺姆·乔姆斯基出生在美国一个斯拉夫血统的犹太家庭，父母皆操意第绪语。从少年时代起，他就受到无政府主义思潮影响，一度寄希望于西班牙内战共和派中无政府主义色彩浓厚的马克思主义统一工人党。看过影片《土地与自由》的观众会清楚，该党在反法西斯的战斗中遭受来自佛朗哥右派与斯大林支持的西班牙共产党的两面夹击，处于腹背受敌的艰危困境。1939 年 1 月 26 日，西班牙无政府主义的堡垒巴塞罗那陷落，让乔姆斯基顿感法西斯主义在蔓延，益发憎恶世上各种形式的强权，遂深入研究巴枯宁的理论，形成无政府主义世界观，同情无政府工团主义。

1955 年，乔姆斯基在罗曼·雅各布森的支持下进入麻省理工学院执教，两年后发表《句法结构》，提出"普遍语法"的新概念，强调词序遵循一定句法，而句法天成，不受语境影响。他建立了"乔姆斯基层级"，关注词语的精神表象和心智的哲学研究，向斯金纳既定的行为主义理论问难。继而，他又将矛头指向时髦的后结构主义和后现代主义，揶揄"后这个，后那个"的"多音节术语"让人如坠五里云雾，玄而又玄，不外乎皇帝的新衣。可见，他与众不同，远非一味标新立异、虚而不实、哗众取宠的伪学者。

二

乔姆斯基的无政府主义立场，更明显地表现在其意识形态和政治活动上，他经常抨击美国的对外政策并揭露现代媒体的纰缪。

20 世纪 60 年代，出于知识分子的良知，作为语言学家的乔姆斯基开始介入政治活动。他谴责美国出兵越南，号召抵制"任何形式的非法权威"，公开鼓励美国士兵罢战。在尼克松总统时代，他被当局列入黑名单，还受到法律追究，甚至被以色列禁止入境。《国际战略杂志》评论乔姆斯基的独立态度时指出："乔姆斯基让读者对官方演说进行批判性思考，不臣服于占统治的思想。"且看，乔姆斯基对"9·11"事件的看法就不同凡响，尤其与一般美国人的本能反应迥异。纽约世贸大厦双子塔楼遭袭两个月后，他在一家独立出版社刊印了一本谈论"9·11"的小册子，提出只有在无视美国及其盟友所作所为的情况下，才能将这个国家看成受害者。几周内，此书售出 30 万册，译成 23 种语言，在全球畅销。按照乔氏的独特观点，"恐怖主义分子"的标签是一种意识形态武器，为一些不承认自身行动层面的政府利用。他点名揭露自己的国家，说："美国不能容忍第三世界的民族主义、民主和社会改革。因为，第三世界国家政府为回应自己民众的需要，会停止优惠美国投资者的利益。"总之，乔姆斯基采取反战立场，指责美军介入世界各地的多种冲突。

2007 年 9 月 7 日，本·拉登列举了一批他号召美国民众研究的知识分子，其中提到乔姆斯基。2010 年 1 月，这个基地组织头领又公布一份录音，干脆肯定"诺姆·乔姆斯基将美国的政策比为黑手党，说得很有道理"。乔姆斯基似有回应，于当年 5 月 16 日重申，没有任何确凿证据表明本·拉登及其基地组织制造了"9·11 事件"。在乔氏看来，一些"口供"不足为凭。他挑战奥巴马，扬言美国处决本·拉登的行动是有计划的谋杀，明显违反国际法，而乔治·W. 布什的罪行远远超过了本·拉登。这番话如果是一个阿拉伯"圣战者"说的，本不足为奇，但它出自一位富于民族自豪感的美国公民之口，就显得异乎寻常了。

社会学家斯坦利·科恩解释乔姆斯基现象说，乔氏不希求跟世上的强者打交道，而愿面向需要知情的普通人。确实，乔姆斯基在多次座谈会和论坛上宣称，以美国为首的世界列强才是国际恐怖主义的渊薮。他举美军入侵阿富汗为例，明示当今以强凌弱的国际现状："在那里，屠杀无辜平民是恐怖主义，而非反恐战争。"接着，乔姆斯基又说："人们常常分析恐怖主义是弱者的武器，此乃严重错误。正像其他争斗手段一样，恐怖主义首先是强者用于施压的武器。强者控制着理论和宣传体系，掩盖他们的恐怖主义。譬如，纳粹声称占领欧洲是为保护平民不受游击队恐怖主义之害进行的反恐斗争。"在他眼里，反对统治者暴力的恐怖活动具有一定的合法性。

这里，还涉及媒体的作用。1988 年，乔姆斯基跟学者爱德华·赫尔曼合著了《营造一致》一书，旨在揭示大众传媒与政治经济势力的关系。两位作者断定，鉴于在民主制度下执政精英们不能仅靠武力来维持他们的统治，而他们的利益又与大多数民众相左，于是必须利用媒体按当权者的既定方针来宣传造势，将被统治者纳入他们的意识形态。这一旨在"营造一致"的策略系由公关理论的创始人瓦尔特·李普曼于 1922 年提出，乔姆斯基和赫尔曼称其为一种"宣传模式"。据他们俩分析，这种模式里确定媒体所传讯息的主要滤波器为获利取向、广告调节、新闻源性质、施压防火墙和反共意识，等等。若以美国为典型进行分析，可以看出，这类媒体工业的功效在于维护既立秩序，充当卫道士角色，这无异于教区神甫的职能，实为统治者的奴仆。媒体和政府及企业界因具有共同"利益"，保持着密切联系。在新闻报道上，媒体总是倾向于美国的盟邦，对美国视之为敌的国家则往往予以贬斥，谈不上起码的客观公正。譬如，红色高棉波尔布特的暴虐，从事实到分析都被无限度蓄意夸大，而印尼军方在东帝汶的种族灭绝，却被完全遮盖。双重标准，皆出于不同的新闻立场。乔姆斯基据此指出，媒体上的辩论和争执只不过是民主社会的虚饰，标榜表面的言论自由，而不言明的终极目的则在于依照统治者的意志达到"广泛的一致"。

乔氏的观点似乎有失偏颇，没有考虑到公众的觉悟和抵御能力，但却得到美国学者杰斐里·克莱恩的支持；后者著书论述美国的"宣传模式"，言明随着经济全球化的进展和大跨国公司影响的增强，世界公众的反应日益软弱无力。这方面，乔姆斯基确实觉得全球化是"新瓶装旧醋"，因为统治者竭力将民众排除在决策进程之外，权力中心则在跨国公司和银行、国际强势企业中"发展了为自己服务的统治机构"。

三

可见，乔姆斯基绝非仅仅是语言学和心理学领域的弄潮儿，他更热衷发表檄文和演说，犀利剖析美国外交政策的霸权主义实质以及媒体作为官方喉舌对公众的欺诳，因此成了美国官方的眼中钉，为西方民主的吹鼓手所不容。他对当代世界重大事件的激进立场危及到了整个西方社会的价值观，可以说是捅了马蜂窝，故特别触怒了眼下在国际政治舞台上推行"人道干预"最为活跃的一帮法国"人权主义分子"。贝纳尔–亨利·雷维等一伙"新哲学家"急急乎破门而出，对他群起而攻之。

说到乔姆斯基与法国知识精英的过节儿，要追溯到 20 世纪 80 年代初，距今已有三十载了。当年，乔姆斯基第一次踏上法国领土就受到公众冷遇，遭到原 1968 年 5 月"造反派"，后皈依既立秩序者们的围攻。原因是他对"弗里松事件"说了几句"多余的话"，还带头在美国 500 位各界人士支持弗里松的"请愿书"上签了名。罗伯尔·弗里松系法国里昂大学文学教授，于 1970 年底公开否认二战时纳粹瓦斯毒气室的存在，被当局停职，并诉诸法律。来自大洋彼岸的乔姆斯基写文章指出，法国此举实有违言论自由原则。尽管他没有明确支持弗里松教授否认德国法西斯的大屠杀，但其文章在 1980 年被收进弗里松为自己辩护的文集，犯了在法国不得有反犹言论的大忌，立时招来巴黎方面的口诛笔伐，致使这位"全球最得民心的睿智者"多年无法重访法兰西。学者朱斯汀·温特勒这样解释乔姆斯基出于维护启蒙哲学原则的一时冲动："对乔姆斯基来说，无条件言论自由的原则高于卫道士对事实得出的任何结论。"或许，正因为如此，他的"批评目光"在现代思想评论中占有重要位置。

然而，法国知识精英们对乔姆斯基抱有极端敌视的态度。他们通过媒体向不甚了解乔姆斯基的法国公众散布假象，说乔氏维护的不是言论自由，而是弗里松为纳粹罪行开脱的反犹观点。诸般诽谤使其在六角国信誉扫地。2001 年 4 月，法国记者让·布利克蒙在《外交世界》月报撰文，题为《诺姆·乔姆斯基的恶名声》，其表述证实法国媒体"掀起了一场让乔姆斯基蒙羞的运动"，火力最猛者为贝纳尔 - 亨利·雷维、阿兰 - 热拉尔·斯拉玛、阿兰·范吉埃尔克洛、安德烈·格鲁克司曼、菲利普·瓦勒和雅克·阿塔利等多位知识界名流。提供炮弹的是《世界报》、《费加罗报》、《解放报》等多家主流报纸。法国各大出版社也对乔姆斯基关闭大门，只剩一家处于边缘的斯巴达克斯出版社还肯刊行他的有关辩解。

去年 5 月底，乔姆斯基不畏阻力，再次抵达巴黎。法国《外交世界》月报社社长塞尔日·阿里米解释乔氏为何 30 年间不曾在法国露面，说："诺姆·乔姆斯基不很赞赏法国的知识界舞台及其虚伪的伦理，认为在其中登台的是一些固守狭隘意识形态的平庸思想者。"事实上，乔姆斯基更没有忘记法国曾履行"教化天职"，在阿尔及利亚实施种族灭绝。

一批偏执的思想界明星把持着法国媒体，竭力统一公众认识，一如既往地将乔姆斯基作为"不受欢迎的人"对待。乔姆斯基勉强在法兰西公学、国家科研中心和互助大厅作了几场报告，然后跟克里希中学学生和"冶金工人之家"的工会工作者座谈，除了《巴黎人报》外，法国媒体一开始均无任何报道。不看《外交世界》月报的人根本不知道乔姆斯基再度来到法国。

5 月 30 日，《世界报》记者让·比亨伯姆报道了乔姆斯基头一天在法兰西公学作题为《理性、真实与民主》的报告的事情，五天后又在该报《书籍世界》专栏发表《乔姆斯基在巴黎》的评论文章，称乔姆斯基无论在政治舞台，还是语言学范畴都"毫无影响"，已成为一个"过时的迂腐人物"。让·比亨伯姆的意图十分明显，即欲将乔姆斯基逐出人们的记忆，将他彻底埋葬。这篇评论的副题为《误读的流言》，其中写道："法国抵制了乔姆斯基。笛卡尔的国度摈弃这位唯理论的信奉者。启蒙哲学的祖邦对这位求解放的斗士唯恐避之不及。他本人也意识到了这一点，故而四分之一世纪里都不曾再涉足六角国。"循此，新闻界著名文化人尼古拉·维勒将乔姆斯基划定为"心智沉沦的表象"；法国语言学家让–克洛德·米勒奈则声称："法国左派不需要乔姆斯基这号人物。若论抨击美国，法国本土有的是力量。至于说法国已陷入心智虚洞，进步人士会立即予以驳斥。从政治上看，乔姆斯基毫无作用……任何一位上世纪欧洲 70 年代的极左派都有比他更为广泛的政治体验，更为深刻的思考。""乔姆斯基毫无作用"的结论似乎为乔氏 2010 年第二次法兰西之旅画上了一个全盘否定的句号。

四

　　静思之，笔者实难苟同贝纳尔–亨利·雷维之辈及其狂热追随者们的论断。当今之世，"物以类聚，人以群分"，关键在于怎样评判乔姆斯基的抉择取向。作为一个无政府主义者，他没有受理论教条束缚的惯性，虽对权威疾恶如仇，唾弃"极权控制"，但他并不反对一切国家形式，不将摧毁国家作为先决条件，亦不排斥民主国家里的选举制度。与传统的无政府主义者不同，乔姆斯基自称"自由社会主义者"，实际上属于无政府主义思潮里的改良派。他相信资本主义可以改良，甚至希冀靠中央集权政府来遏制地方金融寡头，阻断凯恩斯式的资本自由流通。他举出一个修辞形象，将国家比喻为樊笼，笼外有一群如同野兽般的私营大公司。国家这个樊笼起着保护公众不受野兽侵袭的作用。如果一举打破樊笼，野兽就会将国民吞食殆尽。乔姆斯基的观点曾受到第四国际托派的严厉批判。2009年，他甚至支持民主党人约翰·克里竞选美国总统，以阻止共和党人小布什上台执政。他的格言是"二害择其轻"。不过，在豪强与弱者，富翁与贫民之间，他总毫不迟疑地择后者而从之。在国际范围上，他支持东方第三世界国家维护民族独立，反对西方列强谋求全球霸权，尽管他自己是一个典型西方气质的知识分子。他并非黑白分明地站在哪一个阵营，唯愿主持真理与正义。乔氏认为，西方所谓的"人道干预义务"并不是真正出于维护民主的动机，往往是打着民主的幌子践踏民主原则，造成灾难性后果。在这一点上，法国的知识精英们指责他不与时俱进，在北约肢解南斯拉夫联盟时与西方唱反调，视而不见西方已经变成"替天行道"、捍卫人权的慈善阵营，相反，一些后殖民独裁国家却已沦为野蛮的"邪恶轴心"。依笔者之见，这恰是乔姆斯基洞悉当今世界格局，具有时代意义的政见。

读乔姆斯基的著作《最近的将来，廿一世纪的自由、独立与帝国主义》（魁北克吕克司独立出版社），及三十来篇译成法文的政论文章，深感他是一位号准世界脉息的清醒智者。他透过现实的表面迷镜看到现实本身，摸清了西方社会的意识形态机制及其当政者利他主义声明的潜动机，尤其是地球南北两方的权力关系。他不愧为"人不来，他来"的"头号美国异见者"。难怪奥利维·艾沙姆和达尼埃尔·麦赫迈一同以他的生平为题材拍摄了一部电影。乔姆斯基有勇气触及西方的痛处，断言那里"民主被嘲弄"，演化为"民主的危机"，成为最严重的"内患"。他不畏天下强梁，大胆质疑他们的政治与经济战略，淋漓尽致地揭穿西方奢谈民主、人权的虚伪面目，让公众认清现今以全球化名义开展的进程，实质是在向各本土居民强加经济自由主义，必要时还不惜使用暴力。

乔姆斯基指出，"实际上，新自由主义的面面观构成对民主的打击。"他强调，新自由主义乃是民主之敌。基于这一分析，乔氏认定西方的大敌在其内部，而非外来威胁。论及所谓的美国特殊性，他肯定自己的国家毫无特殊之点，为美国的霸权主义敲响了丧钟。乔氏寄希望于拉丁美洲国家，预言："拉丁美洲的演进颇有前途。一些过去的殖民地国家有着前所未有的潜力，会克服几个世纪的外来干涉、暴力、镇压、臣服，掀起当代民主的巨浪……希望一旦变为现实，哪怕只是部分的，其结果势必在世界范围引起反响。"

在《最近的将来，廿一世纪的自由、独立与帝国主义》一书里，乔姆斯基曾远瞩中东革命的光明前景，眼下的"阿拉伯之春"好像为他所言中，而且其走向未必朝着西方欧美统治者规划的线路延伸，那并非乔姆斯基所愿。因为，用乔氏语言学的词汇，他悬望的是一个"更公正的世界"。

比丘林——俄罗斯汉学的一座高峰

○ 张西平

　　前两年在给我的同事柳若梅教授的《沟通中俄文化的桥梁——俄罗斯汉学史上的院士汉学家》一书作序时，我认真读了她的书，受益匪浅。这次李秋梅老师希望我为她的译著《比丘林传》写篇序言，我也欣然答应了。在阅读她们著作的过程中，我自己增长了不少关于俄罗斯汉学史的知识，这本书尤其如此。

　　顾炎武说过："凡书有所发明，序可也；无所发明，但纪成书之岁月可也。"秋梅译的这本书属于"有所发明"的书，通读完全书后，我感到至少有四条理由可以说明它的"有所发明"。第一，这是国内第一本关于比丘林的传记著作。汉学史的研究由通史和断代史进入专书和专人研究是一个发展的趋势，这是学术深入的表现。在这本书中我们看到的比丘林就要比那些通史性著作中的比丘林深入得多、活泼得多。在这里，我们看到比丘林虽然是个汉学大家，但不是那种不苟言笑的书生。他是一个性格开朗、善交朋友的人；他是一个在生活上多难、多彩的人物。他在中国期间主持东正教使团，因为经费紧张，他变卖了教产以维持生计。本来这是合情合理之事，但为此，他回国后历经磨难。作为一名神职人员，他酒肉穿肠过，爱吃荤，爱喝葡萄酒，广交天下名士。他绝不是那种天天在教堂打磨自己一生的神甫。这样的人生，读起来提神、有趣。第二，比丘林汉学成就极大。

中国古代一些成大事业者，不少都是历经苦难而后成功的。孔子厄于陈蔡，而成一代宗师；韩信受胯下之辱而成为横扫千军的战将；司马迁受腐刑之罪而写下千古名篇《史记》；孙膑受髌足之痛而演绎《孙膑兵法》。苦难是人生最珍贵的财富，挫折是人走向成功的必经之路。比丘林也是这样的人。他回国后被宣判有十条罪状，发配流放，历经百难。在流放地的潇潇秋风中，在西伯利亚漫漫的冬夜里，他仍笔耕不止，一生竟写作、翻译了几十部著作。笔墨化为彩虹，苦难酿成美酒，正是这一成就，使他成为俄罗斯汉学史上的一座高峰。读这样的传记，让人不仅仅获得知识的扩展，而且还有人生的超拔与提升。

另外，比丘林所代表的俄罗斯汉学在对中国的认识上似乎比西欧的汉学家们更为客观，当然，这样的结论有待进一步的考察。在这部传记中，比丘林多次表示了对法国、德国汉学的不满，书中写道："比丘林对万济国、公神甫、马歇曼、马礼逊、马若瑟等前人在该领域的成果进行批判性的研究后提出，'他们的研究成果所展示的只是汉语中肤浅的东西'。他提醒那些对中国感兴趣的读者，'这些学者试图用自己的思维方式来解释他们未知的东西，或者用猜测来填补认识上的空白，当然得出的结论是不可靠的'。"比丘林一直很关注西欧旅行家在书中从历史民族学视角对中国人的描述。对这些著作，"比丘林一方面认为其具有重要意义，同时也建议谨慎参考他们的著作，还特别强调指出，那些西欧旅行家在描述中国人的道德、风俗、精神生活和日常生活习惯时的偏颇不是偶然的，他们蓄意而为之是为了讨好基督教会、迎合其利益的需要。针对西欧'权威'学者肆意美化欧洲文明在东方民族生活中的作用。"比丘林基于此写道："那些痴迷于基督教的传教士们在描写中国人的多神教信仰时笔调阴暗，这极大地刺激着聪明的欧洲。那些描写中国的一流作家，谁也不甘示弱，极尽自己善辩之能事，添枝加叶，似乎如此便使得基督教民族的优越性更加鲜明地凸显在普通民族之中。"比丘林认为自己是"从欧洲各国与中国交往开始，在过去两百多年的时间里，我第一个揭穿了在欧洲根深蒂固的关于这个国家的不实信息和无稽之谈的真相……"这些话对于那些将西欧的汉学家们捧上了天的学者们来说，无疑是打开了另一扇知识的门窗，会使人开始有了比较，评价也会开始平和一些。

最后一点值得注意的是比丘林在俄罗斯文化史上的价值和作用。在西方汉学史上，思想家和汉学家之间、文学家和汉学家之间也都有交往，最著名的就是德国的莱布尼茨和来华耶稣会士们的交往，这样的交往对莱布尼茨的思想产生了重要的影响。汉学家影响思想家、文学家的例子也是有的，但不多见。比丘林算是一个。他和彼得堡知识分子的交往，与十二月党人的交往，特别是他和普希金的交往更是文坛佳话。"比丘林创作生涯中最为辉煌的一页是与伟大诗人普希金的相识与相知。一位是学者，一位是诗人，他们都是19世纪上半叶俄罗斯文化的杰出代表，……阿列克谢耶夫认为，比丘林与普希金之间的私人交往是在1828年左右，也就是诗人从流放地米哈伊洛夫斯基村回到彼得堡以后。"比丘林曾把自己出版的《西藏志》、《三字经》赠给普希金。普希金正是在与比丘林的交往中知道了中国、了解了中国，从而写下了这样的诗句：

> 我们启程吧，我已整装待发，
> 任凭你们去哪里，朋友们，
> 只要你们能够想得出来的地方，
> 我都欣然跟随你们，
> 到任何地方，只为逃避高傲：
> 到遥远中国的长城脚下，
> 到沸腾的巴黎去，到那里去，终于，

在那里，夜里的划桨人不再歌唱塔索。

古城昔日的威严在废墟下沉睡，

在那里柏树林散发着芳香，

到任何地方我都做好了准备。

我们启程吧……但是，朋友们，

请你们告诉我，在远行中我的热情是否会枯寂？

一个人的生命是一个世界，比丘林的生命是一个汉学的世界，是一个不断向命运作斗争的奋斗的世界。在这部传记中我们看到是他对知识的不懈追求和对人生的不断超越。

顾炎武在谈到为别人写序跋时也说过："人之患，在好为人序。"这是指那种应酬敷衍之序。但我感到"人之惠，在勤于为序"，这些年来我为朋友们写了些序——有时写序如沐春风，心旷神怡；有时写序仿如登山，一路风景，满眼美色；有时写序，犹如步履薄冰，小心阅读，不敢乱言。现代知识生产的一个重要特点是专业化，这叫术业有专攻。但实际上在知识专业化的同时，人的知识也开始异化。现代分工下的专家的确很专，但很多时候专家的知识和视野是很狭窄的。除了自己的一亩三分地，其他概不知道。知识的局限，使一些读书人自恋，自我欣赏，每日照镜，总认为自己是天下第一美人。不知天下美女如云，不知世界丰富多彩，不知学海无边，自己所知道的那点东西真是沧海一粟。求学而不知困，任教而不知不足，这是学问堕落的开始，是一个教师学业停滞的象征。这时反倒觉得分工不尚明确、知识不太专业的前工业时代的那些人更可爱些。王阳明是哲学家，但也会带兵打仗；苏轼的词做得好，不要忘记他也是政治家，对天下大事多有议论。要是在今天，这简直是天方夜谭。现代化的知识体系也是个陷阱，不得不看到这一点。为此，不妨走出自己的一亩三分地，看看外边的风景，或许会好些。

　　凡我为之写序者，皆是我师，凡我所读之书，皆是我师。由此，写序何乐而不为？"人之惠，在勤于写序"就是这个道理。天涯无处不芳草，人间无处不是师。这正是我给秋梅写这篇序言时的心情。

东方的希望

——泰戈尔访华与新时代预言

○ 张西平

在黑格尔所说的"历史的狡计"中，后发现代化国家被带上西方所开辟的现代化轨道，在灾难中并非没有进步。历史在恶中进步，精神也得到释放。或许像王船山所说的"秦以私天下之心而罢侯置守，而天假其私以行其大公，存乎神者之不测"，但必须看到作为后发现代化的国家，其文化上的内在矛盾，一直内存于我们的精神之中。

一

2011 年是泰戈尔诞辰 150 周年，今天我们重温上个世纪泰戈尔来中国时文化界对泰戈尔的研究和评价的文字，感触良多。泰戈尔是东方国家的知识分子中最早获得诺贝尔文学奖的人，也是东方国家的文人中较早批评西方文化并对东方文化寄予厚望的人。当年泰戈尔来到中国时，中国正处在风雨飘摇之中，西方思想与文化仍是中国知识界的希望之星，而泰戈尔却说，"余此次来华，……大旨在提倡东洋思想亚细亚固有文化之复活，……亚洲一部份青年，有抹煞亚洲古来之文明，而追随于泰西文化之思想，努力吸收之者，是实大误。……

泰西文化单趋于物质，而于心灵一方缺陷殊多，此观于西洋文化在欧战而破产一事，已甚明显；彼辈自夸为文化渊薮，而日以相杀反目为事，……导人类于此残破之局面，而非赋与人类平和永远之光明者，反之东洋文明则最为健全。"（陈独秀《太戈尔与东方文化》）

这样的看法必然在中国引起激烈的争论，反对者说："'好了！抨击西方文化，表扬东方文化的大师到了！他一定会替我们指出迷途；中华民族有了出路了！'这是玄学家和东方文化者底欢迎词。……我们以为中国当此内忧外患交迫，处在两重压迫——国外的帝国主义和国内的军阀专政——之下的时候，唯一的出路是中华民族底国民革命；而要达到这目的的方法，亦唯有如吴稚晖先生所说，'人家用机关枪打来，我们也赶铸了机关枪打回去'，高谈东方文化实等于'诵五经退贼兵'！而且东方文化这个名词是否能成立，我们正怀疑得很。这便是我们不欢迎高唱东方文化之泰戈尔的理由。"（茅盾《对于泰戈尔的希望》）

赞同者则认为，"现在的世界，正如一个狭小而黑暗的小室。什么人都受物质主义的黑雾笼罩着，什么人都被这'现实'的小室紧紧的幽闭着。这小室里面是可怖的沉闷，干枯与无聊。在里面的人，除了费他的时力，费他的生命在计算着金钱，在筹思着互相剥夺之策，在喧扰的在暗中互相争辩着嘲骂着如盲目者似的以外，便什么东西都不知道，什么生的幸福都没有享到了。太戈尔则如一个最伟大的发见者一样，为这些人类发见了灵的亚美利亚，指示他们以更好的美丽的人的生活；他如一线绚烂而纯白的曙光，从这暗室里的天窗里射进来，使他们得互相看见他们自己，看见他们的周围情境，看见一切事物的内在的真相。虽然有许多人，久在暗中生活，见了这光，便不能忍受的紧闭了两眼，甚且诅咒着，然而大多数肯睁了眼四顾的，却已惊喜得欲狂起来。这光把室内四周的美画和宏丽的陈设都照出来，把人类的内在的心都照出来。"

他们认为，西方文化给世界带来了灾难。"西方乃至全个世界，都被卷在血红的云与嫉妒的旋风里。每个民族，每个国家，每个党派，都以愤怒的眼互视着，都在粗声高唱着报仇的歌，都在发狂似的随了铁的声，枪的声而跳舞着。他们贪婪无厌，如毒龙之张了大嘴，互相吞咬，他们似乎要吞尽了人类，吞尽了世界；许多壮美的人为此而死，许多爱和平的人被其牺牲，许多宏丽的房宇为之崩毁，许多珠玉似的喷泉，为之干竭，许多绿的草染了血而变色，许多荫蔽千亩的森林被枪火烧得枯焦。太戈尔则如一个伟人似的，立在喜马拉雅山之巅，立在阿尔卑斯山之巅，在静谧绚烂的旭光中，以他的迅雷似的语声，为他们宣传和平的福音，爱的福音。他的生命如'一线镇定而纯洁之光，到他们当中去，使他们愉悦而沉默'。他立他们黑漆漆的心中，把他的'和善的眼光堕在他们上面，如那黄昏的善爱的和平，覆盖着日间的骚扰。'"（郑振铎《欢迎太戈尔》）

二

从这些话语和文字中，可以看出当时的知识界对泰戈尔的东方观看法是有分歧的，而且这种分歧还相当大，对他思想的理解也南辕北辙。

或许在上个世纪 20 年代的时候，我们尚看不清这场由泰戈尔来到中国后所引起的文化争论的实质和意义；但今天当中国走出了它的苦难与黑暗，迎来了自己新的世纪的时候，当全球化的风暴席卷全球、西方的金融危机将世界带入动荡之时，一切问题开始渐渐明朗起来。

2011 年是辛亥百年，百年来的中国是在向西方学习中发展与变迁的，百年的欧风美雨给了我们哪些东西呢？当代经济学家温铁军先生从经济学的角度总结了百年辛亥以来的基本经验，他认为，"在经济基础的洋务运动和上层建筑的戊戌维新之后，中国已在教育、军事乃至政治体制上采取西制。……后来我们知道，引进西制及人才没能救活被内外战争搞得财政崩溃、地方弄权的清王朝。"而民国之亡，很少人注意从整个世界经济和西方的危机的角度加以考察，温铁军则认为，1929—1933 年西方大危机所导致的中国白银大量外流已经埋下了国民党失败的种子："所以说，民国先亡于无储备之西制财政金融崩溃，后亡于无军饷之西制军事失败。天可怜见的，西制也没能救民国。"对今天来说，温铁军认为，"有个现实需要承认：辛亥逾百年，中国至今仍是不得不承担西方国家转嫁过来的制度成本的后发国家。如果没有另辟蹊径的创新能力，则难逃玉石俱毁之宿命。"他的结论是："告别百年西制崇拜。"（温铁军《告别百年西制崇拜》）

尽管对温铁军的观点也有争论，但一些人没有看到，他并不是否认百年来向西方的学习，而是以一个经济学家的视角，从长时段的百年世界经济发展的角度，说明今天的世界经济仍在西制之中。在这样的体制中的中国的发展面临着一个根本性的问题，即如何对待这个400 年来已经统治全球的西方制度，如何超越这个制度的不足，中国发展的真正困局在此。这是中国百年来的一个结：我们以西为师，但老师总是在欺负学生。正是这样的结，使新中国走上一条独特的、想超越老师的道路。中国超大的国土、超长的历史文化、超多的人口，使我们这种"一万年太久，只争朝夕"的梦想屡屡受挫，只好耐下心来向这个"总是欺负学生的老师"学习，但心中不爽。而今天，当我们在奋斗中走到了中心时，这样的念头自然在心中涌动。

三

其实，不仅仅是在经济上，在文化上亦是如此。现代化源于西方，对欧美来说，现代化与文化意识的解放、自我的实现是同步的，但当欧美的现代化向全球扩展时，西方在全球的发展给殖民地国家带来的是灾难。在黑格尔所说的"历史的狡计"中，后发现代化国家被带上西方所开辟的现代化轨道，在灾难中并非没有进步。历史在恶中进步，精神也得到释放。或许像王船山所说的"秦以私天下之心而罢侯置守，而天假其私以行其大公，存乎神者之不测"，但必须看到作为后发现代化的国家，其文化上的内在矛盾，一直内存于我们的精神之中。在追求现代化的过程中，我们的文化在接受西方优秀文化的同时，也已经受制于"文化帝国主义"的控制。或许对那些历史短暂的小国来说，西方文化这些洋玩意儿还能完全被接受。但对于历史文化比西方文化还要久远的中国来说，这几乎是不可能的。环看今日中国的文化，本土的文化已经面目全非，但它在，它仍在我们的生活中，隐隐地在我们精神世界的深处。而在表层的生活中，我们的确已经完全西化了，甚至在如何表达自己的文化上都已经有了困难，因为言语已经完全词不达意。崛起的中国在自身文化和已经进入自己骨髓的西方文化之间痛苦地徘徊和挣扎。

或许像中国古代文化吸收佛教文化的历史那样，我们当下的混乱和苦恼只是因为"张载"未出，"二程"显世还有待时日。总有一天中国会像消化佛教那样把一百年来的西方文化彻底消化，让新的"宋明理学"再生，新的"朱熹"横空出世，把中国文化提升到新的世界的高度。但西方文化和东汉后进入中国的佛教文化有着根本性的区别，这或许只是白日做梦。目前的现实是，走向世界强国，中国已经是指日可待，走向文化强国，结束百年来的中西混杂，重建一个立足自身文化之根而又有强烈时代感、将西方文化化解于其中的新的中国文化形态尚需时日。

应该清醒认识到，虽然地理大发现后西方文化渐成强势文化，但东方有着比西方文化还要悠久的文化历史，有着自己完全独立于西方的一整套价值体系和精神世界。

吊诡的是，在全球化的初期，当西方在南北美洲烧杀抢掠，摧毁玛雅文明和印第安文明时，在东方却遇到了真正的对手。葡萄牙人、西班牙人、荷兰人都无法用枪炮打开中国的大门。于是，东西方之间开始了近两个世纪的平等的文化交流，乃至催生了18世纪欧洲的中国热。按照西方历史学家的话是，"在北美西方发现了土地，在东亚西方发现了文明。"其实，西方文化的神话是他们的思想家编造出来的，西方有着向阿拉伯文化学习的长期历史，文艺复兴的第一步就是从阿拉伯文化译经，美国历史学家拉克认为没有亚洲就没有今日之西方文化，只是在西方掌握了这个世界后，他们编造出了"东方与西方"、"现代与传统"这样二元对峙的模式，真实的历史不是这样。冷静的西方史学家早就看出了这一点，例如汤因比。

在中国影响了西方近一百年后，晚清的败局将一切都改变了！国之破落，使19世纪的东方文化也随之走向了下坡路。正如没有当年英国对印度的统治，哪有伦敦的繁华？19世纪到20世纪上半叶没有西方与日本联合对中国的压榨，哪有日本的崛起和西方的繁荣？文化变局之背后的这些财富的转移与掠夺才是文化兴衰的根本原因，没有什么离开经济利益和政治利益的纯文化。胜者为王，败者寇，政治是如此，经济是如此，文化也是如此。观察世界文化发展的格局，必须从这里入手。

四

　　如果按照布罗代尔的史学理论，一百年是一个太短的时段，三四百年也未必看出历史的真相。今天，当全球化进入深层之时，资本与生产快速在世界范围内转移，西方遇到了他们从未想到的问题，遇到了他们从未遇到过的对手。中国、印度、巴西、南非、俄罗斯这些国家快速崛起，世界重心转向东方，经济发展重心转向亚洲，已经成为定局。这次的美国金融危机，绝非是西方的小病，而是西制长期积累下来的大病，或许这次危机西方仍可以渡过去，但并不可根治，而世界大势已经开始变化，中国和印度的崛起具有全球性重大意义。中国、印度这样的东方大国绝不会像一些小国那样可以让西方势力随意蹂躏。中国和印度在文化上有着西方所不及的悠远的历史和丰厚的内涵，作为民族深层结构的文化基因不会因短时期的政治走向而发生根本变化。此时，在中国、印度重新回到世界政治和经济中心的当代，政治和经济大格局变化的当代，世界文化格局必然会重新洗牌，这才是世界文化发展史上"三千年未有之大变局"。在这样的时刻，文化自觉和文化自信是一个大国在精神建设上之必须。我们必须看到，尽管目前在全球政治、经济乃至文化上西方文化仍是全球性主导文化，但伟大的变革已经慢慢开始，对中国来说，对西方的崇拜可以退场了。东方文化和西方文化之间再不是"臣属关系"而是"平等关系"。如何在吸取百年西学的基础上，重建自己的文化，恢复自己的文化肌理，是我们当下中国文化最紧迫、最重大的问题。

　　泰戈尔的价值正在这里！季羡林先生晚年对泰戈尔的肯定、对印度文化的肯定也多是从这个角度讲的，他认为在全球环境恶化、全球问题日益严重的今天，东方的智慧是有价值的。他说，"我个人认为，我们东方的思想是一个很好的出路，中国和印度都有一个'天人合一'（Unification of the nature and mankind）的思想，印度叫 Brahma Atma-ailryam（梵我一如）。……西方主张征服自然，把自然作为对立面甚至敌人进行征服。征服的结果产生了上述我所说的那些弊病。……我们东方与西方不一样。西方的方式是：你不给我，我就征服你。我们东方的主张是，向自然索取的同时，把自然当作朋友、兄弟。"因此，季老晚年对东方文化寄予极大的希望，正如泰戈尔在晚年所写的《文明的危机》中对东方充满希望一样，"在西方几百年文化的基础上，发扬东方文明，使整个人类文明更上一层楼。"（季羡林《东方文化要重现辉煌》）

季羡林先生说，泰戈尔"对整个东方的胜利，也有所期望，有所预见。在他晚年，他再三发出曙光将自东方升起，一个新时代就要来到的预言"（季羡林《泰戈尔的生平、思想及创作》）。

这真是一个伟大的预言！今天，中国和印度开始崛起，整个亚洲将开始成为世界的中心舞台。此时，我们再读上个世纪泰戈尔来到中国时，中国文化人受其影响而写下的文字，心灵会再受到一次冲击，或许对当时的争论会有新的认识。实际上，今天我们对泰戈尔所提出的问题的解答在中国引起的争论并未结束，而是以新的形式进行着。

在这里，我用泰戈尔论中国的一段话作为结语：

"我有个信念，当你们的国家站立起来，能够表现自己的风貌时，你们，乃至整个亚洲都将会有一个远大的前景，一个会使我们共同欢欣鼓舞的前景。"

半生识曲听其真

——从书信看雅斯贝尔斯与海德格尔半个世纪的交往（上）

○ 李雪涛

卡尔·雅斯贝尔斯和马丁·海德格尔被称作德国存在主义哲学的两位先驱。两人早年在哲学道路上的共同探索让人印象深刻，后来他们之间相互提出异议，并强调各自哲学观点的不同，但从未公开论战。本文梳理了"雅海"书信以及两人半个世纪的交往过程，汉代古诗中有"令德唱高言，识曲听其真"的句子，这两句诗同样也可以对雅斯贝尔斯和海德格尔半个世纪的友谊作很好的概括。

早在 20 世纪 20 年代后期，卡尔·雅斯贝尔斯和马丁·海德格尔就经常被人称作是德国存在主义哲学的两位先驱。他们在哲学道路上的共同探索，似莫逆之交的形象给公众留下了深刻的印象。之后他们之间相互提出异议，并强调各自哲学观点的不同，但从未公开论战。因此对这两位 20 世纪最有影响的哲学大师之间私人关系的研究，一直为西方学界所关注。

海德格尔和雅斯贝尔斯差不多属于同一个时代。雅斯贝尔斯（1883 年出生）比海德格尔（1889 年出生）年长六岁，出生于奥登堡一个信仰新教、思想自由的典型的中产阶级家庭。而马丁·海德格尔则出生于施瓦本—阿雷曼地区一个虔信天主教的农民小知识分子家庭。他父亲是当地小镇上的一个教堂的司事,家境十分贫寒。他后来除了在马堡工作过五年之外,几乎在古代阿雷曼人这块极小的土地上度过了全部的生涯。他那震撼整个哲学界的思想,也是在德国西南部这块狭小的土地上酝酿、完成的。

对他们俩来说,哲学意味着对自由的保证。学过神学的海德格尔试图借助哲学的帮助,从狭隘的天主教的信仰世界中找到一条出路;学过医学的雅斯贝尔斯则希望通过哲学的帮助,去超越自然科学中的教条主义的界限。对雅斯贝尔斯来说,哲学是这样的一门学科,亦即以此来理解那些用自然科学的方法无法解释的现象。

雅斯贝尔斯和海德格尔用一种隐蔽且困难的方式去寻求哲学家的上帝。后来,他们赋予这个上帝一个相同的名称:"存在"。

一

在 20 世纪 20 年代前期,当海德格尔在生命的自我透视的哲学道路上摸索、探求并确立其范围时,雅斯贝尔斯也在寻觅着哲学的一个新的开端。这时,两个学者之间的艰难的友谊开始了。

雅斯贝尔斯和海德格尔相识于 1920 年春季,在现象学家埃德蒙德·胡塞尔家中举办的一个令人愉快的晚会上。胡塞尔是海德格尔早年的老师。经过一年半小心的接触,雅氏与海氏于 1922 年的夏天终于在一种"很少有的、自主战斗集体的意识"中结成了友谊。

雅斯贝尔斯在当时的哲学界人士的眼里还是一个门外汉。他原本从事医学中的精神病理学研究。早在 1913 年他就以一本名叫《普通心理病理学》的著作而一举成名,获得了在海德堡大学教授心理学的资格，"这部著作已经显示出他精神中那种视野广阔、联想丰富的专门才能"，并很快就成为这一领域的权威性著作。但是，雅斯贝尔斯却开始脱离医学这个领域。他特别清楚地认识到病人那种模棱两可的情况，而这种精神上的疾病是用自然科学范围内的精神病学无法充分解释的。雅斯贝尔斯出于自身在中学和大学时代的孤寂感受以及对疾病威胁的敏感意识，而一再追问生命的意义。但"科学的知识在面对一切根本问题时，是无能为力的"。因此他义无反顾地选择了能阐明真理以及我们生命意义和目的的哲学。跟马克斯·韦伯以及基尔凯郭尔的相遇则是他转向哲学研究的关键。

雅斯贝尔斯于1919年出版的《世界观的心理学》一书标志着他从心理学的研究转向了哲学的研究，这本书完全超越了专门学科的范畴。雅斯贝尔斯用韦伯关于观念类型构造的方式来研究从人类的生活经验中——特别是从人类的基本问题，例如自由、罪责以及死亡中——产生的"观点和世界观"，正是它们给当时的哲学构想描绘出了一种独特的轮廓。他在这里探究的是如何克服对自由的恐惧以达到自由，并且让我们在内在活动中自由地选择我们真正想要的东西。历史地来看，这本书是作为后来被称作存在哲学的最早著作而问世的，它几乎涵盖了存在哲学中所有最根本的问题，特别是关于人的处境以及他根本无法逃脱的"临界状况"（死亡、痛苦、意外事件、罪责、抗争）。雅斯贝尔斯认为，人正是在这种临界状态之中接触到超越的，而通过这个接触，人实现了自己的存在。关于这本书，他在《哲学自传》中写道："所有这一切就像在一种迅速的捕捉中被领悟一般……整本著作的观点要比我以后成功地讲述的内容全面得多。"

这部著作使哲学界出现了新的声音。公众的反响是如此之大，以至于雅斯贝尔斯虽然没有哲学博士的头衔，却于1921年在海德堡获得了一个哲学教授的席位。雅斯贝尔斯之所以将他的这本书命名为

"心理学"，实际上是利用心理学的方法来阐明他的哲学，进而与传统意义上的哲学区别开来。不过这也使得他的哲学教授的职位变得有些含含糊糊，他因此受到来自两个领域的攻击：科学家按照自己严格的惯例，将他看作是科学的背叛者，是那种从事不确切事物，即哲学研究的人；而在哲学家的眼里，他是那种走在心理学旁门左道上的哲学教授。

雅斯贝尔斯对此并没有加以反驳。他感到自己正处在"通往自由的道路上"。因此，当海德格尔于1921年8月5日写信谈到自己哲学工作的性质时，他特别能够理解海德格尔："我是否也要到空旷的地方找到我的路，我不知道；或者我只能走这么远，就此打住了，或者我本来是否要走，都不知道。"

此时的海德格尔还只是一个大学的无薪讲师，并在弗莱堡给胡塞尔当助手。他还没能发表任何能使他声誉鹊起的著作，但却已为人所知，因为他频繁地举办演讲和各种研讨班。海德格尔通过意识完成了对意识的无止境的自我观察，并将哲学的重点放到了日常的、在世界之中的存在上。人们感觉到，海德格尔的这种做法是一种解放。他的哲学思考强烈要求与生存的关系。和雅斯贝尔斯一样，对自身的忧虑是他研究的主题。

海德格尔在雅斯贝尔斯身上感到了相似的动力。因此他写了一篇有关雅斯贝尔斯《世界观的心理学》的书评——《评卡尔·雅斯贝尔斯〈世界观的心理学〉》，并于1921年6月寄给了雅斯贝尔斯。由于海德格尔和雅斯贝尔斯并未真正论战过，他们以后在思想上也没有过真正交锋，这篇书评就成了分析哲学思考的唯一书面文件。

海德格尔首先对这本书极尽赞美之词。接着，他就以极其谨慎的方式，提出了自己的批评意见。从现象学的角度来看，雅斯贝尔斯的研究显然不够深入。他虽然"描述"了生存的发生，但并没有将自己的思考"深入"到这个生存的发生之中。他还躲在一种科学的保持距离的态度背后。海德格尔在书评的最后写道:"如果存在一种真正的自我思考,那么人们只能理智地将其公开。而这种自我思考在此存在,并且只可能存在于严格意义上的被唤醒之中。而真正的被唤醒只能用一种特定的方式毫无顾虑地将他者推入反省之中。为了推入反省之中,让人关注,他自己就只有先行一步了。"而只有当他领会了哲学的"事物",他才可能先行一步。这个哲学的"事物"是指"哲学思考着的自身及其显而易见的贫乏"。

雅斯贝尔斯没有将这种所谓的"贫乏"与自己联系在一起,因为从上下文的联系中可以很清楚地看出,这里指的是人类的一种贫乏。所以,雅斯贝尔斯并没有因这篇书评而生气,不过这篇书评却让他无所适从。因为他不知道海德格尔所要求的,人不应该只是探讨"关于"生存的发生,而应当"跳出"这种生存发生来进行哲学思考,到底是个什么意思?或者是海德格尔误解了雅斯贝尔斯,因为他没有认识到雅斯贝尔斯已经走上了"自我忧虑"的哲学道路;或者说是海德格尔对这条道路有着不同的见解。但是,他的解释又不是很清楚。可以肯定的是,雅斯贝尔斯没有看到海德格尔有沿着他的这条道路走下去的意思。尽管如此,雅斯贝尔斯还是有一种志同道合的感觉。雅斯贝尔斯在晚年时依然对海德格尔的书评心存感激,他认为跟李克尔特想打压他的心态不同,"海德格尔却极彻底地读了这部著作,通过他一篇并未发表的批判性书评,以其比其他一切都更加毫不留情的方式,对我的著作提出了疑义。这对我来说无异于肯定了一个新的开端。"1921年8月1日,雅斯贝尔斯写信给海德格尔:"您的评论文章是我迄今为止所看到的最深刻地挖掘了思想本质的评论。它确实触动了我的内心世界。但我还是怀念我们在讨论'我存在'和'历史性的'所采用的那种积极的方式。我在文章中始终感到了一种向前的动力,但后来往往很失望，并发现自己已经如此远离了自己的初衷。"

在回信中，海德格尔称自己的书评是一项"荒谬且又可怜的初级事业"。他的本意是，"我并不幻想会在这方面比您自己走得更远，尤其是我已经下定了决心要走些弯路了"。两人之间出现了一点小小的不和谐。雅斯贝尔斯原本想从海德格尔那里得到更多的赞扬，而海德格尔则希望雅斯贝尔斯能对他深刻的批评给予更多的肯定，海德格尔把这理解为他们之间友谊的一个重要行为。雅斯贝尔斯为自己没有公开对海德格尔书评的看法一直惴惴不安："因此我推测海德格尔会很失望的。不过他深入到我的这本书的内容和重要的观点之中去——批评少于对话——对我来说可以说是激励我的积极因素。"但在当时，他们之间的通信为此中断了近一年之久。并且海德格尔书评中所表现出来的苛刻态度，使雅氏始终不能释然。

后来，雅斯贝尔斯于1922年夏天邀请海德格尔到海德堡呆几天，海德格尔接受了邀请。9月的这几天给双方都留下了深刻的印象。他们回味着这几天的经历，因为将来他们之间的友谊都将建立在这些实际的经验之上。对哲学的强烈感受、和睦的沉静气氛以及启程和开始时共同的骤然感觉——正如雅斯贝尔斯后来回忆时所写的那样——"征服"了他，并以一种令人难忘的方式，使他感到自己和海德格尔之间很"亲近"。

在这段时间里，海德格尔经常到雅斯贝尔斯位于海德堡的家中做客，他们俩真正成为了无话不谈的挚友：平生知心者，屈指能有几。在具体描绘当时昼夜相伴的日子时，雅斯贝尔斯说："海德格尔来我们家做客时，我跟他通常是在工作。每天我们都要聚几次来交谈。前几次的谈话就已经令我倍受鼓舞了。没有谁能够想象我对能跟他相处感到多么地惬意，他至少是在哲学家阵营中唯一能跟我真正交流的人。"

二

　　这种友谊在其初始阶段是如此令人振奋，因此雅斯贝尔斯建议，创办一本只由他俩写稿的杂志，这在一定程度上可以看作是哲学的"火炬"。最后，人们不得不在"哲学的荒芜时期"对学院哲学提出抗议，反对一个庞大的、普遍有效的价值体系。他们俩共同认为，表面化的、远离生活的学院哲学并非真正意义上的哲学，这是基于这样一种认识，即它们所讨论的事物对于人的存在等基本问题并没有任何实质的意义。他们相约建立一种新哲学，以期改变学院哲学的传统。但是，作为哲学教授的雅斯贝尔斯随后便想到，这一想法是不切实际的，因为此时海德格尔还没有任何教席。所以，办杂志的项目要等到海德格尔被任命为教授之后。而此时，海德格尔还在焦急地等待教授的职位。

　　事实上，海德格尔在 1922 年和 1923 年夏天，在自我澄清方面取得了重要的进步。从海德格尔 1922 年底作为求职论文寄往马堡（直到 1989 年才被重新发现）的学术论文德文本卷宗《对亚里士多德的现象诠释》，以及 1923 年，即他即将走马上任马堡大学教授之前在弗莱堡的最后一学期所开设的关于本体论的讲座中，都可以看得出《存在与时间》思想的端倪。

　　那些写给雅斯贝尔斯的、充满着战斗意识的信件表明，海德格尔想充当收拾哲学界这个烂摊子的海格力斯的角色。他沉醉于"彻底的哲学改造和彻底变革"的幻想之中。1923 年的夏天，海德格尔才发现自己是海德格尔。

　　这个夏天在弗莱堡举办的关于存在论的最后一次讲座中，海德格尔已经清楚地知道了自己的事业。他愉快地告诉雅斯贝尔斯："我将书籍以及文学上的装腔作势都丢给了世间，而引来了年轻人——'引来'的意思是严厉地抓住他们——因此他们在整个一星期都是'有压力的';有些人忍受不了——这是选择的最简单方法——有一些则需要二到三学期才能理解,这也是我为什么不允许他们懒惰、肤浅、欺骗和空话——特别是'现象学的'空话的原因。您知道,我是从来不让学生做什么报告的,——只有讨论,并且也不是毫无约束的讨论——突然产生的念头以及辩证法的游戏我也是不允许参与到讨论中来的——所有这一切都要求准备,也就是说对各自事物的全身心投入,这跟写一本书和再写一本书相比,只有其一半的舒适度。我最大的乐趣在于,在这里通过示范实现转变,以及我当下的自由。"

但是在 1923 年这个令人愉快的夏季也出现了一些不和谐的音符。1923 年 7 月 14 日,就要离开弗莱堡赴马堡大学接受哲学副教授一职的海德格尔在致雅斯贝尔斯的信中,表现出了对他的老师胡塞尔的极端不满情绪。雅斯贝尔斯在当时并没有对此加以评论,不过海德格尔的人格在他的心目中已经大打折扣了。无独有偶,雅斯贝尔斯后来发现,海德格尔背后对人轻蔑、尖刻,当面则变成了奉承或不敢承认。这种行为模式在雅斯贝尔斯以下所经历的事件中得到了证实。

雅斯贝尔斯给海德格尔寄过一本他的著作《大学的观念》。但不久,就有人告诉他,海德格尔在其学生面前说,"这是当今无关紧要的事情中最无足轻重的东西。"1923 年 9 月,当海德格尔再次拜访雅斯贝尔斯时,雅斯贝尔斯向他指出:他并不是不允许他作这样的评论,但是作为朋友,他应当事先直接地告诉他本人。海德格尔马上否认,说自己并没有说过类似的话。雅斯贝尔斯回答:"那么这件事对我来说已经解决了,我相信您。"但事实并非如此。一种怨恨和怀疑的情绪,在雅斯贝尔斯的心中挥之不去:交不忠兮怨长。后来,雅斯贝尔斯在他的自传中写道:"他似乎是这样一位朋友,当你不在场时,就会出卖你。不过在瞬间,你又会发现这并没有什么了不起的,你还是觉得他是你难以忘怀的亲密朋友。在我看来，似乎是有一个魔鬼混入了他的体内，所以，出于对他本质精神的喜爱，我要求自己，不去理会他的这种失礼。"庄子说："凡交，近则必相靡以信，远则必忠之以言"，这是古今中外朋友相处最基本的道理，显然，海德格尔违背了这一友谊之道。

三

1923 年秋季，海德格尔来到了马堡，1928 年春季他又离开了这座城市，前往弗莱堡去接替胡塞尔的教授席位。在离开马堡之前，他写信给雅斯贝尔斯："有关马堡的事情我无法给您历数。我没有一刻感到舒服的。"但是，后来海德格尔在一次私人谈话中，又称这些年是他生命中最令人振奋的、收获和经历最为丰富的时期，同时也是最幸运的时期。

海德格尔在写给雅斯贝尔斯的信中对这段马堡生活时期的负面评价也有着其战略上的意义。当时，雅斯贝尔斯曾考虑离开海德堡，因此他想知道海德格尔能否为自己在马堡任职提供一些建议。但海德格尔做不到这一点。因为他清楚地知道自己的地位：这些年他虽然取得了很大的成就，但作为一个副教授又能帮上雅斯贝尔斯什么忙呢？这其中的原因不单单是大学的环境，同时也是因为他经常往来于马堡和托特瑙贝尔格之间，很难顾及到雅斯贝尔斯的事情。但更重要的是他不想让雅斯贝尔斯知道他跟自己年轻貌美的犹太裔女学生汉娜·阿伦特之间的一段爱情故事。

1924 年，阿伦特在马堡大学遇到了海德格尔，这时她才 18 岁。当时已是两个孩子父亲的 35 岁的海德格尔正在酝酿《存在与时间》的写作，阿伦特出现在了海德格尔的课堂之上，在他们四目交会的刹那，阿伦特的貌美和睿智，海德格尔的深邃和厚重，使他们一见倾心，很快便成为了两相愉悦的情人。当他们清楚地知道这场爱情最终将没有任何结果时，海德格尔将阿伦特推荐给了他的好朋友雅斯贝尔斯。阿伦特则在听了一年胡塞尔的现象学课之后，去了海德堡。在雅斯贝尔斯的指导下，完成了题为《论奥古斯丁爱的观念》的博士论文。而对海德格尔和阿伦特之间的恋情，雅斯贝尔斯却直到战争结束后才略有所知，并且不是从他的朋友海德格尔那里，而是从他的学生阿伦特那里。当时，海德格尔为了避免麻烦，将他的这位学生送到了海德堡。又是一种背信弃义的行为！但不管怎么说，雅斯贝尔斯还是对阿伦特怀着一种父亲般的慈爱之情，而阿伦特一生对雅斯贝尔斯夫妇都像对待自己的父母一样尊重。这些都可以从他们之间持续44年的几百封通信中看得出。

海德格尔主要从自己的哲学出发对《世界观的心理学》一书予以了评论，这篇文章可以说是严格学术意义上的书评了，但其中对雅斯贝尔斯的严厉批评一直都让雅氏难以做到心境坦然。后来在海德格尔的《存在与时间》出版的时候，雅斯贝尔斯承认对此书毫无兴趣，认为这是一本毫无新意并且充斥着生造新词的失败之作。

而在1946年《普通心理病理学》修订版的后记中，雅斯贝尔斯认为，海德格尔在《存在与时间》中想提供知识的企图，是一种错误的哲学途径，他写道："尽管他的具体说明有价值，但是，在原则上，我认为这种企图是错误的哲学途径，因为它将人带到了人之生存的整个概念的知识上去，而不是带进哲学的思索中。这种思想的结构，对于个人历史性的具体存在没有裨益（作为加强并确定其生活的实践），只能成为另一个更有害的妨碍，因为正是由于这种最接近于'存在'的意见，才使得真正的存在易被错过，从而变为不重要的东西。"

反之，海德格尔认为雅斯贝尔斯的哲学的深度不够，他的哲学思考和不断超越的活动，实际上是在逃避真正至关重要的存在的问题。

两位哲学家的分歧在很大程度上是两者的思想风格不同使然。雅斯贝尔斯所拥有的绝不仅仅是抽象的哲学和情感，他认为哲学是当下的，是跟世界上的每一个人每时每刻都息息相关的。而海德格尔的思想高度，决定了他的哲学是无条件的孤独和不可交流。他对最复杂的哲学术语的追根溯源，以及《存在与时间》在结构设计上的精密，都明显来自他那扎实厚重的学院哲学背景。《存在与时间》在出版后不久就被认为是 20 世纪欧洲哲学真正划时代的著作。今天看来，这一说法并不过分，因为它对欧洲哲学、文化乃至技术的影响，是任何著作都无可比拟的。平心而论，上述雅斯贝尔斯的看法尽管有他的道理，但实际上是有失公允的，因为研究者很容易证明，雅氏 1932 年出版的集他思想大成的三卷本巨著《哲学》一书的许多观点和方法明显受到过《存在与时间》的影响。而雅斯贝尔斯的信奉者们却相信，正是由于雅氏这套洋洋洒洒的《哲学》一书，才使得海德格尔放弃了出版《存在与时间》下半部的计划。实际上这正显示出了两位哲学大师之间的相互影响以及思想上的相通。伽达默尔在论述两位大师在思想方面的异同时写道："海德格尔的《存在与时间》从根本上说构成了一种全新的追问方式，这种追问方向要返回到一个完全不同的向度上去。……雅斯贝尔斯固然也吸收了海德格尔以'存在式的'名义耕作的土壤，但他作为海德堡学术界的教师首先还是选择了基尔凯郭尔存在辩证法的思想加以阐述。"这样的一个结论，可以说对两位哲学大师都是比较公允的。

半生识曲听其真
——从书信看雅斯贝尔斯与海德格尔半个世纪的交往（下）

○ 李雪涛

海德格尔对雅斯贝尔斯的哲学并没有给予很高的评价，但他却很欣赏雅斯贝尔斯的正直、宽宏大度以及自然的威望。只有在雅斯贝尔斯面前，海德格尔才为自己曾被卷入纳粹政治而感到"羞愧"。尽管雅斯贝尔斯对海德格尔的哲学持有批评的意见，并与之有着一定的界限，但对雅斯贝尔斯来说，在这个贫瘠的哲学世界上，海德格尔仍然是独一无二的人物。

一

在雅斯贝尔斯看来，他与海德格尔之间"明显的彻底分裂"发生在 1933 年。

在失去联系很长一段时间之后，海德格尔于 1933 年 3 月 18 日到海德堡拜访了雅斯贝尔斯。而希特勒在同年的 1 月底被任命为帝国的新总理。面对瞬息万变的纳粹的现实，海德格尔说"人们必须投入到其中"。尽管雅斯贝尔斯事后说他当时就对此感到很惊讶，但并没有问为什么。"拯救大学"成了当时他们谈话的中心内容。

对海德格尔来讲，改革的目的是使德国的大学"能够在共同体的文化中发挥核心作用。同样重要的是它们应该受到纳粹国家的政治保护"。总之，海德格尔要不择手段地实施他"为大学提供精神领袖"的改革计划。

雅斯贝尔斯认为，海德格尔在独自进行着大学的拯救计划，即对德国大学的现状进行彻底的改革。对这次改革的必要性，双方在之前的信件来往中就已经达成了一致。开始，雅斯贝尔斯也视这种彻底的变革为大学改革的一次机会。因此，我们可以理解，当雅斯贝尔斯听说，海德格尔当选为弗莱堡大学的校长并作了校长就职演说——关于"德国大学的自我主张"的报告后，起初不仅没有感到反感，反而认为大学的新时代即将来临。

因此 1933 年 8 月 23 日，雅斯贝尔斯在给海德格尔的信中热情洋溢地赞颂了海氏的大学改革设想："我感谢您所作的校长就职演说……您的思想萌芽中所具有的古希腊早期文化的伟大特征，像一种新的同时也是理所当然的事实感动了我。……所有的一切都让我感到异常高兴，因为现在终于有人能说，他触及到了真正的界限和源泉。"

同年 6 月底的时候，即海德格尔在海德堡作了《新帝国下的大学》的演讲之后，他最后一次拜访了雅斯贝尔斯。此番海德格尔是受纳粹学生会主席希尔的邀请，去声讨那些保守的教授们的，特别是要对还没有屈服于纳粹主义的校长维利·安德里亚斯大加挞伐。海德格尔确实是以一种十分好战的姿态出现的，他认为传统的大学已经死亡，他以强烈的语句提出要摒弃"人性化的、基督教的"观点，呼吁人们"为国家而工作"。在稍后和海德格尔举行的私人谈话中，雅斯贝尔斯发现海德格尔处在迷醉的状态，在他身上已经出现了一些危险的东西。

但雅斯贝尔斯直到此时还在继续称赞海德格尔的校长就职演说。在 30 年以后的札记中，雅斯贝尔斯对自己当时的所作所为解释道，他一直想"尽可能朝好的方向"来解释这个演说，以便继续保持与海德格尔之间的关系，不过此时他已经不再信任海氏了。但事实上，他对海德格尔的行为和言论中那种"令人无法忍受的深刻和陌生的水准"已经感到了厌恶。

雅斯贝尔斯对校长就职演说的赞同并不仅仅是因为他后来所提到的策略上的考虑。实际上，在1933年他俩在思想上还存在着许多重要的共同之处，尤其令人感到意外的是关于纳粹大学的改革问题。雅斯贝尔斯认为，德国大学的伟大时期是1770—1830年的时代，这之后的百余年来，特别是20世纪以来，德国的大学迅速衰落。显而易见的弊端有以下诸多方面：对于专业的肢解，不断增加的课堂教育以及片面的就业方向，管理的冗杂，教师整体水平的下降，对教学自由的滥用以及职责范围不明确，以致于对那些渎职的教师也没有相应的处罚政策。雅斯贝尔斯认为，大学的前途并不在于复兴1770—1830年的传统，而在于在新的条件下使大学的观念重新焕发活力。因此，1933年夏季是一个千载难逢的机遇，如果坐失了这个时机，也许永远不可能重现消除这些弊端和症结的可能性。

正是纳粹的得逞，使得海德格尔和雅斯贝尔斯看清了民主制度的无力和虚弱，独裁的统治在当时反倒成了大多数德国民众的愿望。雅斯贝尔斯也愿意接受这种领导决定一切的原则，但却持一定的保留态度。在他看来，那些真正的决策者也必须担负起真正的责任，如果发生推诿责任的现象，那么就可以不再选举他担任此职务。雅斯贝尔斯在上述写给海德格尔的信中，寄希望于这种"贵族气质原则"。

但是，雅斯贝尔斯明确表示反对政治的特权。"'除了真理本身神圣不可侵犯，世界上没有任何一个别的主管机构'能够为研究和教学指明方向。学术之自由并非通过政治，并非通过外部的强制，亦非通过权威，而只有通过共同的教与学的苏格拉底式的关系，来承担自己的义务。"

希特勒的上台并非靠政变得逞，而是经过合法的民主程序，在德国民众的欢呼声中被选上台的。正因为此，在纳粹攫取政权的初期，就连雅斯贝尔斯也没有真正认识到它的危害性。

作为 20 世纪最伟大的哲学家之一的海德格尔与人类历史上最野蛮的政治体制之间的合作，除了哲学家在政治上的幼稚之外，当然也不可能跟他对人类存在、本体论、存在史的哲学思考截然分开。一直到 1950 年 4 月 8 日写给雅斯贝尔斯的信中，海德格尔依然认为悲剧仅仅是由于他在政治上的无知造成的，同时在哲学方面他又将自己装扮成存在的先知。

这种不正派的做法，不顾个人的牵连而追求伟大的令人讨厌的倾向，让雅斯贝尔斯感到十分厌恶，因此他在 1952 年 7 月 24 日给海德格尔的回信中写道："这难道不是您在信中的那些词句里所预感和梦想到的一种哲学，导致了一个作恶多端者的幻想，另一方面，这一哲学与现实相分离，为极权主义的胜利做了准备？"

相对于海德格尔运用形而上学的术语表达对纳粹暴政的支持，雅斯贝尔斯则主张在政治上保持理智，同时他还想保护哲学的词汇，使其免遭政治的强奸。他吃惊地看到，海德格尔是如何将吸引自己的权力解释为形而上学的此在力量。但他同时感到，在海德格尔的政治阴谋中还始终洋溢着一种哲学的动力。而这点一如既往地吸引着雅斯贝尔斯。

二

1933 年 6 月底，海德格尔最后一次到海德堡时拜访了雅斯贝尔斯。从此以后，两人未曾谋面。但是他们之间的书信往来却一直持续到了 1936 年的夏季，此后才中止了数年。但真正导致他们关系破裂的却是雅斯贝尔斯 1934 年才获知的一件事。

无薪讲师爱德华·鲍姆盖腾是马克斯·韦伯的外甥，海德格尔的学生。1933 年底，他申请加入纳粹冲锋队以及哥廷根的纳粹讲师同盟会。海德格尔在一份鉴定书中警告哥廷根的师生们要提防这个被他称作是投机分子的人。这份鉴定书的直接后果是大学当局鉴于鲍姆盖腾的亲犹倾向而解雇了他。

1934 年，雅斯贝尔斯从韦伯的夫人玛丽安娜·韦伯那里读到了这份鉴定的副本。正如他所说的那样，他永远也不能忘却这件事，它属于自己生命中最"重要的经验"。实际上，海德格尔对"以韦伯为中心的自由民主的海德堡知识分子圈子"的讽刺也同样涉及到了雅斯贝尔斯本人。尽管海德格尔曾在雅斯贝尔斯面前说过犹太人有着危险的国际联盟，但从未被雅斯贝尔斯看作是反犹主义者的海德格尔，为了讨好那些反犹主义者竟然恶意地去攻击一位不受人欢迎的学者。

雅斯贝尔斯和海德格尔之间的通信中断于 1936 年 5 月 16 日。当时，雅斯贝尔斯在签收海德格尔一篇关于荷尔德林的文章时写道："您应当理解和允许我保持沉默。我的灵魂沉默了；因为正如您所描述的，在这个世界上我不能和哲学一起'没有尊严'地存在，而是应当……我不知道应该怎样说。"海德格尔再也没有回复这封信。

1937 年，雅斯贝尔斯被迫提前退休，1942 年纳粹政府对他颁布了正式的出版禁令。海德格尔对此却没有作出任何只言片语的反应。其实这岂止是针对雅斯贝尔斯夫妇，当海德格尔的其他犹太裔密友或同事，如阿伦特、洛维特、胡塞尔等，或遭流亡，或被迫停止工作的时候，海德格尔也都没有表现出丝毫的不安。在接下来的几年中，作为犹太人的雅斯贝尔斯夫人（盖尔特鲁德·雅斯贝尔斯）不得不时刻担心被驱逐。在这种情况下，雅斯贝尔斯夫妇常常将用于自杀的毒药丸带在身边，雅斯贝尔斯依然表现出了一位正直的知识分子的本色：松色不肯秋，玉色不可柔。

在纳粹统治的最初几年中，雅斯贝尔斯曾谴责自己对海德格尔不够坦诚，他不仅没有问过海氏对纳粹的看法，也没有向他谈及自己的政治见解。后来，随着事态的发展，一切都变得太晚了。

实际上，在纳粹执政时期，雅斯贝尔斯一直将海德格尔看作是自己"精神上的敌人"："我们之间并非由于我们的著作，而是由于行为而成为了对手。哲学思想必须要跟思想者的行为结合起来才能得以把握。"实际上，自1936年5月16日雅斯贝尔斯与海德格尔的通信中断之后，雅斯贝尔斯已不再将海德格尔看成是不谙世事的毛头小子，而看成是骗子；不是大学的改革者，而是毁灭者；不再是来自哲学本源的朋友，而是来自权力目的的敌人；不再是可能的战友，而是朋友中的唯一出卖者。雅斯贝尔斯和海德格尔之间的关系，至少从雅斯贝尔斯的角度来看，他想建立一种纯洁的哲学友谊。但由于纳粹的上台，海德格尔以哲学的方式投机极权政治的做法，导致了这一友谊的彻底失败。

1934年，海德格尔从校长的位置上退了下来。这并不是因为他成了纳粹极权的反对者，而是因为他不得不认识到，他那模糊的革命幻想是不可能实现的。海德格尔渐渐地从他的哲学—政治梦想中清醒了过来。

1945年，纳粹政权垮台后，法国的军管会要追究海德格尔的责任。一个所谓的清洗委员会要对海德格尔作出判决。对此，海德格尔感到非常吃惊，因为他确实没有罪恶感，至少没有法律意义上的犯罪感。在他看来情况是这样的：他在很短的一段时间内确实支持过纳粹政权，因为他当时把它看成了一场形而上学的革命。当这场革命不能解决它所承诺的问题时——至于这场革命向他承诺的问题是什么，海德格尔从未解释清楚过，他就退出了这场革命，继续从事他的哲学研究，而不再受是否得到党的认可或是拒绝的影响。海德格尔感到他并没有隐瞒自己对这种体制的批评意见，而是在讲座中公开予以指斥。仅就这点而言，他对这种体制所负的责任理应要比大多数学者少得多，因为那些曾努力使自己适应纳粹政治的教授们却没有谁要对此负责。那么海德格尔究竟跟这一体制的犯罪有何牵连？

1945 年 9 月，清洗委员会首先对海德格尔的政治行为作出了一个比较宽大的判决。理由是，虽然他开始时参与了纳粹政治，并在"德国的教育界面前"为这一政治作辩解，但他从 1934 年以后，就不再是一个纳粹分子了。因此，委员会建议：海德格尔应提前退休，但可以不离开他的职位。他可以保留自己的教师职位，但不允许参加大学合议机构的活动。

裁决委员会和法国的军事政府对清洗委员会这一宽大的判决表示反对，他们认为，如果海德格尔能够安然逃脱的话，那么就没有理由再对其他有罪证的教师采取措施。因此，清洗委员会受委托，再次对海德格尔的情况加以调查。

雅斯贝尔斯在 1945 年圣诞节的几天内写成的一份鉴定起到了相反的作用。

雅斯贝尔斯为裁决委员会所写的鉴定中具有决定意义的句子如下："在我们当今的情况下，我们要怀着极大的责任感去处理青年人的教育问题。我们追求一种完全的教学自由，但并不是直接地去建立这种自由。我认为，海德格尔的思考方式的本质是非自由的、独裁的、缺乏交流的，这样的思考方式在当今的教学活动中是危险的。在我看来，思考方式要比政治判断的内容来得重要，因为它的攻击性很容易改变方向。只要他还没有获得真正意义上的再生，这点可以从他著作中表露出来，那么我就认为，这样的一名教师对于当今内心还几乎没有抵抗能力的年轻人来说，是不能聘用的。直到年轻人能够进行独立的思考为止。"雅斯贝尔斯的鉴定书实际上只是一位哲学家所作的有关政治的权威性判断，至于像《罪责问题》一样从政治本身出发进行分析，雅斯贝尔斯当时并没有这样做。

雅斯贝尔斯认为，思维本身与政治实践是不可分的，他在《哲学自传》中追问道："有没有这样一门哲学，其著作是真实的，而思想者在实际中的作用却是不真实的？"哲学思想必然要成为一个对政治行为负责任的观念基础，没有哪种思想只存在于观念的真空中，而与行为无涉。但这其中也绝非哲学思想指导政治行为的简单的因果关系。

根据这份鉴定，裁决委员会于 1946 年 1 月 19 日作出决定，建议法国军事政府强制海德格尔退休并取消了他的教师资格。这同样意味着海德格尔要离开他在大学中的职位，并只能获得少量的退休金。1946 年底，法国军事政府对这个决定变得更加挑剔，并加重了惩罚的力度，也就是说，从 1947 年起规定取消海德格尔的退休金。不过 1947 年 5 月，当局又收回了这一惩罚的条例。这在后来也没有多大好转。

战后，雅斯贝尔斯突然变成了有名的权威人士。他在纳粹时期受到的排斥使他一夜之间成了德意志民族良知的代表，对于这点，他起先感到非常难受，认为这是一种虚伪的谄媚。他怀疑这突如其来的荣誉，对他来说，就像"生活在虚幻之中"，他想脱离这种生活，"他渴望逃避那'被阿谀逢迎的假名声'，回到静寂的工作中去，而这才是他真正的使命"。因此雅斯贝尔斯在 1948 年夏季接受了巴塞尔大学的任命。在那里，雅斯贝尔斯从 1949 年年初开始，致力于为海德格尔解除对其教学的禁令。1949 年 6 月 5 日，雅斯贝尔斯在给弗莱堡大学当时的校长特伦巴赫的信中写道："马丁·海德格尔教授以他在哲学界的成就被誉为当代世界上最重要的哲学家之一。在德国没有人能够超越他。他那几乎是隐蔽的、对最深层问题的哲学思考只是间接地显现在他的作品中，而这有可能使他在当今贫乏的哲学世界中成为无与伦比的人物。现在，……像海德格尔这样的人应当能够安静地工作，完成、出版他的著作。……如果他愿意的话，也可以重新承担教学的任务。"

1949 年 3 月，对海德格尔的非纳粹化的审理程序结束了，其结论为："纳粹的追随者。但不应对其予以制裁。"这一判定使弗莱堡大学开始商定取消对海德格尔的教学禁令。1949 年 5 月，裁决委员会以勉强的多数票同意向教育部建议让海德格尔重新享受退休的权利，并同时取消对他的教学禁令。经过长时间的商量，直到 1952/1953 年的冬季学期，海德格尔才得以重返讲台。至此，当时已经 62 岁的海德格尔终于可以如愿以偿地以弗莱堡大学哲学教授的身份授课，并主持研讨班了。

三

雅斯贝尔斯在战后于 1949 年 2 月 6 日写给海德格尔的第一封信中小心翼翼地探问，是否"我们之间保持沉默"的局面能够结束。这的确是一个艰难的、大胆的行动。

海德格尔开始并没有收到这封信。6 月份，他从他的学生、后来成为弗莱堡大学心理学教授的海斯那里得知，雅斯贝尔斯给他写过信。在没有看到这封信的情况下，海德格尔自己起草了一封简短的信件，他不自然的语气明显地表露了他内心的毫无把握："抛开我们之间由于短暂的不和谐而造成的所有误解和纷乱吧，我和您之间的关系一如既往。"但这种关系究竟能在什么程度上得以继续，或者说，他将如何重新建立和雅斯贝尔斯之间的关系？为此，海德格尔暂时决定选择他俩在思想上的共同点："在危机与日俱增的世界形势下，作为思想的守护者是越来越少了；尽管如此，他们还是要不计后果地坚持反对任何形式的教条主义。世界舆论及其机构并不是决定人类命运的地方。人们不应当谈论孤独。孤独只存在于唯一的一个地方，在这里，思想者和诗人用人类的财富来支持存在。我在这一地方衷心地祝福您。"

不过雅斯贝尔斯在 7 月份的一封回信中，毫不掩饰他对此的怀疑态度："我至今尚不能理解您所说的存在的公开性。您祝福我的那个地方——我也许从未去过，但带着好奇和紧张的心情，我非常愿意接受这样的问候。"

20 世纪 60 年代，雅斯贝尔斯在论及海德格尔的尼采研究时，比较了他和海氏观点的差别，这涉及到了他们之间毕其一生的讨论所得到的极其有限的结论："海德格尔：思想本身就是存在——它谈论周围其他的东西并给予提示，而不是直接贴近存在。雅斯贝尔斯：思想有其生存的重要意义——它表达了默想者的内在行为（准备、然后加以表达）并在生活实践中加以实现——而不是在哲学著作中体现。"海德格尔也注意到了这一不同点，并在他 1936—1937 年冬季所作的关于尼采的讲座中谈到了这点。他在这篇文章中讲道，对雅斯贝尔斯来说，哲学在其本质上只是一种"以照亮人类中的杰出人物的道德为目的的幻想"，雅斯贝尔斯将哲学知识看得"不再严肃"。哲学在他那里成了"人类生存的道德化了的心理学"。而海德格尔一再重复的对世界观哲学的批判，在很大程度上是针对雅斯贝尔斯的，同时他把矛头指向了狄尔泰和胡塞尔。实际上，海德格尔在纳粹政治中受挫之后所进行的尼采研究，依然是以纳粹尼采专家博姆勒的研究为出发点而展开的。他在讲座中曾毫不客气地说，雅斯贝尔斯的尼采研究是再糟糕不过的了。但他并没有将相应的句子收入他在雅斯贝尔斯生前所出版的有关尼采讲座的书籍之中。

雅斯贝尔斯猜测，海德格尔对思想的过高估计事实上并没有与一种"科学的哲学"的观点相脱离，虽然他发表了反对科学的论点。他坚持哲学概念的严格定义和一种纯粹是臆造的、矫揉造作的思想构造。雅斯贝尔斯感觉到《存在与时间》就是这样的一部著作。

雅斯贝尔斯同样对海德格尔早期哲学中的"决心"概念进行了批判。他写道："对我们来说总是这样一个问题（自《存在与时间》出版后）：'决心'，但究竟是为了什么目的？这其中的空虚已被纳粹主义充满了。"对雅斯贝尔斯来讲，类似"决心"这样的概念，在海德格尔那里缺乏任何一种衡量的尺度，其内容也没有规定性，正因为此，这些概念才会很容易地被滥用到其他目的上去。

不过，雅斯贝尔斯多次指出，尽管他读过《存在与时间》的许多部分，他也记录下来了一系列有关海德格尔思想批判的札记，但他本身并不具备批判整本书的能力，因为他没能从细节处条分缕析地研究过这部著作。雅斯贝尔斯对于作为一个人而非思想家的海德格尔的把握更准确一些。尽管雅斯贝尔斯在对海德格尔的思考和评判方面表现得非常深刻，甚至在某些方面显示出具有开创性的一面，但他对海德格尔的哲学动机的探寻依然是不完全的，对海德格尔思想的理解也是不完整的。

四

20 世纪 20 年代，雅斯贝尔斯和海德格尔两位哲学大师对他们之间可能会有的友谊曾有着无法实现的过高期望。对雅斯贝尔斯来说，海德格尔是一位非常独特的哲学家，他和被雅斯贝尔斯称之为"统摄"的此在力量有着密切的关联。基于这样的认识，他将海德格尔看作是自己的同路人。他试图和海德格尔一起进行超验的思维，去寻求存在的一种新的形而上学——让哲学回到事物本身上去。尽管在他们的交往中出现了一些不和谐的事件，但他们相互间的吸引力以及共同的使命感并未使他们分开，直到 1933 年，当海德格尔短暂参与了纳粹政治时，他们之间的友谊才告破灭。但在其后的岁月中，雅斯贝尔斯在精神上一刻也没有真正离开过海德格尔。究竟是什么力量诱使一位严肃的形而上学哲学家为纳粹暴政提供哲学式的辩护？直到临死时，雅斯贝尔斯写的有关海德格尔的札记还放在写字台上。他越来越清楚地意识到，为了了解自己，他必须理解和解释自己和海德格尔之间的关系。海德格尔也成为了雅斯贝尔斯评判自己哲学严肃性的尺度。雅斯贝尔斯从未因为海德格尔曾经的助桀为虐而整体舍弃之。为此，他写下了一页页的有关海德格尔的札记：欲将心事付瑶琴，知音少，弦断有谁听。

海德格尔却没有留下写给雅斯贝尔斯的札记。雅斯贝尔斯也认识到了这一点，他在晚年的时候写道："在几十年的时间中，我对他的倾慕与疏离形成了一种张力，既惊异于他的才能，又不容于他那不可理喻的愚蠢，既感到与他哲学思考基础的共同性，又感到我们之间相互态度的迥然而异。"海德格尔同样强烈地感受着这一绝交的痛苦，据回忆，他曾多次问过他和雅斯贝尔斯共同的学生汉娜·阿伦特，是否随着年龄的增长他跟雅斯贝尔斯真的可以"相逢一笑泯恩仇"？海德格尔对雅斯贝尔斯的哲学并没有给予很高的评价，但他却很欣赏雅斯贝尔斯的正直、宽宏大度以及自然的威望。后来，雅斯贝尔斯甚至成了海德格尔用来审视自己良知的尺度：高山安可仰，徒此挹清芬。只有在雅斯贝尔斯面前，海德格尔才为自己曾被卷入纳粹政治而感到"羞愧"。

尽管雅斯贝尔斯对海德格尔的哲学持有批评的意见，并与之有着一定的界限，但对雅斯贝尔斯来说，在这个贫瘠的哲学世界上，海德格尔仍然是独一无二的人物："透过海德格尔，在同时代人身上我看到了通常只能在历史中出现的这样一些东西，而这些对哲学思考来讲却是至关重要的。"

"少年乐新知，衰暮思故友"，白发苍苍的雅斯贝尔斯在他最后的关于海德格尔的札记中写道："在一个多岩石的、宽阔的高原的山顶上，同时代的哲学家们见面了。他们从那里俯视雪山和人类居住的更深的河谷，以及天空下处于广阔的地平线上的所有一切。……在那里哲学家们正在进行一场令人惊叹不已的非暴力战斗。他们受权力的驱使，通过他们的思想，人的思想，相互争斗……看起来，那里现在似乎已经碰不到任何人了。但我却在一种永恒的空想中，徒劳地寻找他们认为重要的人物，并似乎碰到了一个人。但这个人是我殷勤的敌人。因为我们为之服务的权力是互不相容的。我们很快就发现，我们之间不能够进行交流了。欢乐变成了令人绝望的痛苦，好似错过了一个唾手可得的机会。这就是我和海德格尔的关系。"我想，一生以来在其哲学中一直强调交往和开放的雅斯贝尔斯，对于失去海德格尔这样哲学的朋友一定痛心不已，晚年面对已被阻隔的交流，唯有感慨：欲言无予和，挥杯劝孤影。

豪华落尽见真淳

——为中国着迷的傅吾康

○ 李雪涛

一

2007 年 9 月 6 日，95 岁 高 龄 的 傅 吾 康（Wolfgang Franke，1912—2007）走完了他人生的最后一程，在德国柏林女儿的寓所驾鹤西去。有句外国的谚语说："失去一个老人，就等于失去一座图书馆"，几乎经历了一个世纪，同时又跨越了中西文化的傅吾康，我认为他就是一座图书馆。

几年前我在主持编译《德国汉学：历史、发展、人物与视角》一书的时候，曾经对 20 世纪的德国汉学作过简短的概括——享誉世界的德国汉学随着德国历史的变迁经历了不同凡响的发展历程：20 世纪初，首先受到帝国扩张主义的影响。在希特勒的纳粹时代，部分学者被迫流亡。而二战后东西德的分裂，也使得双方汉学研究的路向南辕北辙——东德汉学为逃避政治的敏感而长期处于孤立地位，并遁入了一些不食人间烟火的"安全"研究课题中；由于传统汉学过分强调理想化的中国形象，西德汉学在六七十年代的学生运动中，形成了对中国的误读，以致于使一场原本是反对权威的运动，走向了另外一个极端。1990 年东西德的意外统一，双方的汉学又重新接轨。由此看来，德国汉学发展史其实就是一幅百余年来现代德国的政治和人文学科演变的缩影图。除了 20 世纪初受到帝国扩张影响的一段汉学历史之外，傅吾康经历了后来所有的发展阶段。

在论及 20 世纪德国汉学的辈分的时候，顾彬（Wolfgang Kubin）教授认为：

自 1905 年以来德国汉学可以分为三代：一、"父亲"的一代，他们在 1911 年前后在中国生活过，他们的研究对象基本上是古典中国。二、"儿子"的一代，这些人在 1945 年以后必须重建被纳粹摧毁的汉学，而在冷战时期没有机会到中国旅行。他们主要以中世纪和近代中国作为其研究的方向。三、"孙子"的一代，因为他们在 1973 年以后可以受邀到北京去了，因此也帮助德国建立起了一个现代的汉学专业。

按照顾彬教授的说法，福兰阁（Otto Franke，1863—1946）显然属于"父亲"代，不过他来中国的时间却大大早于 1911 年，同时他的研究领域也涉及古代和当代中国的各个方面。而傅吾康则属于"儿子"代，非常幸运的是，他躲过了德国的大部分浩劫和全部的战争，在中国待了 13 年之久。主要在北平的这些年，不仅使傅吾康打下了坚实的中国文化基础，同时也让他更加热爱这个民族及其文化。在北平，由于有机会跟世界各国的汉学家交往，傅吾康也因此拥有了国际化的视野。此外，他也非常幸运地在 40 岁之前就获得了德国汉堡大学汉学系的教席。由于冷战期间没有办法跟中国建立起联系，一直到 1972 年中国和西德建交之前，他根本不可能重新返回中国。他对中国文化和生活方式刻骨的爱，由于偶然的机会转到了东南亚华人那里。傅吾康建立了与东南亚华侨的关系，并且在这一方面他亦建树颇丰。

二

生于 1912 年 7 月 24 日的傅吾康是福兰阁教授的子女中唯一子承父业的汉学家。按照中国的说法，傅吾康可以算是出身于书香门第了，福兰阁在当时为显赫一时的大汉学家。傅吾康实际上是在一个中国的氛围中长大的，作为汉学家的幼子，他孩提时代的一切好像都跟中国有着千丝万缕的联系。正是由于受到这样的影响，1930 年中学毕业之后，他毅然决然地选择了汉学作为自己的终身事业。

傅吾康在汉堡大学和柏林大学师从颜复礼（Fritz Jäger，1886—1957）、佛尔克（Alfred Forke，1867—1944）、许勒（Wilhelm Schüler）等著名汉学家从事汉学方面的基础训练，并于 1932 年 7 月获得了东方语言学院（Seminar für Orientalische Sprachen）的翻译文凭资格。1935 年他在佛尔克教授那里作了题为《康有为及其学派的国家政治革新尝试》的博士论文，这篇后来发表在《东方语言学院通讯》上的论文，赢得了众多的书评。甚至像莱顿的戴闻达（J. J. L. Duyvendak，1889—1954）教授也亲自在《通报》（T'oung Pao）上撰文评论此书，这对年轻的汉学家来讲无疑是莫大之鞭策。这篇论述中国保守派与西方改良主义思想论争的专著，后来也奠定了傅吾康在明清史研究中的地位。

1937 年傅吾康只身来到中国，辗转上海、南京等地后到达了北平，令他始料未及的是，这一呆就是整整 13 年（其间只有短期在日本逗留）。在北平，傅吾康主要参与了"中德学会"（Deutschland-Institut）的组织、领导工作，先后在学会中担任秘书、总干事以及《中德学志》编辑主任等职，从 1938 年至 1944 年，共出版《中德学志》六卷（22 期），《汉学集刊》（Sinologische Arbeiten）三卷，同时组织出版了"德国文化丛书"等二十余种。

1941 年夏季，傅吾康跟曾留学德国的胡万吉（雅卿）先生的千金胡隽吟（1910—1988）女士相爱，不过按照当时帝国的法律，日耳曼人是不能娶非雅利安人为妻的，否则的话傅吾康就得被迫辞去中德学会的职务。直到 1944 年 9 月他们才正式订婚，1945 年 3 月在战争快要结束之前，他们终于结为百年之好。

抗战胜利后，经萧公权（1897—1981）先生的推荐，傅吾康谋得了设在成都的国立四川大学和华西大学教授的位子，讲授"明史"和"德国历史"等课程，并在中国文化研究所负责汉学研究西文集刊《中国文化研究所集刊》（*Studia Serica*）的编辑工作。在成都两年后，傅吾康又接受了北京大学西语系主任冯至（1905—1993）教授的邀请，接替了由于卫德明（Hellmut Wilhelm，1905—1990）去了华盛顿大学而在北大空出的德语教授的位子。在北大期间，傅吾康与季羡林（1911—2009）等学者建立了终身的友谊。

战后的德国乃是一片百废待兴的局面，汉堡大学也在着手重新建立已遭破坏的汉学系。1949 年 6 月，傅吾康得到了汉堡大学的正式任命书，他于 1950 年回到汉堡，接替了自颜复礼被迫退休后已经空置两年的汉堡大学汉学系主任一职。来北平时只是孤寂一身的傅吾康，此时携妻带子（此时已有一女一子）回到了阔别 13 载的汉堡。

在汉堡大学汉学系主任的位置上，傅吾康一直做到了 1977 年退休。二战之后德国汉学形成了三足鼎立的局面，以傅吾康为首的北部汉学重镇汉堡当然占据着重要一席［其余的两个重镇分别是：以傅海波（Herbert Franke，1914—）为首的南部汉学堡垒慕尼黑，以及地处东德的以叶乃度（Eduard Erkes，1891—1958）为首的莱比锡］。汉堡本来就是德国最早成立汉学系的大学，再加上傅吾康的研究领域为明代以来的中国历史、东南亚华人历史，因此汉堡学派的研究方向主要定位在明清史以及中国近代史方面。

1963—1966 年期间，利用大学和政府给他的三年学术假期，傅吾康接受了马来亚大学客座教授的职位。除了学术研究工作之外，他恢复了多年来没能够成立的中文系，还利用各种各样的方式，尽量多地培养华文人才。退休之后，傅吾康又应聘到马来西亚做客座教授，以专门研究东南亚华人历史。

三

傅吾康教授可谓著作等身，早在 1947 年他就发表了用英文编写的《明代史籍会考（1368—1644）》，自 1950 年回德国之后，他又出版了《中国的文化革命——1919 年的五四运动》、《1851—1949 年——中国革命的百年》、《中国科举制度革废考》、《中国与西方》等一系列研究中国近代史的著作。

作为历史学家，傅吾康一贯重视史料的运用，并将中文文献与西文资料并重，他的《明代史籍会考》就是这方面最好的例证。在方法运用方面，他总是力图以西方的学术思想为出发点，这样做的目的是为了让欧洲学界尽可能多地理解远东的文明。在《中国与西方》一书中，傅吾康便称："跟中国人的西方观相比较，在书中我更深入探讨的是西方人的中国观。因此这本小册子署为《中国与西方》而不是反过来的《西方与中国》。作者的首要任务是要让读者理解中国的立场以及面对西方时的中国态度。"此外，在历史的梳理方面，傅吾康从其父福兰阁那里继承了中国历史乃是一个连续发展过程的观点，对于中国近代史中出现的运动和观念，他总是到中国历史中去寻找根据。在《中国革命的百年》（1980 年修订版）一书中，傅吾康便强调要从中国历史的整体去看中国革命的观点，认为中国近代史只是中国历史的自然延续。他从《易经》里"革命"的概念及孟子"君为轻"的思想出发，证明了"革命"并非到近代才突然出现的西方观念，作为争取平等权利的手段，"革命"在中国历史中一直存在。

跟将中国看成是一堆历史的古典文明这样的看法不同，傅吾康一直在努力地寻找古代、现代以及当代中国发展的历史轨迹。正是基于这样的认识，他在上个世纪 50 年代曾与古典语文学派的海尼士（Erich Haenisch，1880—1966）教授展开过激烈的辩论。他认为，海尼士所认为的近现代中国研究以及汉语口语不具备学术性的观点，尽管在第三帝国的时候使汉学免遭了政治的影响，但却割裂了中国历史的传承。在这一点上傅吾康依然秉承着他父亲的观点，亦即中国历史是一个不可分割的有机整体。傅吾康对近现代中国的研究以及对现代汉语的重视，实际上也开启了德国中国学研究的先河。

四

傅吾康有一种与生俱来的快乐天性：随遇而安。我特别欣赏他面对中国文化和中国人时的随和、开放的姿态。汉学的家庭背景，殷实的家境，父母有条件让他在汉学方面比同辈人更具有优势。父亲福兰阁尽管在德国驻中国公使馆做翻译 13 年之久（1888—1901），但他对中国文化和中国人丝毫没有表现出趾高气扬的态度。正如福兰阁自己所描写的那样，早在他刚到中国的时候，他对中国便有一种非常开放、充满期待的态度：

> 从一开始我就日复一日地愈来愈明白，我来到的中国并不是像很多欧洲人所认为的那样，是一个文化落后的国度。这是在古代有着高度独立的文明的国家，并且一直保持着旺盛的生命力。在别处人们往往只能通过别的方式，如记述、

出土或者从其他方面获得断篇残简，艰难且无法完整地予以修复，在这里却是生机勃勃的当下，人们可以有意识地认识和经历这一切。

这样的一个立场也许能够解释，为什么从福兰阁的日记中我们可以看到，除了一再重复的对自然景观的迷恋和惊叹外，他尽可能客观地杜绝了各种各样的偏见。傅吾康正是在这样的一个氛围中成长的，因此他对中国文化以及中国人抱有跟当时大多殖民主义者不同的态度。

傅吾康从一开始就不喜欢柏林的另外一位汉学家海尼士（1932 年 10 月，他从莱比锡来柏林，接替福兰阁在柏林大学汉学系的教授一职），这除了跟他们上述的学术主张有关外，更重要的是他认为海尼士对中国人的态度是他没有办法接受的。他的自传《为中国着迷》中记载了一则小故事很说明问题：

> 另外一次经历也令我对海尼士保持距离。海尼士 1932 至 1933 年冬季学期来柏林上任以前，10 月初，我们系要从法国大街搬到城堡附近一栋叫做"宫廷马厩"的古老楼房里。1930 年从我父亲那儿获得博士学位的白乐日（Stefan/Etienne Balazs，1905—1963）和我负责中文书籍的打包和拆包。这些情况都告诉了海尼士，他想表示感谢，就请我们两人上餐馆。喝了一点啤酒后，海尼士开始讲他在中国的经历：1904 年到 1911 年间，他在武昌（今天武汉的一部分）的军事学堂——武备学堂担任德语老师。此时此刻，当他谈到"中国人"时，与在中国通商口岸生活的外国人通常所做的一样，以同样的无知和轻蔑谈论"中国人"。我深为震惊，我在父母家里从来没有听到过人们如此议论中国人，虽然我父母也在

外国租界区，确切地说是在北京公使馆生活过。回家后，我极为愤怒地讲述了海尼士的观点，我父亲保持沉默——他不愿意说自己的同事兼接班人的坏话——但我发现，他是理解我的。

1937 年傅吾康到了中国之后，依然保持着对中国文化和中国人的热爱。他在 1943 年 8 月 12 日给父母的信中写道：

> 我在这里的环境跟大部分其他的欧洲人士相比，与中国的世界更为接近，更为密切。跟在北平的汉学家们相比，也是如此。毋庸讳言，我自己也以最强烈的方式感受着这一文化的影响。从而也具有了从另外一个视角审视欧洲的能力。现在能如此透彻地认识这许多事物，以至于我已经不可能重新回到原先那充满成见和片面性的生活中去了。如果我们生活在五万年前的话，那肯定会比现在容易得多！另一方面，我也不愿意成为一个亚洲人，越是与我周围的环境亲近，我就会越加清晰地认识这里的一切。我自己亦愈加清楚地知道，我与他们之间的差别。我不愿像其他人一样陷入到这两个世界之中去，而完全没有了自己的立场。但我却清楚地意识到，我的立场在哪里，这一点我真的要感谢你们，这是你们在有意和无意之间教给我的，从做各类小事开始，一直到责任感、独立思考的培养，这些都为我在思想方面深入探究周围的环境，并为我的行为打下了一个人类学的基石。

尽管傅吾康热爱中国，熟悉中国，但他那欧洲人文、人类学的视角却从未改变过，对他来讲，有意思的是既生活在两个世界之间，又不至于丧失自我的立场。

在得知有机会可以陪政府代表团来中国的时候，他在 1972 年第一时间成为了德国外交代表团的一员，回到了他 22 年来日思梦想的中国。之后他在"四人帮"倒台后的 1977 年 5—6 月与慕尼黑的汉学家鲍吾刚（Wolfgang Leander Bauer，1930—1997）跟随联邦德国大学的汉学家和东亚艺术史学家代表团来到中国。傅吾康对这一片土地的热爱体现在他的报告之中：

> 对于理解传统和现代中国，这次旅行所提供的内容和收获远远超过了我的期待……人们在一个贫穷、落后、紊乱和腐败的国度里做的事情令人印象极为深刻：为保证大多数人的最低生活水平而采取的行动，仅此一项就是巨大的成就。鉴于人口总数，今天的生活水平比过去还低的人已为数不多了。
>
> ……至于老百姓，虽然在团体旅行时与他们轻松交谈的机会有限，但还是能得到足够的印象：中华人民共和国成立以来发生了全面的结构性变化，然而，中国人的本质和行为方式没有根本的改变。这一感觉令我很欣慰：中国仍然是实实在在存在的，中国人既非天使也非魔鬼——在外国，批评家经常根据自己的立场如此描写中国人——而是与其他所有人一样，拥有程度不一的令人喜爱的秉性。在这次短暂的旅行中，我和中国人有多次令人高兴的相遇和交谈，日常生活的气氛令我愉快。因此，对我来说，告别中国并不是一件很容易的事儿。

27 年后再对自己曾生活过 13 年的"家乡"作细致的考察，让傅吾康有别于一般的记者或旅行者对中国的认识，他可以跟之前他亲历的中国相比较，尽管依然存在着诸多的问题，但他明显地看到了中国的进步以及中国传统的延续。他对中国的热爱，可谓是跨越了种族、宗教、政治等因素。他在报告的最后说告别中国对他来讲不是一件容易的事情，实际上他一辈子都没有真正告别过中国。

五

近来我在研究民国时期的德国汉学与中国学术之间的互动时发现，从晚清教育制度的改革，特别是1905年科举制度的废除，经学在中国的彻底解体，到中国现代学术体系的真正形成，域外汉学（特别是德国汉学）在其中起到了至关重要的作用。实际上来自欧洲的汉学家们对中国的重要影响并不在汉学方面，而是在各不同学科。这些汉学家在本国都受到过不同学科系统的专业训练，他们来到中国之后，跟中国的学者相比他们的强项显然不在经子史集诸方面。1933年纳粹上台后，大批的德国学者来到中国，他们要在中国生存下去，就要接受在大学中的有关德国文学、哲学、历史学、社会学、民族学等的课程。他们的优势在于，这些往往是从西方事例出发总结出来的元理论，经汉学家结合中国的事例来讲授，更容易让中国学生和学界接受。

如果说晚清时期的知识分子是在异常紧迫的政治形势下对西学作了应急式的接受的话，那么进入民国之后，正是借助汉学家的方法和理论，中国传统学术才完全融入到了现代西方学术体系之中去。而曾在成都的国立四川大学、西南大学担任过历史系教授、在北京大学担任过西语系德语教授的傅吾康，自然也在中国现代学术建立和完善的过程中扮演过重要的角色。

如果我们仅是从上述的一个方面来理解德国汉学家的话，显然是不够全面的。实际上，汉学在以自己母语的形式进入西方学术思想之中以后，马上就为其自身的文化发展提供了来自异域文明的新的参照系。正是借助于德国汉学家对中国思想的翻译和介绍，中国文化和思想的成就才为德国的主流思想界所了解。傅吾康曾翻译过胡适的《说"儒"》，1935 年和 1936 年，发表在由卫礼贤创办的《汉学特刊》（*Sinica-Sonderausgabe*）上。胡适所持的孔子不仅不是一个复辟的保守者，而是革新家、革命者的看法，直接影响了诸如雅斯贝尔斯（Karl Jaspers，1883—1969）这样的德国哲学巨擘。正是在 20 世纪 30 年代的后期，雅斯贝尔斯在海德堡的印度学家齐默尔（Heinrich Zimmer，1890—1943）的帮助下开始研究中国思想，而在《孔子》一文中，他无疑是接受了胡适的观点。雅斯贝尔斯认为，孔子所谓的复兴古代，实际上是希望借此建立一个新世界。想想恢复周礼的孔子，是要将外在的礼建立在内在的礼（仁）的基础之上，只有拥有了"仁"，才能证明人之真正为人。在雅斯贝尔斯看来，孔子并非像一般人所认为的那样，是一个想复辟周礼的守旧派，而是一个对礼崩乐坏感到失望、希望建立一个新世界的革新家。如果没有傅吾康的介绍，我们真的很难想象，雅斯贝尔斯的"轴心时代"（Achsenzeit）的观念是否会真的出现？

六

2007 年 10 月的一天，我还在德国杜塞尔多夫任职的时候，突然接到傅复生（Renata Fu-Sheng Franke）女士发来的致亲朋的一封信，说父亲傅吾康教授已于 9 月 6 日在柏林溘然长逝了。傅女士在信中说，"我父亲漫长的一生，精彩充实，富有尊严而令人敬佩，留给我们宁静祥和的最后回忆。"我想，凡是在近年来接触过傅教授的人，对他女儿的这一说法，是应予以首肯的。当时我马上想到了泰戈尔（Rabindranath Tagore，1861—1941）诗中的一句："Let life be beautiful like summer flowers and death like autumn leaves."（生如夏花之绚烂，死如秋叶之静美。《飞鸟集》第82首）我以为，这句诗用在傅吾康身上是再恰当不过的了。

　　早在2006年夏天的时候，我跟张西平教授还专程到柏林拜会过傅吾康，当时他尽管已经是94岁的高龄，却依然精神矍铄。记得当我们跟他谈及准备在中国翻译出版他父亲福兰阁和他本人的著作和回忆录时，他异常兴奋，两眼熠熠生辉。他还向我们介绍了几本他父亲鲜为人知的著作。但当时的傅吾康毕竟是早已步入耄耋之年的老者，说过一阵话，我们明显地感到他有些体力不支。合影留念之后，我们很快便告辞了。没想到，这次的见面，竟成了永别。唐人王勃尝言："人之百年，犹如一瞬"。信夫！这位一个世纪中德历史见证者的离去，带走了一个世纪的风风雨雨，同时也带走了整整的一个时代。

从教化到对话

——写在卫三畏诞辰 200 周年之际

○ 陶德民　顾　钧

一

　　2008 年 8 月 8 日，在北京奥运会开幕的当天，新落成的美国驻华使馆举行了剪彩仪式。美国国务院历史文献办公室为此发行了纪念图册，题为《共同走过的日子——美中交往两百年》，其中把 1833 年抵达广州的卫三畏（Samuel Wells Williams，1812—1884）称扬为美国来华传教的先驱，对他在促进美中两国人民相互了解方面所作的贡献给予这样的概括和评价："传教士成为介绍中国社会与文化的重要信息来源，因为他们与大部分来华经商的外国人不一样，这些传教士学习了中文。例如，美国传教士卫三畏就会说流利的广东话和日语。他曾参与编辑英文期刊《中国丛报》，供西方传教士及时了解中国的最新动态，方便在美国的读者了解中国人的生活。卫三畏还编辑出版了《汉英拼音字典》（按即《汉英韵府》）和分为上下两卷的历史巨著《中国总论》。时至今日，他依然被公认为对 19 世纪的中国生活认识得最为精透的观察家。"

　　图册中也提到了蒲安臣（Anson Burlingame），"他于 1862 年成为第一个常驻北京的美国代表，在促进中国的国际关系上扮演了相当积极的角色"，特别是 1867 年辞去驻华公使后，蒲安臣作为清朝使节率团首访欧美，与当时的美国国务卿签订了《蒲安臣条约》，影响十分深远。其实，蒲安臣卓有成效的外交活动与当时担任使馆秘书兼翻译的卫三畏的鼎力相助是分不开的。卫三畏的儿子卫斐列后来倾注极大热忱为蒲安臣撰写传记（*Anson Burlingame and the First Chinese Mission to Foreign Powers*，1912），其重要原因之一也在于此。

二

　　今年是卫三畏诞辰 200 周年，在重新探讨其经历和成就之际，恐怕有必要思考这样一个问题，即卫三畏一生所体现的诸多志趣和价值取向之中，特别值得我们关注的是什么？虽然这是一个"仁者见仁，智者见智"的问题，但多数人恐怕都不会对以下见解持有异议，即卫三畏在对华态度上所发生的"从教化到对话"的某种转变可以说是他留给后世的最重要的精神遗产之一。而这恰恰可以从耶鲁大学校园里留存至今的两件文物得到印证。

　　第一件是该校公共大食堂（Commons Dining Hall）墙上的卫三畏肖像画，它其实是设在纽约的美国圣经协会所藏同一油画的一个复本。如所周知，卫三畏的在华生涯大抵分为两个阶段，作为传教士的前 22 年（1833—1855）和作为外交官的后 20 年（1856—1876）。在前 22 年的最后一段时间里，他还作为首席翻译官随同佩里将军的舰队两次远征日本，在打开日本国门的外交谈判过程中发挥了重要作用。佩里将军对其语言天赋和交涉手腕的赏识，无疑是卫三畏转而步入为期 20 年的外交生涯的一个契机。1877 年，辞职回国后不久的他受聘为耶鲁大学的中国语言文学讲座教授。1881 年春被遴选为美国圣经协会会长后，他便提出希望有才华的画家制作自己的肖像画，并将其献给圣经协会。结果，由耶鲁大学艺术学院的韦约翰教授制作的油画呈现了这样的一个形象：等身大的卫三畏站立在放有纸笔和一个中国式花瓶的桌子边上，目视前方，手持 1858 年《中美天津条约》的文本。

这样的构图显然反映了卫三畏本人的意思：他一直把基督教传教自由的条款得以列入 1858 年《中美天津条约》看作自己毕生的最大成就。这是因为当时负责谈判的美国公使列卫廉对是否要在条约中加入该条款并不经意，只是在卫三畏的坚持之下才获得了最后的成功。此一事实可以由当时协助他进行谈判工作的丁韪良牧师后来所写的《花甲忆记》得到证实：在预定签约的 6 月 18 日即“决定命运的那天早上，卫三畏博士告诉我他一夜未眠，一直在考虑这份宽容条款。现在他想到了一种新的形式，可能会被对方接受。他写了下来，我建议我们应当马上坐轿子直接奔赴中方官邸解决这个问题。……中方代表接见了我们，他们当中的负责人稍作修改，就接受了卫三畏博士的措辞。”1876 年夏天，美国国务院接受卫三畏的辞呈，在正式解职通知中对他赞扬有加：“您对中国人的性格与习惯的熟悉，对该民族及其政府愿望与需求的了解，对汉语的精通，以及您对基督教与文明进步事业的贡献，都使您有充分的理由自豪。您无与伦比的中文字典与有关中国的诸多著作已为您赢得科学与文学领域内相应的崇高地位。更为重要的是，宗教界不会忘记，尤其多亏了您，我们与中国订立的条约中才得以加入自由传教这一条。”而卫三畏在复信中坦承，这一嘉许是“最最让他感动与满意的”（见卫斐列著《卫三畏生平及书信》，下同）。顺便值得一提的是，在 1858 年 6 月 19 日，亦即《中美天津条约》签订的第二天，美国驻日总领事哈里斯便与德川幕府的代表签订了《日美友好通商条约》。卫三畏闻讯后，又不失时机地向美国的新教诸团体提出派遣牧师赴日传教的建议，并得到了切实的响应。所以，对美国基督教会的东亚传教事业来说，卫三畏确实是一位有功之臣。

那么，卫三畏是基于一种什么样的理念而试图以基督教义来教化东亚的所谓异教徒的呢？试举一个例子。1853 年 7 月 16 日，在佩里将军初访日本、成功向日方递交美国总统国书一周之后，作为首席翻译官的卫三畏曾从停泊在江户湾的军舰上给他在土耳其传教的弟弟W. F. 卫廉士写了一封长信，其中指出："佩里告诉日本官员，他将在次年率领一支更大的舰队以求得到他们对所提要求的回答，即所有前来访问或遇难流落日本海岸的美国人应得到善待，美国汽船在一个日本港口得到煤炭以及有关物资的补给。这些是我们花费巨大开支和派出强大舰队到日本水域的表面上的理由，而真正的理由是为了提高我们民族的名誉和得到称扬我们自己的材料。在这些理由的背后并通过这些理由，存有上帝的目的，即将福音传达给所有国家，并将神旨和责任送达这个至今为止只是在拙劣地模仿耶稣之真的民族。我十分确信，东亚各民族的锁国政策决非根据上帝的善意安排，其政府必须在恐怖和强制之下将之改变，尔后其人民或可自由。朝鲜人、中国人和日本人必须承认这唯一活着的和真实的上帝，他们的锁国之墙必将为我们所撤除，而我们西方的太平洋沿岸城市正开始派出船队前往大洋的彼岸。"从卫三畏对佩里访日使命的解读来看，他固然主张打开东亚各国的大门，但更重视把上帝的福音传入各国人民的心扉，期盼由此引发一系列的变革。因为他认定上帝所代表的真善美的品格和力量是美国等基督教国家所拥有的绝对优势和强势的源泉。

三

然而，卫三畏在以后长期驻节北京的岁月里，逐步加深了对中国的悠久历史和深厚文化传统的了解，致使他在对华态度上开始发生

"从教化到对话"的某种转变。而这一点也可以耶鲁校园里的另一件艺术杰作来作为象征，那就是在 1884 年 2 月 16 日卫三畏去世两周之后，安装在举行其丧礼的巴特尔教堂（Battell Chapel）东北角中心位置的一块非常别致的彩色纪念玻璃。玻璃的中央写有《论语》中的七个汉字："敏则有功，公则说。"（意思大体为：勤勉能积成事功，公道则众人心悦诚服。）玻璃的下方用英文记载了卫三畏的名字、生卒年份，以及他一生所扮演的角色与身份，即"传教士、学者、外交官、耶鲁大学中文教授"。这块玻璃虽然由纽约的路易斯·蒂芙尼公司（Louis C. Tiffany & Co.）负责制作，但是其别出心裁的设计显然出于卫三畏生前的授意。

卫三畏选用孔子的话作为自己一生的概括，可谓恰如其分。勤勉能积成事功的道理，可以从他孜孜不倦编纂而成的《中国丛报》、《中国总论》以及《汉英韵府》等多种刊物和名著得到了解。公道则众人心悦诚服的道理，则充分体现在了他辞职回国之际受到的各界朋友的赞扬。他在信中告诉他的妻子，"临行前威妥玛于周六、西华于周一为我举办了两次特别宴会，我见到了北京的所有名流，并受到了他们的盛赞。然后，似乎是为了区别于外交聚会，丁韪良、艾约瑟、怀定先后请我吃饭。我告诉过你，我在丁韪良家见到了所有的传教士，那真是一次令人难忘的聚会。"不仅北京的新教传教士们发给他一封送别信以示友谊与敬意，上海的同仁也发给他一封相似的信，恰如其分地总结了他在中国的生活："您长期担任美国使馆秘书、翻译，九次代理公使的职务，这些工作给了您许多重要的机遇，使您得以把知识、经验用于为中国人造福、为您自己的国家谋利，尤其是为基督教在中国的传播效力。对您工作中表现出的高度责任感，我们不胜钦佩。"对这些热情洋溢的赞美之词，卫三畏则表示自己的所作所为只不过是在执行上帝的旨意，"我在传教过程中与同伴们相处融洽、身体健康、工作愉快，为此我要虔诚地赞美造物主。"

在某种意义上说，卫三畏选用孔子的话来概括自己的一生，也显示了他对中国文化传统的敬重之意。而这种敬重之意，可以由1879年他为反对加州的排华风潮而撰写的《中国移民》中的一节得到佐证："当加州的法庭想用立法来反对中国人时，它将中国人等同于印第安人的简单态度是颇为古怪的。生理学家查尔斯·匹克林将中国人和印第安人归为蒙古的成员，但加州的最高法院却认为'印第安族包括汉族和蒙古族'。这样在概念错误的同时，它还支持了一种错误的观点。它把现存最古老国度的臣民和一个从未超越部落关系的种族相提并论；把这样一个民族——它的文学早于《诗篇》和《出埃及记》，并且是用一种如果法官本人肯于学习就不会叫作印第安语的语言写就，而它的读者超过了其他任何民族的作品——与最高的写作成就仅是一些图画和牛皮上的符号的人群混为一谈；把勤奋、谨慎、技艺、学识、发明等所有品质和全部保障人类生命和财产安全的物品等同于猎人和游牧民族的本能和习惯。它诋毁了一个教会我们如何制作瓷器、丝绸、火药，给予我们指南针，展示给我们茶叶的用处，启迪我们采用考试选拔官员的制度的民族；把它和一个轻视劳动，没有艺术、学校、贸易的种族归为同类，后者的一部分现在还混迹于加州人中间，满足于以挖草根过活。"

不仅如此，卫三畏还以其数十年的在华经历，对同时代中国的缓慢而确凿的进步作出了正面的评价。1883年7月，即辞世的半年多之前，卫三畏在儿子的帮助下终于完成了《中国总论》这一巨著的修订工作，在增补版的序言中他写下了如下字句："我在1833年到达广州时，和另外两位美国人作为'番鬼'向行商经官正式报告，在他的监护之下才得以生存。1874年，我作为美国驻北京公使馆秘书，跟随艾忭敏公使觐见同治皇帝，美国使节站在与'天子'完全平等的地位呈上国书。这两次经历使我意识到，正是由于思想上的重大进步才使一个孤傲的政府改变了强加于人的姿态，毫不奇怪，我确信汉人的子孙有着伟大的未来。不过，唯有纯正基督教的发展才是使这一发展过程中的各个冲突因素免于互相摧残的充分条件。无论如何，这个国家已经度过被动时期，这是肯定无疑的。中国不可能再像过去那样安于懒散隔绝，以过于自负的态度俯视其他国家，就像面对她所无需劳神的星星一样。"

此处字里行间所透露的，既有在礼仪上争得与最古老"中央王国"之"天子"平等地位的自豪，又有从其所信奉的上帝立场针砭这个地上王国"懒散隔绝"和"过于自负"的高傲。联系到上述的介绍，可见卫三畏虽然在其对华态度上开始了"从教化到对话"的转变，但却始终未能把中国人放在完全对等的伙伴位置上，特别是在道德和精神的层面上。在这个意义上说，自以为占据着道德精神制高点、以为只有基督教可以拯救中国的卫三畏也是不免"过于自负"的。这就是笔者在前文中提到其转变时，始终不忘加上"某种"一词来予以限定的缘故。身处所谓"轴心文明"的人们往往患有"老子天下第一"的自恋症，他们意识不到，这个五彩缤纷的世界本来就是由形形色色、各有偏好的人群组成的，谁都无法指望能够按照自己的期待来彻底改变他人。从这一点来看，卫三畏的转变过程所显示的方向对我们建构今日地球村的和平共处规则非常具有启迪意义，那就是要学会把"老子化胡"的心态改为"相敬如宾"的心理，对异民族、异文化和异文明采取宽容、尊重和学习的态度，以便用文明对话来取代文明对抗，从而把亨廷顿认为不可避免的"文明冲突"消弭于萌芽状态和无形之间。

圣日尔曼大街上的狄仁兄

○ 王　鲲

　　巴黎市中心，塞纳河左岸，有一条横贯东西的大街，叫做圣日耳曼大街。大街的历史始于第二帝国时期，而这条街上的建筑物，往往比街道本身历史悠久。当年，塞纳河心岛上原住民在女性族长热纳维耶芙的带领下，离开西岱岛，在河的左岸筑垒定居，修造了第一座天主教堂，这便是"草地圣日尔曼教堂"。有人翻译成"圣日尔曼德普莱教堂"，其实"德普莱"就是"草地"的意思。这座教堂是当年的地标性建筑，方圆数十里都看得见它。早年在巴黎读书，这教堂就在我上学的必经之路上。每次经过，都会瞥见对面的街心小广场。绿树环抱中，是一尊铜铸的坐像。这位仁兄的雕像独踞街心高台，左手扶椅，右肘撑膝，手擎羽毛笔。他古典的衣着、鞋袜透露出他生活的年代应该离波旁家最后几个路易们不远。但见他一脸迷思，毫无盛气凌人之处。他独自注视着来来往往的行人，眼神里的光辉若隐若现，默默地思考了一百多年。

　　无知的我从他面前来来回回走了不下百次，除了一脸的鸽子屎，丝毫记不起他有什么特殊的地方。殊不知对巴黎人而言，这一脸一身的鸽子屎，已经成了这尊雕像不可或缺的部分，如若洗刷一新，实在是遗憾。其实，这位仁兄的塑像之所以坐落在这个热闹的路口，在最古老的教堂脚下，在这具有符号意义的塞纳河左岸，在著名的花神和双叟咖啡厅斜对面，绝不是因为他曾经是宗教狂热分子、咖啡文化的爱好者或者以左派自我标榜的人，这些都实在是太冤枉他了。铜像伫立在这里纯粹因为一个再简单不过的原因，就是他的家就曾经在这里。从1754年到1784年，他在这里整整度过了30年，他生命中最后的30年。

他就是勒内·狄德罗，科学和理性的化身，18世纪启蒙思想的集大成者。他的哲学作品揭露暴君、怀疑上帝，遭到焚禁，令他身陷囹圄，今天却被法国人奉为圭臬。他才华横溢，著述涉及文学、哲学、自然科学和医学领域。他为自己追求的理想而不得不时时提防封建文人、僧侣和警察，穷困潦倒却奋斗不止，笔耕不辍，20年终得修成鸿篇伟制。诚如恩格斯所说，他"为了'对真理和正义的热诚'而献出了整个生命"。

这位仁兄在启蒙时期所做的一项伟大贡献，就是和达朗贝尔主编了一套书，书名直译过来叫《百科全书或经过推敲的科学、艺术、职业辞典》。在他们之前，英国工业革命时期，科学、技术、医学、工业、哲学、文艺都有发展，钱伯斯曾经出版过英文的百科全书。但是没有人敢于把这些工业革命以来发现的、发明的、改变人的世界观的、确立自然科学思想、挑战宗教和王权的科学知识汇聚到一起，供天下人取阅。当法国人想翻译出版钱伯斯的百科全书时，恰恰是34岁的狄德罗和达朗贝尔承担了这个任务。他们发现，这套颇受好评的百科全书内容支离破碎，观点陈旧，充满了令人窒息的宗教色彩。二位大为不满，决心编写一套更好的百科全书，搜集知识，改变思想，传予后世。这便是法国《百科全书》的起源。他的思想兼容并包，得到了当时所有著名学者的支持，并形成了反对宗教神权和封建专制、崇尚科学理性的"百科全书派"。当这套百科全书风行于世，以至于出现在时髦贵妇的梳妆台上时，便被当局视为危险品而遭到查禁。

今天世界上再没有一个百科全书出版社敢这么直白地将自己出

的百科全书命名为《百科全书》了。所有的此类出版物都加上了前缀，如《大英百科全书》、《中国大百科全书》，等等。只有狄仁兄和达朗贝尔这哥儿俩敢这么叫。为什么？就因为他俩编写了第一套真正意义上的《百科全书》。后世英、美也出了很多权威的百科全书，多以出版社的名字命名，如康普顿（Compton）、纽格利尔（New Grolier），后来被微软（Microsoft）公司收买出版了电子版的微软百科全书 Encarta，是英文世界最全面的百科全书了，但是仍然没有人敢叫《电子百科全书》。现在仍然有一套口气很大的百科全书，叫 Encyclopedia Universalis（《宇宙百科全书》），就是法国人出的，30卷本，3660 欧元一套。当初我念大学的系里曾经雄心壮志想置办一套，摸摸兜儿，作罢。

1852 年，路易·拿破仑·波拿巴在巴黎称帝，他吸取 1848 年的教训，为防止人民起义，命令省长奥斯曼重修巴黎，拓宽道路，驻军布防。奥斯曼还因整修巴黎有功，弄了个男爵的头衔。那个年代第一要务就是改善交通和卫生条件，因此免不了要扒房拆墙。在金融投资需求推动下，巴黎发生了天翻地覆的变化。一切都是新的，随之诞生的就是我们在巴尔扎克笔下读到的、独具巴黎特色的建筑群——白花花的石灰岩修造的六层楼。这便又是左拉笔下，拖着两个弟弟进城投亲的小女孩儿看到的、令人目不暇接的一排排新房子。1860 年巴黎扩大，吞并了周边的农场和梯也尔的旧防御工事，一下子从 12 个区扩张到 20 个区。

就在同一年，亚欧大陆的另一端：僧格林沁从天津大沽口退守通州，在八里桥阻击英法联军。八里桥战役是中国历史上最著名也最令人胆寒的一次冷兵器和热兵器对决，3000 具清军尸体换来的是英法联军 5 人阵亡。女真人的后裔以 6 万大军之众没有能够挡住 8000 西欧步兵。法国将军库赞·蒙托邦被封为八里桥伯爵（Cousin Montauban, comte de Palikao）。

清朝从此决心开办洋务，师夷长技以制夷，李鸿章和曾国藩粉墨登场。每当开车路过那千疮百孔的石桥，看着那一对对狰狞的石狮子，我都不禁热泪盈眶。不仅因为中国晚清屈辱的历史，还因为桥身涂满了刻章办证的小广告。

虽然数百万两白银的赔款换来了巴黎的美好生活，但不是没有代价的！大规模的拆迁把巴黎的穷苦手艺人、落魄小资产阶级、不知名的艺术家和潦倒文人驱赶到了郊区，聚集在一起，为有一天无产阶级为了生存起来抗争创造了客观条件。1870 年，普法战争开始 3 个月后，法国即告失利，正式宣布了第二帝国的灭亡，圣日尔曼大街没能完工。围城 4 个月后，国防政府向德国投降，撤离巴黎。巴黎市民自发起来保卫自己的城市，于是 1871 年 3 月 18 日，公社成立，抵御外侮，实践着最初的社会主义理想。2 个月零 10 天后，5 月 28 日，公社被以极其残酷的手段彻底镇压，公社社员被剿杀殆尽，但在世界历史上留下了不可磨灭的辉煌一页。今天到贝尔拉雪兹公墓，还能看到那堵墙。它让人们不能忘记那场夺走了 8 万人生命的浩劫。

圣日尔曼大街的拓宽工程直到第三共和国时期的 1877 年才完成，却一不留神把狄仁兄的故居所在的那一条小街（Rue Taranne）给强拆了。再说，1789 年法国大革命，圣 – 岩石（Saint-Roch）教堂内部被捣毁，狄仁兄下葬才 5 年，便尸骨无存。幸亏他义灵不泯，被请入先贤祠，修纪念碑供奉。

巴黎人还算不忘本，1886 年把他的铜像立在了圣日尔曼大街边儿、他老宅的位置上。原来面向东，从 Mabillon 地铁站遥望丹东塑像。那位法国大革命初期的领导人后来被自己人送上了断头台。现在雕像面向北了。怕狄仁兄寂寞，年轻人经常拿他打趣，满脸鸽子屎的狄仁兄坐在伞下，也算是巴黎一道独特的风景了。

只求立世治学，无意升官发财

——怀念赵宝煦先生

○ 吴子桐

　　春节返乡，在旅途上得知赵宝煦先生仙逝的噩耗，极为悲恸。赵宝煦先生是北京大学资深教授、著名政治学家，他在当日即将破晓的时刻平静走完九十岁的人生旅程。

　　赵先生是我们敬仰的老师辈的老师，他在当代中国政治学和国际政治学这两个学科开创性的贡献为海内外学界所公认。近年来，我协助赵先生做了一些口述历史的工作。先生喜欢喝茶，他在每次访谈之前都泡好了茶叶静静地等我。在一杯清茶和一抹夕阳的陪伴下，一个世纪的风雨兼程在留声机里跳跃辗转。

　　赵先生晚年的谈话，对青年时代在西南联大求学的经历多有提及。先生于1943年1月从北平离家南下，1943年11月到昆明进入西南联大，再到1946年5月西南联大解散，他在西南联大满打满算也只有两年半的时间。但这两年半的时间给赵先生身上深深地打上了"联大"烙印。

　　赵先生到西南联大之后首先就读的是化学系，后来转系到政治学系，当时联大政治学系的系主任是张奚若先生。在转学政治系的迎新会上，张奚若先生对新生说："学政治系是升官系，经济系是发财系，假如你要是抱着升官的目的到我这来呢，我告诉你你走错门了。你要是升官呢，你上小龙坎，就是在重庆南岸的中央政治干校，你要做官你上那去。你上我这来你要是拿了文凭，结果你就绝对做不了官，因为国民党绝对不喜欢我们这里出来的人。你要是想当个学者，我要先告诉你四年我培养不出学者来。那你说你到我这来干嘛呢？我就告诉你到我这来就学一个念书的方法，如果以后你愿意念书你就学一个念书的方法。"赵先生听后大为震撼，从此走上政治学研究的道路。

赵先生知我有"联大情结"，在八十八岁高龄还专门书写了《西南联大校歌》馈赠于我：

> "万里长征，辞却了五朝官阙。暂驻足衡山湘水，又成离别。绝徼移栽桢干质，九州遍洒黎元血。尽笳吹弦诵在山城，情弥切。
>
> 千秋耻，终当雪。中兴业，须人杰。便一成三户，壮怀难折。多难殷忧新国运，动心忍性希前哲。待驱除仇寇复神京，还燕碣。"

斯人已去。我默默诵读赵先生书写的联大校歌，回忆他的联大故事，愈发理解他身上的联大精神。冯友兰先生撰文的《国立西南联合大学纪念碑碑文》提到西南联大可供纪念的四点意义：联大的使命"与抗战相终始"，并最终扭转乾坤，实现报国使命；北大、清华、南开三校"八年之久，合作无间，同无妨异，异不害同，五色交辉，相得益彰，八音合奏，终和且平"；联大"以其兼容并包之精神，转移社会一时之风气，内树学术自由之规模，外获民主堡垒之称号，违千夫之诺诺，作一士之谔谔"；联大记载的历史是中国历史上迄今为止唯一成功的南渡北返。这四点意义可以归纳为两大层面的精神内涵：追求民族独立、进步、富强、文明的爱国主义情怀，崇尚自由、民主、和谐、自然的学术自由传统，也暗合了"启蒙与救亡的双重变奏"。

赵宝煦先生一生为人为学的轨迹莫不如是？先生晚年回忆，他在青年时代读了很多杂书，对他后来影响较大的有两本书：一是上海生活书店出版的巴金翻译的、屠格涅夫的散文诗《门槛》，一是南北朝刘义庆的《世说新语》。

《门槛》说在一个荒野里天昏地暗，冷风呼啸，飞沙走石，就有一个黑的屋子，屋子门口有很厚的棉布帘子。一个年轻的姑娘在门槛前说："你让我进来吧。"里面一个声音就说："你不能进来。这里面等待你的是饥饿、死亡和各种非刑。"这位姑娘坚定地说："我愿意，你让我进来。"那个声音回答道："你死了没有人纪念你，甚至有人咒骂你。"这个姑娘说："我还是要进来"，并最终跨进了门槛。最后有两个声音，一个就说"一个傻子"，另一个就说"一位圣人"。赵先生说：这个故事给他印象很深的，就是一个殉道者的精神。不是说什么名标青史，你死了别人还要咒骂你，但是他认为是对的我就坚决要做。《门槛》中俄罗斯女郎执着的殉道者精神，激励他毫不犹豫地参加革命。

爱国主义的情怀和追求进步的思想，贯穿赵先生的学术道路。赵先生在青年时代冲破日伪的重重封锁，不远千里南行昆明，追寻救国真理；他在西南联大创立"阳光美术社"，用犀利的画笔作为匕首和投枪参加民主运动，与反动势力做坚决的斗争，并从此走上革命的道路；新中国成立后，他辛勤耕耘，培养了一大批政治学和国际政治学领域的专家学者，为推动这两个学科的学科建设和学术发展做出了开创性的贡献；改革开放之后，赵先生以花甲之年远涉重洋，先后出访了欧美、日本、印度等二十多个国家和地区，在美国哈佛大学、加州伯克利大学、苏联社会科学院、德国柏林自由大学等著名的大学和学术机构发表演讲，积极对外宣传中国改革开放的成就和中国政治学研究的最新成果。先生在 1941 年写下的《灯蛾》一诗，为他爱国进步的一生作了极好的注解："在暗夜里追寻我底爱，展翅向昏黄的灯光飞来。纵使灯火会烧焦我底肢体，我不埋怨，这一切原是我自己安排。"

另外一本影响先生甚深的书是《世说新语》。《世说新语》中放浪形骸的魏晋风度和自由宣泄的个性，使赵先生崇尚纯真自然，本能地鄙视各式各样的道学和教条。赵先生坦言，这一条虽使他在革命队伍中屡遭诟病，也至今不悔。

赵先生说起他受西南联大最深的影响就是学术自由的理念。因为学术自由的理念，他在学术上提倡"和为贵"、"中庸之道"、"君子和而不同"；因为学术自由的理念，他厌恶伪道学，不喜矫揉造作，更反对千篇一律、机械一致——正如先生在文章中写道："彩虹所以美丽是因为它有七个颜色，钻石所以璀璨耀目是因为它的许多晶面能从不同角度反光"，"先秦诸子若都叨唠着同一的见解，当时学术文化的高度发展又从何而来？"因为学术自由的理念，赵先生推崇西南联大的办学思想，对学生因材施教，不求全责备，只要求学有专长，放手让学生自由发展、自由竞争。今天在艺术创作和艺术研究领域卓有成就的徐冰教授和白谦慎教授，当年在艺术兴趣的培养和艺术天分的发掘上，都曾得到赵先生亦师亦友般的启蒙和鼓励，而赵先生本身的专业却是政治学和国际政治学！

赵宝煦先生的立世和治学，深得《门槛》和《世说新语》人物的风骨，兼有爱国进步和自由民主的精神。这恰恰是西南联大传统的精髓所在。

西南联大的学生多爱喝茶、泡茶馆。汪曾祺先生在回忆联大的文章《泡茶馆》中元气淋漓地回忆道，泡茶馆可以帮助联大学生"养其浩然之气"——"那是一个污浊而混乱的时代，学生生活又穷困得近乎潦倒，但是很多人却能自许清高，鄙视庸俗，并能保持绿意葱茏的幽默感，用来对付恶浊和穷困，并不颓丧灰心，这跟泡茶馆是有些关系的。"

赵先生也酷爱喝茶。西南联大校舍外文林街的茶馆里也流连着赵先生年轻的身影。今天回头看赵先生当时创作的很多诗歌和散文，字里行间都氤氲着翠湖的水汽和淡雅的茶香。

哲人其萎，遽归道山。我曾有幸多次喝过赵先生泡的茶，品茗之余，我更觉得他的为人风范和学术思想是给予我们人生智慧的一壶绿茶。这壶绿茶同样可以帮助我辈"养吾浩然之气"，在荆棘和诱惑面前，保持绿意葱茏的幽默感，战胜恶浊和穷困。

谨以此文怀念赵宝煦先生。

2012 年元月 31 日凌晨于梅轩草堂

他处生活

中国茶馆，英国酒吧

○ 张中载

一

"民以食为天"。饮食文化在人类生活中的重要性自不待言。

要说中华文化在海外的传播和影响，这吃吃喝喝的饮食文化功不可没。君不见，凡有华人之处，必有中餐馆，中餐馆随着华人的足迹遍及全球。其独具特色之处不仅在于美餐佳肴，还在于集饮茶、喝酒、用餐于一身。而室外清一色的汉字招牌，室内盘龙图案的木雕、石墙，明清风格的鸟笼式大红灯笼，以及桌上的竹编小篮、竹节小碟、瓷器餐具和竹筷……中国文化尽收眼底。中餐馆是中华文化的使者，同时传播中国的茶文化、酒文化、食文化和汉文字。其中又以茶文化的影响最为深远。

唐朝茶文化东渡日本。805 年，日本僧人最澄引进中国茶，与同样来自中国的禅宗结合，遂有驰誉世界的"日本茶道"。1610 年，荷兰人把茶这一"神奇的树叶"带到欧罗巴，中国茶随即风靡欧洲。欧洲诸国中，英国人最讲究喝茶。

我国广东人晨饮"早茶"，午吃"午茶"。英国人则有喝"下午茶"（Afternoon Tea）、"傍晚茶"（High Tea）的习惯。即便是开一天短会，也少不了有上、下午两次"茶歇"（Tea Break）。有客造访，主人必烧水、沏茶招待。据闻，在欧洲，饮茶量最高的是英国人，日均饮茶四杯，而西班牙人日均饮茶量却是零杯。英国人颇似我国古代文人，"宁可三日无书，不可一日无茶"。

源于18世纪的"伦敦社交季"（London Season）是英国上流社会举办各种社交活动最多的季节。在舞会、晚宴、音乐会、茶会（Tea Party）等社交活动中，最频繁的是茶会——同样是以饮茶会友、欢聚一堂，却不像宴会那样"大张旗鼓"，耗时费钱。到了19世纪维多利亚时期，茶会已成为英国社交活动中的重要形式。1877年，清政府在伦敦设立公使馆，张德彝代表公使郭嵩焘赴茶会。此公原以为只不过去喝喝茶而已，殊不知目之所及广厦长筵，茶、酒、咖啡、水果、食品等饮食一应俱全，绅士淑女数百人摩肩接踵，让他大开眼界。19世纪，英国国力如日中天，上流社会的奢侈豪华由此可见一斑。到了20世纪，"日不落的大英帝国"已是江河日下，盛极一时的茶会也走向衰微。

二

英国没有茶馆，茶会衰落后，就缺失了以茶会友、欢聚的场合。

作为茶发源地的中国，茶文化源远流长，茶馆的起伏兴衰，见证了我国的社会、经济、文化的变迁。中国的茶文化可以追溯至四千多年前的周武王。与英国上流社会的茶会不同，中国的茶文化包括社会各阶层。宋代茶文化深入市民阶层后，全国各城镇纷纷设立不同档次的饮茶处：茶担子、茶摊、茶亭、茶室、茶馆、茶楼。也许只有三国时的茶宴可与英国的茶会相比。除了挑着担子，沿街叫卖大碗茶的茶担子外，包括茶摊在内的各种茶馆都是国人人际交往的场所。就以茶亭为例。江南夏日酷热，平民出城外行，并无车马代步。走得满头大汗，口干舌燥，喜逢路边凉亭（亦称"茶亭"），在这阴凉处歇脚，更有大碗凉茶解渴。三五个萍水相逢之匆匆过客，在此相聚片刻，随即各奔前程。这小小茶亭就是最廉价、最简便的公共社交场所了。

旧时京城最便宜的饮茶处是茶摊、小茶馆。前门、天桥一带，三分钱一碗的大碗茶最受穷人欢迎。20世纪80年代前门的"大碗茶"已是如今名扬天下的"老舍茶馆"。外国游客来京，这是必不可少的去处。北京现有茶馆五百多家，不仅数量空前，其装饰之豪华，价格之昂贵，让我等工薪阶层望之却步。但是，高档茶馆却以幽静的环境、高雅的气氛、上等的茶叶和服务吸引了八方来客。在低徊婉转的古筝、古琴声中，茶客在此洽谈生意，情侣在此谈情说爱。与昔日"大碗茶"、小茶馆相比，这类有雅座的茶馆多了几分高贵，少了几分普罗。

三

爱去茶馆的中外游客一定要去四川。

抗日战争时期，大批江南人在国土沦丧前背井离乡，逃往大后方四川。国民政府也迁都重庆，称其为"陪都"。四川人把这些"外来户"叫做"下江人"，意为从长江下游来的人。"下江人"来到这"天府之国"，感到新奇的事不少，其中之一是四川大小城镇茶馆多。江浙也有茶馆，看过京剧《沙家浜》的人一定记得戏中的"春来茶馆"和茶馆老板娘阿庆嫂与刁德一在茶馆斗智。但是江南茶馆与四川茶馆有诸多不同，且数量远不如四川。

在茶馆喝茶是四川人的一种文化。茶馆大门临街敞开，室内方桌十余张或数十张。一清早就有客人来喝茶，一喝就是半天、一天。抗战时期前方吃紧，后方喝茶者照喝不误，只是喝茶时多了前线战事的话题。茶馆堂倌（今日尊称"服务员"），清一色是男子（不似今日，在茶馆、饭馆服务员多为女子）。他们个个身怀绝技。客人入座后，他们在茶碗里放了茶叶，身子往桌外移动，在离茶碗近一米处把长嘴铜壶中的开水倒入茶碗时，没有一滴外流，更不会伤及客人。下江人初去茶馆，见堂倌"远距离"操纵茶壶，常作躲闪状，唯恐烫了皮肉。

茶客喝罢茶离去后，堂倌并不急于清理狼藉的桌面，桌上剩茶"原封不动"。只有新客光临时，才清理桌面。于是，这桌上剩余的茶水就成了过往穷人的解渴饮料。当年日子穷，也就顾不上是否卫生、得传染病之类的问题。我想，这也是当年四川茶馆的一大善举。想起上世纪 80 年代前门卖"大碗茶"，五分钱一碗，价廉物美，也是为寻常百姓服务，生意一下子红火起来，才有今日名扬四海的"老舍茶馆"。

昔日四川茶馆还另有一功能，为今人所鲜知。那就是调解民事纠纷。凡有民间纠纷发生，寻常百姓多愿在茶馆解决，因为去法院打官司，收费太高。君不闻"衙门八字朝南开，有理无钱莫进来"的民间流行语。调停纠纷的是德高望重的老者，在茶馆听纠纷双方陈述，然后作出"判决"，输理者只需支付茶钱即可。在茶馆"断案"，为我国茶馆一大特色。

茶馆乃三教九流、各阶层人士聚集、交流、对话之地，也是各种信息的传播之处。要想知道社会动态、前线战况，茶馆是各种消息的集散中心。国民政府有令，不得在茶馆议论国事，怕的是百姓聚众谋反。有鉴于此，所有茶馆均在醒目处贴有"莫谈国事"四个大字。客人在茶馆因批评政府被捕，自然是要殃及茶馆老板的。

要领略今日四川茶馆之风采，成都的"宽巷子"、"窄巷子"是首选。那里既有大众化的小茶摊，也有高档的茶室。临街的小茶摊，室内室外摆着十余张茶桌，游客多爱在室外饮茶，观看神态、穿着、口音各异的中外游客溪水般地在巷子里缓缓流动。这种大众型的茶馆还保留了些许昔日四川茶馆的特色。若要找个高雅幽静的去处，就到大宅门内庭院式的茶室：上等好茶，古色古香的陈设，香艳怡人的鲜花盆景，让人流连忘返。

四川茶馆多，有历史渊源。

据史籍记载，在四千多年前，四川一带就已盛产茶叶，川人早有饮茶习惯。后来饮茶之风顺长江而下，向长江中下游扩展，带动了全国各地茶叶种植和茶叶营销的发展。我国是茶树的发源地，也是最早把茶用作药物和饮料的国家。相传公元前 2730 年，"神农尝百草，日遇七十二毒，得茶而解之"。茶文化最初只流行于中上阶层，宋代始逐步扩展至市民阶层。茶叶的产量高了，价格也就降了下来，从高级消费品变为日常生活用品。于是大小城镇争相兴建茶馆、茶楼、茶亭。茶馆的功能也从喝茶场所的单一功能向多元化发展，成了交际、欢会、议事、休闲的去处。历代文人雅士喜欢在茶馆聚会，在那里赋诗作对，海阔天空地说古论今。"寒夜客来茶当酒，竹炉汤沸火初红"的诗句就说明了唐宋时茶文化的兴盛。

四

中国有茶馆，英国有酒吧。

酒吧（Pubs）是英国人最爱去的公共场所。酒吧历史虽不如中国茶馆，也有两千多年了。公元前 55 年，罗马军团在恺撒率领下，入侵英国。43 年，罗马彻底征服不列颠，使其成为罗马帝国的一个省，统治英国五百年。英国酒吧起源于罗马人统治英国的时期。罗马统治者对酒吧倒是从不干涉。到了英国都铎王朝时代（1485—1603），统治者发现，酒吧乃传播各种小道消息、议论时政、抨击时弊之地，便采取了干涉举措，对申请开业的酒吧老板要作一番审核。

莎士比亚、狄更斯等英国文豪是酒吧的常客。18世纪英国"文坛大可汗"塞缪尔·约翰逊也常去酒吧，陶醉之余，留下名言一句："人类没有哪一项发明，能像酒吧那样给人带来这么多快乐。"我国李白、杜甫、白居易、贺知章等大诗人饮酒赋诗，留下许多轶闻趣事。这乙醇与缪斯的亲密关系不仅见于现实生活和历史，更有哲理的支撑。

尼采在《悲剧的诞生》（1872）中，把人的精神分为阿波罗精神（太阳神精神）和狄奥尼索斯精神（酒神精神），认为这两者的冲突、调和与融合推动美学和艺术的发展，产生了悲剧。尼采把酒神比作醉境，因为在酒的作用下原始人的酒神激情苏醒，激发出强劲的想象力和创造力。白居易在《醉酒先生传》中曾说到"醉吟相仍，若循环然"的醉境。英雄所见略同。

1996年在牛津时，我应英国友人之邀去酒吧小聚。平素比较拘谨的友人进入酒吧后开怀畅饮，一杯啤酒下肚就敞开心扉，滔滔不绝地说东道西。他说当年莎翁正是在酒吧喝得似醉非醉、飘飘欲仙时，才妙笔生花，写出十四行诗和剧本。他又说，如果有朝一日，飞机把你空投到一个陌生处，只要看到那里有教堂和酒吧，即可断定，此乃英国无疑。他还夸张地说，不去英国酒吧，就等于没有去过英国。

英国酒吧最让人心醉的是它的大众化和其乐融融的气氛。

人不分贵贱贫富，来者都是客，一概一视同仁。"一壶浊酒喜相逢，古今多少事，都付笑谈中。"这是一个社会各阶层人士、来自五湖四海的域外游客与本土居民享受片刻平等、友好、融合、忘却烦恼和郁闷的场所。无论你是政府高官、企业高管、富商、贫民，一样地去酒柜点酒、取酒、付款。想坐吗？自己去找座位。没有人来侍候你，一切请君自理，也就无需为服务付小费。素不相识之人在此相逢，酒酣时，互吐衷情，酒罢各自东西。英国首相也去酒吧小酌，同其他酒客一样，也是自己去取酒、付款，不享受任何特权。

国门大开后，外国餐饮业大举进军中国，大中城市处处可见星巴克、麦当劳、肯德基、日本料理、酒吧……，其中发展最快的是酒吧，不少大城市已经出现"酒吧一条街"。酒吧数量的快速增长大有超越茶馆的势头。

这十几年来，最能见证中外文化交流繁荣的是饮食文化的双向走势——遍及全球的中餐馆，在华夏大地接踵而至的各种洋餐饮店。在中国历史上，还从来没有见过如此众多的外国餐饮店在我国与本土餐饮店共存同荣。国人口味的"土洋结合"既说明了人民生活水平的提高，也反映了我国文化的包容性和多元化。

土耳其浴室的鸳鸯茶

○ 王　炎

20 世纪 80 年代初，一部译制片曾名噪一时，红透大江南北，国人几乎妇孺皆知。我想很多人还记得《虎口脱险》，1966 年出品的法国影片，1982 年译介到中国。30 年后它已成"80 怀旧"的褪色的老照片，片中一曲《鸳鸯茶》和雾气迷蒙的土耳其浴室，仍零乱地散落在集体记忆之中，让人联想起已成往事的"纯真年代"。《虎口脱险》原名是"La Grande Vadrouille"，意为"伟大的徘徊"或"伟大的闲逛"，听起来怪怪的，不能直译。美国人 60 年代进口此片时，无奈译成"Don't Look Now... We're Being Shot At!"（《现在别看，我们正被射击呢！》），此句是片中一句台词，实在很不上路，怎能比上中译"虎口脱险"传神。这不能不让人感慨当下译制片一味模仿"港版"，胡乱找个词不达意的成语做片名，什么《碧海云天》、《战海情天》、《四海一家》，最末流的脂粉功夫，像盗版影碟的封面一样千片一面，我们的优秀译制传统哪里去了？

《虎口脱险》在法国也曾轰动一时，乃电影史上的一个事件，票房一直名列榜首。虽然美国电影市场一贯以好莱坞独大，冷落外语片，但此片享受了很不同的待遇，票房成绩骄人，法国式的幽默也让美国观众津津乐道。今天看来，这部回放了千百遍的片子，细细品来，仍觉情趣盎然，堪称不朽之作。让人印象特别深刻的是土耳其浴

室接头的场景，虽只有短短几分钟的镜头，却可作为片花，这场戏让
1925 年美国百老汇歌剧中的一首老歌《鸳鸯茶》(*Tea for Two*) 家喻
户晓，尽人皆知。观众还能清晰记得，二战中，三位英国皇家空军飞
行员空袭纳粹占领下的法国，不幸被德军击落。飞行员跳伞落到巴黎
市区，巧遇两位正直的法国人———泥瓦匠和交响乐指挥。两位凭一
腔爱国热情，冒险到一间土耳其浴室与失散的英国飞行员接头，暗号
就是著名的《鸳鸯茶》。片中的巴黎土耳其浴室，一派东方异国情调，
珠帘金幔，绣枕锦床。即使空中悬着《一千零一夜》的神奇飞毯，我
也不会感到奇怪。浴室里雾气缭绕，如梦如烟。两位法国著名喜剧演
员（路易·德·菲奈斯和布尔维尔）拂云拨雾，滑稽地冲一个大胡子
男人含情脉脉，清唱《鸳鸯茶》。对方一脸茫然，认倒霉碰上两个莽
汉，赤条条地在那出乖露丑。而真正来接头的英国人，早一头钻到蒸
气下，让浓厚的白雾遮住怀疑的目光。

　　记得当年看片时，国内还没有什么桑拿浴、蒸气浴。很多人从这
部电影里才知道浴室不仅仅有清洗功能，还能健身、疗养呢。记得
《参考消息》也来凑趣，介绍起桑拿浴如何健身，西方人享受蒸气疗
法。可耳听为虚，眼见为实，大家仍一头雾水，搞不清楚芬兰浴、土
耳其浴，干蒸或湿蒸等种种玄机，不过给茶余饭后添些谈资罢了。曾
几何时，国内也流行起桑拿浴来，人们在居家装修时，顺便修上一个
简易的蒸气浴，也很时髦。但《虎口脱险》里的土耳其浴到底什么样
子？未必尽人皆知。一次难得的机会，我领略了其源头正宗。

　　夏始春余，叶嫩花初，我飞往土耳其一游。有一天在伊斯坦布尔
大街上，我远远看见一块偌大的牌匾，上书"Hamami"，下注 1482
年。这就是土耳其蒸气浴，伊斯坦布尔最正宗的老字号，已有 500 年
历史了。要体验原汁原味的土耳其浴，非此莫属，不容错过。到浴室
门口时，怎么看都像个清真寺。原来古代土耳其浴室常为清真寺的一

部分，虔诚的穆斯林先洗浴净身，再登堂入室去礼拜。如果招牌上的1482 年不是吹牛的话，那就是说，奥斯曼土耳其人于 1453 年攻占东罗马君士坦丁堡，也即当今的伊斯坦布尔，事隔仅 30 年，这间浴室就在拜占庭帝国的废墟上修建起来。土耳其的文化占领可谓神速啊，奥斯曼人以伊斯兰文化取代了希腊东正教文化。其实不然，土耳其浴室并非奥斯曼人的原创，而是模仿了罗马人的浴室文化。古装片里常有这样的镜头，西罗马元老院的元老们在浴室里聚首密谋，或法律或阴谋就在浴室里炮制出来。征服东罗马帝国的土耳其人对罗马人的浴室文化艳羡不已，变本加厉地营造蒸气浴室，甚至改建基督教堂和犹太教堂，添加了清真的洁净习俗和游牧文化特色，便有了雨后春笋般的土耳其浴室。

进到浴室，我发现与《虎口脱险》的浴室风格并不相同，没有夸张的锦绣帘幕，素朴得更像老北京的清华池。门厅里站着利索的土耳其大爷招呼客人，颇显古气盎然。一位大爷头前引路，我更衣进入"预热房间"，里面热气腾腾，有淋浴也有池浴，却不像电影里的吞云吐雾。热身之后进入蒸气浴室，里面温度太高了，湿气根本无法形成白雾，只见一片蒸腾蒙眬，人影曲曲幽幽，热浪阵阵扑面。居中设一中规中矩的六边形大石床，等边几何的每个斜边上高卧一人。老大爷过去请下一位，重新铺上一条湿漉漉的麻布浴巾，放上竹枕，让我躺在上面。喔，好热！石床像个巨大的饼铛，不禁联想到北京街上的煎饼摊子，炉火架上一个厚厚的实心的圆饼铛，生鸡蛋刚倒上就摊熟了。体内的汗被热度逼出来，眼前金星乱闪。心里不知下一步还会有怎样的煎熬，只无告地望着天花板。浴室上有半球形的穹顶，上面嵌了许多形状不规则的彩色玻璃小窗，如望月星空。墙壁有射灯变幻，红、粉、橙、紫，幽幽荧光。森森然，澡堂里弥漫着庵堂佛殿的空气。昏昏然，心神恍惚间，疑幻疑真，不知身在何方。

忍耐快到极限了，一位善眉善眼的大爷端着一小盆水过来，里面泡着一大块肥皂，是那种几十年前才有的、土黄色的、北京话叫"胰子"的东西，商店里不一定能买到了。他往我身上泼几下水，通体打上肥皂。感觉重重的大手和木锉般的老茧，揉腿、搓背、推拿、按摩，像淘孩子在蹂躏玩具。我觉得骨断筋折，忍不住叫出声来。他指尖一触我右肩的肌腱，略显踌躇，察觉到了肩周炎，那是我打羽毛球落下的痼疾。便交叉起我的两臂，突然一压，我一声惨叫，几近昏厥。他一脸得意，嘴里叨咕着阿凡提的口头禅："亚克西！亚克西！"意思大概是："就好了，就好了。"或"这很好。"挨到"大刑"已毕，我被拖到一个墙角蹲下，一大桶漂着白沫的肥皂水从头浇到脚。后悔没先做个深呼吸，几乎窒息。心里恨恨然：真是花钱买罪受！整个人散了架，才被带出"刑讯室"，进入"冷却室"，冷水淋浴降温，换上穆斯林图案的雪白浴袍，浴巾高绾盘头，像个出浴的苏丹。躺倒在舒适的软榻上休息，席不暇暖，侍者已献上热茶。不是"鸳鸯茶"，而是地道的土耳其煎茶，文火慢煮，色浓味重，刚入口涩而后有回甘。小巧的茶具精美寓目，啜茗一盏，顿息劳倦，浑身经络通泰，转一下肩关节，竟不再嘎吱作响，这才体味到土耳其浴的好处。

奥斯曼帝国时代，浴室乃社会交往、商贾交易的沙龙。君士坦丁堡星罗棋布的浴室，织成了一张巨大的社交网络。上层富人家中一般有设施完备的浴室，也还要到公共浴室会客、交友，走出封闭的家庭，进入社会关系之中。妇女们来浴室嚼舌头、传闲话，后宫春色、阉宦逸事、无根传说，闹得满城风雨，沸沸扬扬。还有最经典的场面，母亲给儿子寻媳妇，让媒婆先把姑娘带来洗浴，不经意间，丈母娘细细观察，给未来姑爷把一下"体检"关，可谓别出心裁。土耳其浴像一种仪式，苏丹的臣民朝至暮归，常在浴室里耗上一天，镇日长闲，优游度日。但当今的伊斯坦布尔人现代了，像所有大都市一样，年轻人泡酒吧、逛舞场、开派对。土耳其浴早成"国故"，供外国游客猎奇、赏玩。如果没有我等这般浮光掠影、寻幽探微的游客，不知道老字号如何生存？毕竟传统消费口味与今天大不同，老人常讲先苦后甜，味涩而有回甘，就像土耳其茶，甘口生于苦口。新人只懂浓艳甜俗，像哈根达斯冰激凌的味道，总甜腻腻的。谁知传统与现代如何融汇？

日暮黄昏，远看博斯普鲁斯海面上一片猩猩绯的深红，莹澈的天空有点稀薄的云，如淡白的微雾，又似扬着的轻纱。回到酒店，见大堂里喧嚣嘈杂，原来有婚宴包下整一层餐厅和后花园。新人的家属、亲朋真不少，有上百人挤在一起。回到房间里还能听到土耳其民乐的强劲节奏，掀起窗帘看下去，花园里"闹洞房"的年轻人伴着民族音乐跳着迪斯科舞，豪饮鸡尾酒，拍手呼啸，更阑夜深，仍意犹未尽。第二天我问当地人，才知道这样的婚礼在伊斯坦布尔时兴，酒店里订下酒席，新人聚亲朋好友开派对。婚姻乃人生大事，只有土耳其民族音乐和传统婚仪才能表达庄重和持久，但年轻人又喜欢跳迪斯科、喝洋酒、穿西式礼服，这样的派对才热闹、时髦。所以，传统与现代只好这样结合，民族音乐给迪斯科舞伴奏，虽说表里不一，却也相映成趣。

北国两京

○ 路雪莹

　　偶然想到，为什么有"京华"一词？"京华烟云"，"每依北斗望京华"，"冠盖满京华"，"谁教骑马客京华"……"京"与"华"有何关联？是不是因为所谓"帝京"总是官室宏伟、气象庄严？难怪铺张秾丽的汉赋——这中文里的"巴洛克"，最适于《二京赋》、《两都赋》这样的大文章。

　　在现代大国中，两大都市如双峰并立的情况也很常见，这种现象恐怕在很大程度上与文化有关：携带着各自文化基因的两个大都会，形貌风姿各异，可以互相映照与应答，一起构成更为丰满的文化景观。

　　在俄罗斯，圣彼得堡今天也常被称为"京城"，可以推想它在俄国人心目中的分量。莫斯科与圣彼得堡合在一起，差不多就是一部浓缩的俄国历史。如果说莫斯科代表俄罗斯民族 16 世纪以来摆脱蒙古统治、走向文化自觉的筚路蓝缕的开辟历程，那么圣彼得堡则象征着它在 18、19 世纪二百年间迅速走向世界大国的崛起之路；如果说莫斯科是俄罗斯文化主体特色的象征，那么彼得堡所代表的则是由彼得大帝带给俄罗斯的自觉追求西化、拥抱欧洲的情怀。这两座城市的布局结构似乎也有着某种有趣的隐喻性。

　　在俄罗斯，凡可以上溯到公国时代的古老城市，其结构都是以一

个军事据点为核心铺展而来的，这称为"克里姆林"的要塞，有点像
西周之"国"，起先是出于军事的需要而建的，其最主要的元素是坚
固的城墙和城墙内的教堂，至于其中是否有"宫"并不是最重要的，
莫斯科公国的布局也是如此。今天的莫斯科基本保留着以克里姆林宫
为核心的环状结构，与"大圈圈套着小圈圈，小圈圈套着黄圈圈"的
北京很有些相似。但莫斯科的"圈圈"是真正的"圈圈"，其环路是
圆形的，所有通向克里姆林宫的道路好像"辐辏"，如果从克里姆林
宫的角度来看，则呈"辐射"态势，就连莫斯科地铁的中枢也是一个
与每条主要线路都有两个交集点的圆环。这种形势与以市政广场为中
心的欧洲老城很相似，只不过其核心并非完全敞开，而是既有封闭性
（克里姆林宫），又有开放性（紧挨着克里姆林宫的红场）。

　　不过，莫斯科城市格局的形成在规划之外也有很大的自发性，地
形地势（山丘、莫斯科河）、行业聚合等因素都在几个世纪的时间里
渐渐地影响到城市的面貌。而彼得堡则是一个少见的"规划城市"的
模范。彼得堡首先是彼得大帝本人"欧洲梦"的化身。在这片本不属
于俄罗斯，也似乎没有建城（更不要说建都）条件的北方沼泽地带，
彼得大帝以其招牌的铁腕方式不由分说地投下了不计其数的石料和累
累白骨（当时为了保证彼得堡建城所需的石料，莫斯科是不准建造石
头房屋的，从全俄罗斯征集的劳工大量死于繁重的劳动和恶劣的气
候，埋骨彼得堡城下）。凌乱的沼泽经过疏理变为由运河分割和连接
的一块块街区，而在涅瓦河口以外的芬兰湾则修建了一串防备瑞典人
反扑的海上堡垒，于是，还在彼得大帝有生之年，一座巍峨的帝都就
这样神奇地出现在北方荒凉的海岸。

　　这是一座西向的都城，全城由三条主要的运河（凡丹卡运河、格
里鲍耶多夫斯基运河、莫伊卡运河）环拥，一条主干大街（涅夫斯基
大街，又称涅瓦大街）引导，向着皇宫（冬宫）所在的涅瓦河口拢过

去，而皇宫的对岸就是整个俄国的桥头堡——彼得要塞，帝俄时代国家的军政中枢机构簇拥在皇宫周围，从全城的各个角度都能看到海军部状似"剑指云天"的尖顶。

因为与拿破仑之战中那场著名的大火，19世纪之前的"木制莫斯科"的古迹已很少存留，其历史核心区域并不缺乏像彼得堡那样气势宏大的欧式建筑，不过在彼得堡，从皇宫到政府机关、贵族宅邸以至于一般民用建筑，高度与风格相仿的楼房一栋挨着一栋，是成街区、成建制的，好像整齐分明的棋盘、兵镇或汉赋，其规模与气势的确夺人！尤其值得称道的是，这种整齐又不失于粗糙单调，每栋房屋都会在显示个性上花心思，皇家与贵族建筑更是穷工极巧，奢丽难及，而整个城市的规划之严谨，建筑细节设计之到位，也几乎无懈可击。

彼得堡在很大程度上是几位欧洲杰出建筑师的作品，不过它到底是一座俄罗斯的城市。当你沿着运河沿岸连续一个小时走过几十座有百年以上历史、堪称壮观的老房子和十来座独具匠心的小桥的时候，你会感慨于这座城市所凝结的俄国人的心血与劳苦；当你身处那些经过精心修复的恢弘的宫室，惊叹于眼前不折不扣的"金碧辉煌"与"宝器珍玩"的时候，又会联想到中国那些极写奢华与精巧的辞赋诗文。在中国，过往的繁华多已化为历史云烟，陷入繁复描摹与生僻古字中，令人徒生遐想，而眼前的见证分明告诉你人类对于实现自身能力、对于壮丽与精美的追求所能达到的登峰造极与炉火纯青。

不过，无论是莫斯科还是圣彼得堡都变得一日喧嚣似一日，好在喧嚣之间总算还保有少许宁静的时空，可供细细修补华厦，回首前尘。

莫须有女士坐飞机以后

○ 路雪莹

不知道经常坐飞机的人对于舷窗外的景观是否完全漠不关心，很少飞行的莫须有女士，当她在飞机上遇到晴朗而多云的天气的时候，不免贪看机翼下的云朵与暂时超脱的大地，并且发出如下感慨：

> "怒而飞，其翼若垂天之云……水击三千里，抟扶摇而上者九万里……野马也，尘埃也，生物之以息相吹也……"
>
> 注云："物无大小，皆任天而动。"
>
> 好个"皆任天而动"！

重回莫斯科，差不多已经隔了十年。无论人事上有多少变迁与因袭，"好快！"八成是各色人等对于人生唯一的共识。如今的莫斯科少了乞丐，多了汽车，老旧的中心地带日日马达轰鸣，并且一天天受到资本的蚕食，历史文化的拥护者或哀叹，或抗争，或边哀叹边抗争，老套的故事……不过莫须有女士总相信在莫斯科不大可能出现金钱资本完胜的局面，也许她实在是太不通了……

美女帅哥如云。俄罗斯的新一代已经走来了，后生可畏。据说他们在童年时代甚至很难得到充足的食物和营养，如今呢？至少在莫斯科，出国旅行（欧洲是首选）和日新月异的与电脑有关的生活方式（不错，似乎还是比北京慢了半拍，在莫须有女士看来，北京实在是太快了）已经成为强大的时尚主题，书店大多门可罗雀，据说阅读的习惯迅速枯萎，写字也成了问题……

十年前，穿过市中心的莫斯科河沿岸蔚然深秀的林地中间，没有任何娱乐餐饮设施，一大片敞开的处女地，那时来这里的人也少。如今这黄金地带终于被有识之士发现了，沿河出现了商亭、餐饮，河上游船如梭。与此交叉的是分布于林地中的儿童游乐场、有天棚的老人聚会场所、乒乓球场、网球场、足球场以及热衷于骑自行车飞跃沟壑的追风少年用车辙轧出的练习道。在假日和夏天漫长的黄昏，河畔游人如织，乐声飞扬，环舞蹁跹，自行车和轮滑者在熙熙攘攘的人流中穿梭。虽然不见"扶老"，但"携幼"的家庭总是引人瞩目：幼稚的宝宝和"豆蔻梢头二月初"的女孩子，最是养眼。不知是浑然天成还是有意为之，衣饰的搭配往往显得有点独出心裁：色彩、饰物、款式上的某种点缀或对比。跨越莫斯科河的步行桥上来往的、驻足的、看河的和闲聊的人们，所有这一切，都是可以作诗的。比如说："三月三日天气新，长安水边多丽人"，或是"轻舟短棹西湖好，绿水逶迤，芳草长堤，隐隐笙歌处处随"。

东西古今，不同族群之间往往倍感隔膜，殊不知，人类在根底上原是息息相通的，对所谓安泰美满的要求其实也都是很简单、很自然的，不过"任天而动"而已。而所谓"太平盛世"、"安居乐业"的景象亦颇有些相似，遗憾的是，又同样地可遇而不可求。

在那些不属于法定休息的时段，河畔是非常安静的，人迹绝少。隔岸以及林地的另一侧是两条通衢，那是莫斯科人的另一个充满压力与欲望的世界。车轮滚滚，喧嚣隐隐地达至林地中央，不过零星的鸟鸣仍然是这里的主宰。四下是由树形成的围墙，那些树是"笔直"而"参天"的。如果你有机会站在桥上观察一棵树云淡风轻的树梢和久久地停留在那里的一只鸟,再俯视它那平凡的树干,透视地下纠结的树根,就可以参悟天、地与两者之间的生物——人、树——的关系了。"参天地",正是"生物之以息相吹"的意思。

阳光很好,天是纯正的蓝色。有一个年轻的妈妈带着她的宝宝在林间空地盘桓,对面的长椅上一位老人在喂鸽子,另有一个年轻人把电脑放在腿上,不知忙活些什么,而莫须有女士在看花坛。花和叶轻轻地摇曳,使她想到一句话:"起于青萍之末"。

于是她得出两个结论:第一,俄罗斯的转型,正如所有处于变动中的文化一样,是要否定很多东西的。有些是自觉的扬弃,有些是不知所措之间的丢失。这是很考验智慧的状况,一个民族在未来一个时段的面貌,就在取舍之间。第二,如果不是惑溺过深,人类朴素的底色和相通的本性可以指引他们从历史深处走向未来,一方面达至彼此间同情之了解,一方面写出好诗好文。因为好诗好文都是从自然中来的,是在人与天地,因而人与人之间"生物之气相吹"的情形中写出来的!

比如:"君子之德风,小人之德草"。

比如:"山路元无雨,空翠湿人衣"。

比如:"随意春芳歇,王孙自可留"。

比如:"静影沉璧"。

这一句是莫须有女士在一个阳台上看贝加尔湖时想起来的。冥色迟迟地降临于湖湾之上,万籁俱寂,湖面如镜。上弦月升至中天,在镜中形成影像,并用光铺设出一条路。这是苏武牧羊的北海吗?莫须有女士觉得,这恰是古代中土诗人、文人曾以整个身心观照与映照的世界。

千寻铁锁沉江底

○ 路雪莹

　　土耳其留学生于南石是很出怪的一个人，聪明，汉语学得快，想问题有角度有道理；但把想到的东西表达出来不免夹缠，拉拉杂杂一句话，很长，无标点，不知切割句子，把意思一层一层慢慢说。有一次讲一个成语，于南石惊奇地说："汉语还在讲两千多年前的词语吗？"我的态度有点倨傲，我说，那当然，太多了。

　　他读了杨绛的《走到人生边上》，写读书报告。除了表示认同以外，他又提出意见说，在中国人看来，文化除了中国就是西方，好像世界其他的部分不存在一样，对别的文化置若罔闻。

　　我是从他那里才确知"土耳其"来自"突厥"，与中国西部还有一段渊源。今天一般中国人对于世界某些部分的态度依然跟古人相似，有些大而化之，不求甚解，似乎那是有无之间的地带。当年西方人受不了这种倨傲的态度，他们拳打脚踢，把我们打入"野蛮人"之列，才强迫我们承认了他们的存在。但在"我们"的脑子里，"我们"与"他们"之间的一大段空间似乎依然付诸阙如。所以，我对于土耳其历史上最阔的一段——奥斯曼帝国，并没有什么真正的概念，也真算是"置若罔闻"。不过这一次我一下子被他的话触动了，开始反思我们对于世界的认识。恰巧同一天开始看一个关于地中海文明的系列片，开头就讲土耳其。经这两下点播，欧亚文明的轮廓在我的"世界景观"中开始清晰起来，欧亚大陆各文明、各历史事件之间的联系渐渐显露，思想的空间似乎也变得通透、开阔了一些。

如果以埃及、巴比伦为人类文明的第一期，那么中国、希腊罗马和印度构成了文明的第二期。它们存在于同一大陆的东、西、南三极。而在此阶段中处于"后发"状态的民族活跃在三块文明之间的广阔地理空间，跃马弯弓，纵横呼啸，它们的存在对于这三个文明的命运与走势一次次发生了至关重要的影响。而这些民族本身的命运又是被谁左右的呢？它们有的被古老、先进的文明吸收同化，逐渐消失（如契丹、匈奴）；有的已经跃身为一种神气活现、令世人刮目相看的"显文明"（如北欧民族、日耳曼、俄罗斯）；有的则衣衫褴褛、辛苦求生，在当今世界的大国之间打拼，维持生存空间（如多年以来很想凭一块"飞地"回归欧罗巴而难以如愿的土耳其以及沉寂的蒙古）。未来的事谁知道？一个民族的命运与一株草的命运同样被一只大家无法达成共识的神秘之手操纵着，这只手有时被称为"天命"、"气数"，有时被冠以某个神的名义。最酷的还是老子："天地不仁，以万物为刍狗。"

所以，还是看看约一千二百年前的刘禹锡是怎样谈论他之前约五百五十年的事变的：

> 王濬楼船下益州，金陵王气黯然收。
>
> 千寻铁索沉江底，一片降幡出石头。
>
> 人世几回伤往事，山形依旧枕寒流。
>
> 今逢四海为家日，故垒萧萧芦荻秋。

这真像 15 世纪土耳其人攻陷君士坦丁堡的伟大历史时刻。当时大限临头的君士坦丁堡也曾用大铁链封锁海岬，试图阻止土耳其的军舰。但是对于如有神助的土耳其人来说，一切抵抗都是枉然，因为他们的时辰来了。君士坦丁堡这座有着巍峨坚固城墙的"石头城"遭遇惨烈轰击，然后，在强敌环伺中苦撑千年的拜占庭之都光荣沦陷，时间是 1453 年——巧的是，距现在也是五个半世纪。

这可能是伊斯兰世界最伟大的一次征服。然而对于历史的匆匆过客来说，看到那些兴亡的见证，回思个体生命的渺小、孤单和短暂，一切当时的激情与道理都已经冷却，除了"伤往事"，感叹天地无情，也只好无语了。如果我是一个四海为家的汉语教师，流落到故君士坦丁堡，倒要站在那城墙上，透过女墙的垛子看看亚洲与欧洲的形势呢！于南石最后一节课送我一本书，是台湾小女子手绘手写的土耳其游记，虽然它对于我知识的长进没有多少裨益，但凭着这本书摸上城墙还是没问题的。

闲坐说玄宗

○ 路雪莹

寥落古行宫，宫花寂寞红。

白头宫女在，闲坐说玄宗。

与元稹的这首精练的、极简主义的绝句相比，白居易的新乐府《上阳白发人》则是将上阳宫人寒素的履历徐徐铺展，闲闲地絮叨一生的委曲，真是"怨而不怒，哀而不伤"，却又低回沉痛如许：

上阳人，上阳人，红颜暗老白发新。绿衣监使守宫门，一闭上阳多少春。玄宗末岁初选入，入时十六今六十。同时采择百余人，零落年深残此身。忆昔吞悲别亲族，扶入车中不教哭。皆云入内便承恩，脸似芙蓉胸似玉。未容君王得见面，已被杨妃遥侧目。妒令潜配上阳宫，一生遂向空房宿。宿空房，秋夜长，夜长无寐天不明。耿耿残灯背壁影，萧萧暗雨打窗声。春日迟，日迟独坐天难暮。宫莺百啭愁厌闻，梁燕双栖老休妒。莺归燕去长悄然，春往秋来不记年。唯向深宫望明月，东西四五百回圆。今日宫中年最老，大家遥赐"尚书"号。小头鞋履窄衣裳，青黛点眉眉细长。外人不见见应笑，天宝末年时世妆。上阳人，苦最多。少亦苦，老亦苦，少苦老苦两如何！君不见昔时吕向《美人赋》，又不见今日《上阳白发歌》！

庞大的后宫，这种现象是欧洲所没有的。从西方人的角度来看，这是一个典型的"东方的"、亚细亚的符号，这种异国情调中有某种半野蛮的、腐朽的气味，又有某种妖艳的魅惑，正好适合浪漫主义的口味。

在上阳宫人之后约一千年，失意于彼得堡宫廷的普希金被变相放逐到南俄地区，这里已经是"文明世界"的尽头，"东方"开始的地方。他索性利用可能的机会在这个新世界游历。一天，这位放逐者的双脚迈入了已经废弃的巴赫奇萨拉伊的王宫。

何谓巴赫奇萨拉伊的王宫？原来这是克里米亚汗国的王宫。何谓克里米亚汗国？其源可上溯到蒙古帝国。蒙古帝国下辖的四大汗国之一是金帐汗国，15 世纪，随着金帐汗国的衰落，在南方黑海边的克里米亚半岛出现了其分支克里米亚汗国，后定都巴赫奇萨拉伊，不过这时的汗已非纯种蒙古人，而是掺和了突厥、高加索等血统，信仰伊斯兰教的鞑靼人。经历三个世纪征掠、繁盛与衰落的周期后，克里米亚汗国于 1783 年归并入沙俄帝国版图。

且说这克里米亚半岛是地球上的一个"结节"，是不同种族及其代表的文化拉锯和交汇之地。在 19 世纪初，刚刚并入俄国版图不久的克里米亚还是一个散发着浓郁的"东方"风情——异域风情的地方。普希金在巴赫奇萨拉伊"故宫"游历的成果，是长诗《巴赫奇萨拉伊之泉》，因为宫中有一建于 18 世纪中期的滴泉，名"泪泉"，这个建筑小品气势当然无法与同有蒙古远祖的莫卧儿王朝沙贾汗所建的泰姬陵相比，但同样是用石头与水组成的爱情诗章，据说是克雷姆·耶律汗为纪念其亡故的爱妃而建。我没能在浮泛的考证中找到其原型，也不知普希金的故事是否完全出于杜撰。这是一个老生常谈的爱情俗套："他"（拥有佳丽三千的凶悍的汗）爱"她"（来自基督教世界的女俘），她不爱他，思念故土，整日啼哭，他因而成为一个忧郁王子，茶饭不思，无心攻城略地，更不近女色。另一个"她"（汗昔日的宠妃）不堪冷落，来找美丽的女俘，诉说她对汗的炙热的爱情，请她把汗还给她。这位宠妃除了对女俘施加精神压力，并未做出对她不利的事情，但后者不久悒郁而死，而宠妃则被汗命人抛入大海。更加恐怖的征伐杀戮开始了，杀人之余，汗命人建此泉池，名之为"泪泉"，不知是指那以泪洗面的"泪美人"之泪，还是汗为没有实现的爱情终夜长流之泪。

作为俄国贵族的普希金是在西方文化语境中成长起来的，特别是其早期创作，深受西欧浪漫主义文学的影响。对于异域、异质文化的想象性书写，浓烈的爱情，死亡的暗影，神秘氛围，欲望、嫉妒、复仇、宿命、忧郁、伤感、孤独，在《巴赫奇萨拉伊之泉》中，这些浪漫主义的重要元素历历在目。对比中国古典诗歌对于同题材的处理，不难看出两者在色调的浓淡，感情抒发的热烈与含蓄，情绪的喷涌与隐忍等方面是明显不同的。大概这是因为欧洲文学的祖源之一是古希腊悲剧，浪漫主义文学作品受这一传统的影响尤为明显，而中国文学源于经过儒家雅正的《诗经》，其品味是追求方方面面适当的尺度和比例，不喜"极限运动"。

在元白的诗中没有任何戏剧性的因素，没有热烈的倾诉和过激行为，没有浪漫文学作品中必不可少的尖峰时刻和巅峰体验，人生如水，逝者如斯，这是一种没有情节的悲剧，悲剧感在时间的累加中形成刺痛人心的力度，但也是由于痛苦在漫漫岁月中被拉得很长，因而很细，虽不绝却如缕，可以轻描淡写，缀一个"闲"字。这是"渔樵闲话"的"闲"，表示一种无奈的接受，进而超脱，甚至消泯，归于空寂。再看白居易的两首长诗，《琵琶行》正如《上阳白发人》，是身世之叹，"无情节悲剧"；即使是展现典型悲剧事件和悲剧人物的《长恨歌》，在冲突的最高潮时刻，也只有"宛转蛾眉马前死"一句带过，就是这一句，还是不脱宛转之致，以缓和冲淡那种极端的悲剧体验。《长恨歌》的要点，是绵绵无绝的"恨"，也就是关于"情"的无限绵延的痴想。也许可以说，这已经是中国式悲剧的极限了，但其重点似乎还是追求"言有尽而意无穷"的美学品格，好像一条长河，波澜不惊，滔滔不绝，平缓地流向辽远的时空，其中藏着一份对于永恒的期冀。

或许是因为没可能，唐玄宗并没有在人间为他们的爱情留下纪念性的建筑。有趣的是，今天的热门旅游景点，传说中"温泉水滑洗凝脂"的华清池，恰巧也是水与石的元素构成的。洗浴作为宫廷生活的重要内容，杨贵妃之后似不曾与闻，然而却盛行于几个世纪后的土耳其后宫中，又不知怎么一来，再若干世纪后，忽而以"土耳其浴"之名风行于世起来。不过，揣想这种"公共洗浴"方式更可能的源头，或许是古罗马？

自从西风东渐以来，人性中浓烈的、倾向于进取的一面越来越被唤醒了，人们越来越不想漠视自己的欲望，越来越不那么容易与命运妥协。这种社会心理的变化势必改变文化的品格，也许，上述那种古典的、"东方式的"低回委婉与云淡风轻已经远去。

其实中国人最早与西方文学相遇的时候，出于本能和惯性，首先感应到的还是与自身文化品格遥相呼应的东西，像《茶花女》的凄绝就与中国的某些言情小说颇有几分相似，普希金的达吉亚娜则因合乎"怨而不怒，哀而不伤"、隽永温婉的审美标准而受中国读者的喜爱。而有些西方浪漫主义作品中，亦不难发现与中国情调相通、近似的元素，比如失意和失望于喧嚣繁华的文明中心的诗人，在静穆的自然中体悟生命的另一种坐标系统，在历史遗迹的断壁残垣间起兴亡之叹，领悟时空的悠远和生命与激情的转瞬即逝，在这样的时候，很可能有一些美丽轻灵的幻影飘忽在某个曾经喧闹繁华，如今已经荒芜的、被遗忘的宫殿或花园。如果将《巴赫奇萨拉伊之泉》与吴文英的《八声甘州》对读，就可证明这种感觉：

> 渺空烟四远，是何年、青天坠长星？幻苍崖云树，名娃金屋，残霸宫城。箭径酸风射眼，腻水染花腥。时靸双鸳响，廊叶秋声。宫里吴王沉醉，倩五湖倦客，独钓醒醒。问苍波无语，华发奈山青。水涵空、阑干高处，送乱鸦、斜日落鱼汀。连呼酒，上琴台去，秋与云平。

繁华之地已由大自然收复，回复"空烟四远"的样子，当年的人事如幻如影，渺不可寻，结句虽然豪壮，也还是归于无奈与无语。普希金也一样，在看到美人的幻影，讲完她们的悲剧故事之后，他谈到眼前所见的风景：

> 呵，醉人的景色，多令人神怡！
> 一切明媚如画：山峰，树林，
> 葡萄架上的红宝石和琥珀，
> 清泉的寒流，白杨的阴影，
> 山谷里堆积着缤纷的颜色，
> 一切都引动旅人的心。
> 一切召唤他：在高山上，
> 在静谧的晴朗的早晨，
> 他可以任随识途的马

奔驰于沿海的山坡小径，
而在阿犹达的悬崖之上，
他还能望着碧绿的海波
喧嚣奔腾，闪着光芒……

彼时巴赫奇萨拉伊王宫已人去楼空，危崖依旧伴沧海，寒泉泻玉，秋林流丹。诗人自己的人生戏剧还在上演，不过，终究也有落幕的一天。